Dichterische Politik
Studien zu Rudolf Borchardt

Publikationen zur
Zeitschrift für Germanistik
Neue Folge

Band 4

PETER LANG
Bern · Berlin · Bruxelles · Frankfurt/M. · New York · Oxford · Wien

Dichterische Politik
Studien zu
Rudolf Borchardt

Herausgegeben von
Kai Kauffmann

PETER LANG
Bern · Berlin · Bruxelles · Frankfurt/M. · New York · Oxford · Wien

Die Deutsche Bibliothek – CIP-Einheitsaufnahme

Dichterische Politik, Studien zu Rudolf Borchardt / (hrsg. von der Philosophischen Fakultät II/Germanistische Institute der Humboldt-Universität zu Berlin). Hrsg. von Kai Kauffmann. – Bern ; Berlin ; Bruxelles ; Frankfurt/M. ; New York ; Oxford ; Wien : Lang, 2002
(Publikationen zur Zeitschrift für Germanistik ; 4)
ISBN 3-906768-85-6

Herausgegeben von der
Philosophischen Fakultät II / Germanistische Institute
der Humboldt-Universität zu Berlin

Redaktion:
Prof. Dr. Inge Stephan
(Geschäftsführende Herausgeberin)
Dr. Brigitte Peters
http: www2.hu-berlin.de/inside/literatur
Satz: Yvonne Dietl

Sitz:
Mosse-Zentrum, Schützenstr. 21, Zi: 321
Tel.: (030) 209 39 609 – Fax: (030) 209 39 630

Redaktionsschluß: 1. 7. 2001

Bezugsmöglichkeiten und Inseratenverwaltung:
Peter Lang AG
Europäischer Verlag der Wissenschaften
Jupiterstrasse 15
CH - 3015 Bern
Tel.: (031) 940 21 21 – Fax: (031) 940 21 31

© Peter Lang AG, Europäischer Verlag der Wissenschaften, Bern 2001
Jupiterstr. 15, Postfach, CH-3000 Bern 15
info@peterlang.com, www.peterlang.com, www.peterlang.net

Alle Rechte vorbehalten.
Das Werk einschließlich aller seiner Teile ist urheberrechtlich geschützt.
Jede Verwertung außerhalb der engen Grenzen des Urheberrechtsgesetzes ist ohne Zustimmung des Verlages unzulässig und strafbar. Das gilt insbesondere für Vervielfältigungen, Übersetzungen, Mikroverfilmungen und die Einspeicherung und Verarbeitung in elektronischen Systemen.

Printed in Germany

Inhaltsverzeichnis

KAI KAUFFMANN
Vorwort   7

WOLFGANG SCHULLER
Nation und Nationen bei Rudolf Borchardt   11

KAI KAUFFMANN
Rudolf Borchardts Rhetorik der ‚Politischen Geographie'   27

BERTHOLD PETZINNA
Wilhelminische Intellektuelle
Rudolf Borchardt und die Anliegen des ‚Ring'-Kreises   63

RICHARD HERZINGER
Kulturautoritarismus
Von Novalis über Borchardt bis Botho Strauß:
Zyklische Wiederkehr des deutschen Antimodernismus?   81

GREGOR STREIM
Evolution, Kosmogonie und Eschatologie in Rudolf Borchardts
‚Theorie des Konservatismus', mit besonderer Berücksichtigung
„Der Fürst"   97

MARKUS BERNAUER
Rudolf Borchardt und Ezra Pound im faschistischen Italien   115

ULRICH OTT
Die „Jamben" als politische Dichtung   147

ALEXANDER KISSLER
„Alles, was nicht unrein ist, ist Garten."
Politische Hygiene, politisierte Liebe und
botanische Politik bei Rudolf Borchardt   163

FRANCK HOFMANN
Literarische Annexion?
Borchardts Übersetzung zwischen Politik und Phantasma   183

Siglenverzeichnis   205
Zu den Autorinnen und Autoren   207
Personenregister   209

Vorwort

„Unser Unterschied ist, dass bei Ihnen alle Politik ein Gegenstand ist, für den Sie sich von dem Centrum Ihres Inneren aus auch noch interessieren können, weil Wege dorthin führen oder sich finden lassen. Für mich ist sie Centrum meiner Natur, das von wo aus nach überallhin Wege führen."

(Rudolf Borchardt an Alfred von Heymel, 25. Oktober 1908)

Der Fall scheint geklärt, das Urteil gesprochen: Rudolf Borchardt (1877 bis 1945), der sich sein Leben lang zu den Ideen des Konservatismus, Monarchismus und Nationalismus bekannte, ist spätestens seit 1945 als politischer Schriftsteller ‚erledigt'. In der Tat hätte er wenig zum Aufbau der liberalen Demokratie in der Bundesrepublik Deutschland (oder gar der sozialistischen Diktatur in der DDR) beisteuern können. Als Werner Kraft und Theodor W. Adorno in den sechziger Jahren versuchten, Borchardt vor dem Vergessenwerden zu ‚retten',[1] mußten sie den Dichter vor dem Politiker in Schutz nehmen. Wer Borchardt las und über ihn schrieb, konzentrierte sich auf die Gedichte, die Adorno in einer Auswahl herausgegeben hatte, und die Erzählungen. Die politische Prosa war anathema.

Seitdem die Ausgabe der *Gesammelten Werke* in vierzehn Bänden vorliegt und die Edition der *Gesammelten Briefe* voranschreitet, erweitert sich die Rezeption. Zweifellos haben auch die Ereignisse von 1989, mit denen auch manche Mauer in den Köpfen fiel, dazu beigetragen, daß Borchardt sowohl in der wissenschaftlichen als auch in der feuilletonistischen Diskussion wieder eine größere Rolle spielt. Als sich Botho Strauß in seinem *Anschwellenden Bocksgesang* (1993) auf Borchardt berief,[2] schien es für einen kurzen Moment so, als könnte dieser Autor sogar zum Kronzeugen eines künftigen Konservatismus werden. Freilich stellte sich die Debatte bald als Sturm im Wasserglas des Feuilletons heraus. Der politische Schriftsteller Borchardt, bei dem die Gegenseite nicht lange nach schockierenden Äußerungen zu suchen brauchte, verschwand wieder im Giftschrank der Geschichte.

---

[1] Werner Kraft, Rudolf Borchardt. Welt aus Poesie und Geschichte. Hamburg 1961. Theodor W. Adorno, Die beschworene Sprache. Zur Lyrik Rudolf Borchardts, in: Rudolf Borchardt, Ausgewählte Gedichte, hrsg. v. Theodor W. Adorno, Frankfurt a. M. 1968, S. 7–35.

[2] In: Heimo Schwilk, Ulrich Schacht (Hrsg.), Die selbstbewußte Nation. „Anschwellender Bocksgesang" und weitere Beiträge zu einer deutschen Debatte, Berlin 1994, S. 19–40.

Wenn in den hier versammelten Beiträgen die ‚dichterische Politik' Rudolf Borchardts untersucht wird, so geht es auch nicht um eine irgendwie geartete Aktualität des Konservatismus. Man muß nur die Reden über *Schöpferische Restauration* (1927) und *Führung* (1931) lesen, um zu wissen, daß von Borchardt nichts für die politische Theorie und Praxis der Demokratie zu erben ist, wenngleich man sich auch umgekehrt vor seiner vorschnellen Abstempelung als Faschisten oder gar Nationalsozialisten hüten sollte. Vielmehr geht es darum, die Amalgamierung von Dichtung und Politik in Borchardts literarischem Werk zu verstehen, die er selbst auf die Formel ‚dichterische Politik' gebracht hat,[3] und darum, diese Konzeption im historischen Feld des Ästhetizismus, des Nationalismus, der Konservativen Revolution, der Politischen Geographie, der Politischen Anthropologie und anderer Diskurse und Ideologien seiner Zeit zu verorten.

Als Leitthese dieses Sammelbandes kann gelten, daß die von Werner Kraft und Theodor W. Adorno versuchte Trennung zwischen einem ‚guten' Dichter und einem ‚schlechten' Politiker gerade nicht möglich ist. In Borchardts Kulturprogramm der ‚schöpferischen Restauration', das er kurz nach der Jahrhundertwende entwickelte und dann Stück für Stück in seinem Werk umsetzte, ist die Dichtung immer auch eine politische Konstruktion, die Politik immer auch eine dichterische Phantasmagorie. Deswegen beschränken sich die Beiträge des Bandes nicht auf die klassischen Themen der Politik, etwa den Begriff der Nation (Wolfgang Schuller), die Idee des Fürsten (Gregor Streim) oder die Konzeption der politischen Geographie (Kai Kauffmann). Über den Bereich der explizit politischen Dichtung hinaus (Ulrich Ott) suchen sie nach impliziten Beziehungen, so in den Dramen, Erzählungen und Gartenphantasien, die eine Dialektik des kulturell ‚Reinen' und ‚Unreinen' entfalten (Alexander Kissler), oder in den Übersetzungen, die einen imaginären Raum der Völker-Freundschaft schaffen (Franck Hofmann). Der Begriff der ‚Übersetzung' ist besonders gut geeignet, die Verwandlungen der Dichtung in Politik, der Politik in Dichtung zu beschreiben.

Die Beiträge über Borchardt und die wilhelminischen Intellektuellen (Berthold Petzinna), die Tradition des deutschen Antimodernismus (Richard Herzinger) und die Parallele zu Ezra Pound (Markus Bernauer) ergänzen die Aufsätze, die vor einigen Jahren in dem von Ernst Osterkamp herausgegebenen Tagungsband *Rudolf Borchardt und seine Zeitgenossen*[4] veröffentlicht worden sind. Sie bestätigen den Befund, daß Borchardt keineswegs so isoliert im literarischen, kulturellen und politischen Leben seiner Zeit stand, wie er selbst behauptete und die Mit- und Nachwelt glaubte. Dennoch ist seine

---

3   In der Rede „Das Geheimnis der Poesie" (1930), vgl. Reden, S. 138.
4   Ernst Osterkamp (Hrsg.), Rudolf Borchardt und seine Zeitgenossen, Berlin, New York 1997.

Selbststilisierung als ‚Unzeitgemäßer' oder, wie er gerne auf Englisch sagte, um seinen Abstand von der deutschen Gegenwart zu betonen, als ‚outsider' nicht nur eine nietzscheanische Pose des Dichter-Politikers. Für sein Handeln ist charakteristisch, daß er sich niemals einer Gruppe, etwa dem Stefan-George-Kreis, oder gar einer Partei angeschlossen hat, für sein Denken und Schreiben, daß alle Diskurse und Ideologien, die er aufnimmt, in eigene Ideen und Phantasmen verwandelt und gegen ihr übliches Verständnis gewendet werden. Borchardt war so konservativ, daß er alles Bestehende umstürzen wollte, so nationalistisch, daß er Deutschland in Europa aufzuheben suchte, so monarchistisch, daß er keinen einzigen Herrscher der Geschichte wirklich gelten ließ, und so legitimistisch, daß er im ‚Interregnum' der Weimarer Republik nicht davor zurückschreckte, die Staufer durch die Welfen und Preußen durch Bayern zu ersetzen. Wenn man ihm bis in die Tiefen seines politischen Denkens folgt, kann man ihn für keine Ideologie vereinnahmen. Aber, um die Argumentationsrichtung wieder umzukehren, es stimmt auch, daß er an der Oberfläche seiner Schriften mit Schlagworten arbeitet, die dann doch den Anschluß an bestimmte Ideologien erlauben, ja geradezu herausfordern. Da nicht nur das Sich-Entziehen in die Tiefe, sondern auch das Sich-Einklinken an der Oberfläche zum rhetorischen Kalkül Borchardts gehört, läßt sich noch nicht einmal von einem Mißverständnis oder einem Mißbrauch reden. Hier liegt m. E. das eigentliche Problem des Dichter-Politikers Borchardt, der deswegen mit ebenso guten Argumenten verteidigt wie angeklagt werden kann.

Die Beiträge dieses Bandes gehen auf eine von Andreas Beyer und mir organisierte Tagung der Rudolf Borchardt-Gesellschaft zurück, die vom 20. bis 21. November 1999 in Berlin stattfand. Ich möchte an dieser Stelle auch im Namen von Andreas Beyer der Friedrich Ebert-Stiftung danken, die sowohl die Tagung finanzierte als auch diesen Band mit einem Druckkostenzuschuß unterstützte. Außerdem gilt mein Dank dem Literarischen Colloquium Berlin, das wie immer ein angenehmer Ort des Gesprächs war, und Frau Yvonne Dietl, die den Satz dieses Bandes besorgte.

Die Photographie auf der ersten Umschlagseite, die Borchardt 1936 in der Villa Bernardini (bei Lucca) zeigt, wurde freundlicherweise vom Deutschen Literaturarchiv Marbach zur Veröffentlichung freigegeben – auch dafür sei gedankt.

Kai Kauffmann

WOLFGANG SCHULLER

Nation und Nationen bei Rudolf Borchardt

I.

Mein Beitrag kann wegen der Fülle des Materials nur eine Auswahl aus diesem Material treffen, jedoch, hoffe und glaube ich, eine Auswahl, die das Wesentliche trifft; Genaueres müßte einem eigenen Buch vorbehalten bleiben. Ich habe als Basis alle sieben Prosabände zugrundegelegt, also einschließlich der Reden, und habe außerdem gelegentlich die bisher erschienenen Briefbände herangezogen. Aus all diesen Texten habe ich *more philologico* die einschlägigen Erwähnungen herausgezogen und sie nach den Gesichtspunkten zusammengestellt,[1] die sich aus der Lektüre selbst ergaben; freilich werde ich, eben wegen der Materialfülle, nur eine exemplarische Auswahl von Belegen anführen können. Die möglicherweise etwas trockene Präsentation dieses Befundes wird den ersten Teil meines Textes ausmachen, wobei ich, ohne es jeweils eigens anzumerken, die Belegstellen nur gelegentlich chronologisch vorführe und insofern ein Ergebnis der Lektüre schon vorwegnehme und der Arbeit zugrundelege: Eine zeitliche Entwicklung des Nationsbegriffs habe ich bei Borchardt nicht feststellen können. An die begrifflich-empirische Darstellung wird sich der zweite Teil anschließen, der zum einen die Frage betrifft, wie man sich nach Borchardt zur so bestimmten Nation verhalten solle, zum anderen und vor allem aber sein eigenes, spezifisches, sozusagen borchardtsches Verhalten vorführt; freilich gehen beide Gesichtspunkte ineinander über, weil eigenes borchardtsches Verhalten auch als beispielhaft für von anderen gefordertes angesehen wird. Zum Schluß dann einige Sätze, die, ich hoffe es, nichts mehr von trockener Präsentation an sich haben.

---

1   Diese Belege entstammen nach Möglichkeit seinen sämtlichen Prosaschriften, also nicht nur den im engeren Sinne politischen; damit soll gezeigt werden, wie sehr das Denken in Nationen Borchardts gesamtes Werk durchzog. – Die erste Erwähnung eines Textes wird komplett nachgewiesen, weitere Erwähnungen nur in Kurzfassung.

II.

1. Es muß nicht weiter nachgewiesen werden, daß Borchardt den Begriff Nation an vielen Stellen wenig prägnant gebraucht, als Synonym für Volk, Staatsvolk, Bevölkerung, Gesellschaft; allenfalls wäre aus diesem Gebrauch zu schließen, daß das Wort Nation zu seiner Zeit ubiquitär war, ein Faktum, das ebenfalls so bekannt ist, daß weitere Ausführungen unnötig sind.

2. Neben diesem unspezifischen Gebrauch verbindet Borchardt jedoch, und das ist dann der eigentliche Gegenstand dieses Beitrages, klar umrissene Vorstellungen von dem Begriff Nation, die er gelegentlich auch definitorisch präzisiert. So heißt es etwa: Die „Nation geht nicht in den empirischen Begriff der von einer jeweiligen Volkszählung umschließbaren auf, sondern sie ist ein metaphysischer, d. h. ein problematischer Begriff mit natürlichen und geschichtlichen Wurzeln ins Unendliche, in den man nicht hineingeboren werden kann, sondern nur sich hineinbilden."[2] Diese Definition entspricht derjenigen, die auch sonst üblich war und ist.[3] So definierte beispielsweise Carl Schmitt in ähnlicher Weise,[4] und auch später wird das unter Nation

---

[2] Rudolf Borchardt, Deutsche Literatur im Kampfe um ihr Recht (1931), in: Prosa IV, S. 299–345, hier S. 337; siehe etwa auch ders., Der Dichter und die Geschichte (1927), in: ebenda, S. 207–235, hier S. 223 f., oder ders., Zur deutschen Judenfrage. Über Josef Nadlers Literaturgeschichte (etwa 1943), in: ebenda, S. 370–396, hier S. 372.

[3] Das bedeutende Nachschlagewerk „Geschichtliche Grundbegriffe" enthält dieses Stichwort leider nicht.

[4] Verfassungslehre, 8. Aufl. Berlin 1993 (zuerst 1928), S. 50, 60, 231. Eigentümlich übrigens, daß Borchardt und Schmitt voneinander keine Kenntnis genommen haben, obwohl es zahlreiche Übereinstimmungen der Sichtweise gibt, siehe nur Borchardt: „die Selbstvernichtung der Parlamente" (Weltfragen. Die Krise des Weltbildes (1906/1907), in: Prosa V, S. 9–52, 535–548, hier S. 535), „den verhängnisvollen Schritt der Bezahlung, das heißt Beamtung seiner Abgeordneten" (Der Kaiser [1908], in: ebenda, S. 86–110, hier S. 89), „daß alle Fernwaffen seit Menschengedenken dem feigen und rohen Barbaren gehören oder allenfalls bezeichnen, was dem ehrlosen Knechte an Waffen geziemen mag" (Stefan Georges „Siebenter Ring" [1909], in: Prosa I, S. 258–294, hier S. 282), „Die Krone herrscht aber regiert nicht" (Warum fiel Italien ab? Rede, gehalten Anfang August 1915 in Müllheim/Baden, in: Prosa V, S. 284–300, hier S. 291), „ein Buch des völlig unbekannten Konrad Weiss" (Über das Recht des Dichters verkannt zu bleiben [1926], in: Prosa I, S. 314–318, hier S. 315), „Die Parlamentsrede ist im Verfolge unserer fortschreitenden politischen Katastrophe zu einer bloßen Form, ja Formalität, geworden, aus der jeder lebendige Gehalt ausgeflossen ist, und die nur aus taktischen und technischen Gründen, zu eng umschriebenen Zwecken, und kaum noch auf sehr lange Zeit, beibehalten wird." (Führung [1931], in: Reden, S. 397–429, hier S. 398 f.); Borchardt zu Ernst Jünger bisher nur Brief Nr. 844, in: Briefe 1931–1935, S. 488; Jünger anscheinend auch über Borchardt: „Wenn ich mich der pseudokonservativen Gesellschaft entsinne, die damals um die Münchener Neuesten Nachrichten – ich glaube, so hieß ihr Organ – versammelt war, so taucht das Musterbeispiel einer illusionären Lagebeurteilung in meiner Erinnerung auf." (Jünger an Schmitt, 8. 1. 56, in:

verstanden.[5] Ganz selbstverständlich sind es Nationen, die Europa konstituieren – neben Deutschland sind in Borchardts Blickfeld natürlich vor allem Italien[6], dann England[7] und Spanien; Frankreich spielt eine geringere Rolle; die osteuropäischen Nationen werden nur in verächtlichem Ton genannt, Rußland fehlt fast ganz –: „sage ich Deutschland, so meine ich die mir durch Sprache und Charakter vorgeschriebene Varietät, durch die allein mir Europa gehörte, – sage ich Europa, die Varietät, durch die mir das Menschliche alleine zugänglich war",[8] oder: „Nur wo es am deutschesten gewesen ist, und immer wo es am deutschesten ist, ist Deutschland europäisch gewesen"[9]; ja, die Nationen befruchten einander: „Die Nationen können einander auf die Dauer nur das Beständigste ihrer geschichtlichen Funktion schulden und zahlen, nicht die Stimmungen jedes Halbjahrhunderts."[10]

    Ernst Jünger – Carl Schmitt. Briefe 1930–1983, hrsg. v. Helmuth Kiesel, Stuttgart 1999, S. 290).

5 „Zur Nation wird das Kulturvolk, das an sich politisch amorph ist, dadurch, daß es sein Zusammengehörigkeitsbewußtsein zu einem politischen Willenszusammenhang entwickelt. [...] Erst wenn ein Volk seine Eigenart durch einen relativ einheitlichen politischen Willen zu erhalten und auszubreiten strebt [...] sprechen wir von einer Nation." (Hermann Heller, Staatslehre (1934), in: ders., Gesammelte Schriften, Dritter Band, hrsg. in Verbindung mit Martin Drath, Otto Stammer, Gerhart Niemeyer, Fritz Borinski v. Christoph Müller, Tübingen 1992, 2. Auflage, S. 261 f. (zum Verhältnis beider Autoren zueinander jetzt Keita Koga, Bürger und Bourgeois in der Staatsrechtslehre der Weimarer Republik. Bemerkungen zur Liberalismuskritik bei Rudolf Smend, Carl Schmitt und Hermann Heller, in: Staat – Souveränität – Verfassung. Festschrift für Helmut Quaritsch zum 70. Geburtstag, hrsg. v. Dietrich Murswiek, Ulrich Storost u. Heinrich A. Wolff, Berlin 2000, S. 609–622); schließlich ein Beispiel aus jüngster Zeit: „die ‚Nation' ist eine politische Willensgemeinschaft, die durch Herkommen, (meistens) durch Sprache, stets durch gemeinsam erlebte und erlittene Geschichte verbunden und eben dadurch von gleichartigen Gruppen auf anderen Territorien unterschieden ist". (Helmut Quaritsch, Über Gegenwart und Zukunft des deutschen Nationalstaats, in: Staat, Politik, Verwaltung in Europa. Gedächtnisschrift für Roman Schnur, hrsg. v. Rudolf Morsey, Helmut Quaritsch u. Heinrich Siedentopf, Berlin 1997, S. 83–105, hier S. 85.)

6 Rudolf Borchardt, passim; hervorzuheben vielleicht die Rede „Warum fiel Italien ab?" von 1915 (in: Prosa V, S. 284–300), in welcher er „keine Scheltreden und keine moralische Entrüstung über Treubruch, keinerlei Allgemeinheiten über die Verletzung eines Bundes" zu geben ankündigt (S. 286).

7 Rudolf Borchardt, passim; hervorzuheben vielleicht die Rede „Der Krieg und die deutsche Selbsteinkehr" von 1914 (in: Prosa V, S. 217–264), in welcher er sich gegen die gängige Englandfeindlichkeit ausspricht (S. 236–242).

8 Rudolf Borchardt, Eranos-Brief (1924), in: Prosa I, S. 90–130, hier S. 118.

9 Rudolf Borchardt, Schöpferische Restauration (1927), in: Reden, S. 230–253, hier S. 253; ähnlich auch: Der Krieg und die deutsche Selbsteinkehr, S. 248.

10 Rudolf Borchardt, Walter Pater. Zu seinem zweihundertsten Geburtstag, in: Prosa III, S. 402–422, hier S. 412.

3. Deutlicher wird Borchardts Vorstellung von dem, was Nation ist, wenn man sieht, wie sie von anderen Begriffen abgegrenzt wird.

a) „Volk" wird bisweilen ähnlich wie „Nation" gebraucht: „Volk ist bekanntlich nicht nur ein praktischer, sondern ein metaphysischer Begriff und schließt außer den lebend gleichzeitigen Volksgenossen noch unendlich viele andere ein."[11] Jedoch besteht gleichwohl ein entscheidender Unterschied darin, daß der Nationsbegriff sich noch um ein Willenselement erweitert: „Wir ersetzen den Begriff des Volkes durch den von ihm streng geschiedenen der Nation", und zwar in dem Sinne, „daß wir niemandem die Zugehörigkeit zur Nation konzedieren, der nicht wie in Urzeiten und allen Zeiten mit seinesgleichen eins ist, im Gebete zu den allgemeinen Volksahnen, Volksgöttern, Volksheiligen, der nicht entschlossen wäre, dadurch daß er den Geist der deutschen Geschichte und die Geschichte des deutschen Geistes in sich wieder erlebt und wieder erbaut, bewahrt, selber zu einem lebenden Stücke deutscher Geschichte und deutschen Geistes, deutscher Art wird".[12]

b) Die Begriffe Nation und, erst recht, Volk haben nichts mit dem Begriff „Rasse" zu tun; dieser Begriff ist in jedem Sinne untauglich.[13] „Alle Versuche", von einem „borniertе(n) Rassenstandpunkt" aus, „ethnisch zu zählen", „werden mißlingen"[14]; „Es gibt vielleicht – in irgend einem andern als dem oberflächlichsten Sinne – Rassen. Vielleicht. Niemand weiß es, niemand kann sie anders als mit den oberflächlichsten Mitteln nachweisen, mit andern als den oberflächlichsten Merkmalen begrenzen."[15] Oder: Die Größe des Juden komme „nicht aus der Rasse, die er nicht ist, sondern aus dem *Volke*, das er ist".[16] Von dem „bettelhaften Gerüste der rassentheoretischen Geschichtsauffassung" und von „mehr oder minder einheitlichen Konglomeraten, die man Rasse nennen kann"[17] ist nichts zu erwarten als Hurrapatriotismus. Wenn man denn schon ganz elementare rassische Begriffe anlegen wolle, dann sei jedenfalls das deutsche Volk ein Mischvolk: Über die deutschen Stämme erstrecken sich „die halbfremden Halbblutsvölker der nord-

---

11 Rudolf Borchardt, Das Geheimnis der Poesie (1930), in: Reden, S. 123–139, hier S. 127.
12 Borchardt, Schöpferische Restauration, S. 249.
13 So freilich erst später, siehe Weltfragen S. 544: „Jede Rasse, und innerhalb der Rasse jedes Volk, und innerhalb des Volkes jeder Stamm, innerhalb des Stammes jede Landschaft."
14 Rudolf Borchardt, Politische Notiz (1912), in: Prosa V, S. 548–555, hier S. 555.
15 Rudolf Borchardt, Kriegsrede (1914), in: ebenda, S. 205–216, hier S. 212.
16 Rudolf Borchardt, An den Herausgeber des „Ring" (1929), in: Prosa VI, S. 177–186, hier S. 180.
17 Der Krieg und die deutsche Selbsteinkehr, S. 250, 252.

deutschen Tiefebene und des Weichselbeckens"[18]; mehr als die Hälfte des Deutschen Reiches „füllt der Slaven-Mischmasch und Verwandtes an",[19] oder: „der obenhin deutsch gemachte Slave"[20]. Das Prinzip der Mischung gilt aber auch für andere Völker und Nationen, bis hin zur Definition: „Volk nennen wir den unter dem Druck einer gemeinsamen Bildungsgeschichte entstandenen Kosmos aus ethnisch disparaten Elementen."[21] „Die Mittelmeerbewohner sind durch alte Kultur und starke deutsche Mischung aus einem feigen Sklavenvolke ohne seelischen Zuschnitt zur jüngsten, frischesten und begabtesten Nation geworden."[22] – Und für die Juden: „Wenn schon vom Blute gesprochen werden soll – von Gades zur Kirgisensteppe, vom Sudanneger bis zum weißblonden Wolgaslaven gibt es kein eurasiatisches Geblüt, das nicht in den Adern dieses Volkes kreiste."[23]

c) Nicht durchgängig, aber doch hinreichend oft, um diesen Gedanken hier einzuschalten, kommt dem Begriff „Staat" eine Funktion im Zusammenhang mit Volk und Nation zu: Er ist es, der aus Völker- und, wenn schon, Rassenmischungen eine Nation macht: Der Weltkrieg ist der „Entscheidungskampf" „ausschließlich von nationalen Strukturen, den Resultaten menschlichen Geistes und heiliger bewußter Kraft, die wir Staaten nennen", und „nur weil dies Volk das Gegenteil einer Rasse ist, nämlich durch und durch Staat, ist es von dem Anprall minder dichter Strukturen nicht zu versehren. Nur weil es Staat, das Gegenteil der Rasse ist, [...] ist es in seinen hohen Zeiten imstande gewesen, den Slawen, den Rheinkelten und den Dänen unwiderruflich einzubürgern [...]; die Schlachtzitzen des Warthe-Weichsellandes, Posadowsky und Podbielsky, die Feudalherren von Neufchâtel, Pourtalès und Rougemont, Réfugiés und Emigranten, Verdy, du Vernois und Chamisso seinem Schwertadel einzufügen"[24]; über eine „Kluft zwischen dem Deutschen und dem Scheindeutschen oder Halbdeutschen" im Osten schlug außer der Kirche „nur der hier durch Kampf und Not erzwungene, Zwangform tragende und zwingende Staat".[25]

---

18 Politische Notiz, S. 554.
19 Rudolf Borchardt, Der Deutsche an seinen Grenzen (1915), in: Prosa V, S. 265–283, hier S. 274.
20 Rudolf Borchardt, Der Untergang der deutschen Nation (etwa 1943), in: Prosa V, S. 503–526, hier S. 511.
21 An den Herausgeber des „Ring", S. 185.
22 Rudolf Borchardt, Die Antike und der deutsche Völkergeist (1927), in: Reden, S. 272–308, hier S. 298.
23 An den Herausgeber des „Ring", S. 180.
24 Borchardt, Der Krieg und die deutsche Selbsteinkehr, S. 252 f.
25 Borchardt, Der Untergang der deutschen Nation, S. 511. – Auch hier wäre an Carl Schmitt zu denken.

d) Der Begriff „Reich" schließlich wird von Borchardt selten und wenig deutlich verwandt. Er meint damit zum einen den konkreten deutschen Staat der Weimarer Republik, dem er wegen des Sturzes der Monarchie die Reichseigenschaft abspricht,[26] wobei er aber auch schon vorher Bismarcks Reich des öfteren wegen angeblich zu zentralistischer Tendenzen getadelt hatte. Am auffälligsten wird, zweitens, diese Vorstellung vom Reich, und zwar nur vom deutschen Reich, wenn er es in Gestalt des alten Reiches als ausschließlich ideelles Gebilde darstellt[27] und für die Gegenwart fordert, an Dignität weit über den einzelnen deutschen Staaten stehend – „Der Staat ist Form, das Reich ist Idee. Oder [...]: der Staat ist säkular, das Reich ist sakramental."[28] „Das Reich ist nicht Staatsform, sondern Idee, Symbol, Sakrament"[29] – und mit einem „ganz geringen unmittelbaren Apparat"[30] ausgestattet. Als ein solcherart wenig handgreifliches Gebilde koinzidiert es bisweilen mit der Nation; darauf wird kurz zurückgekommen.

e) All diese Begriffe stehen andeutungsweise in einem losen, vielleicht sogar hierarchischen Verhältnis zueinander. Zwar wird die Nation gelegentlich durchaus als „höchste Form der menschlichen Gesellschaft"[31] angesehen oder „ihr tiefstes Arkanum" sei „die göttliche Menschheit", und jede Nation habe „ihren geschichtlichen Schwerpunkt dort wo sie der Humanitas am nächsten ist",[32] jedoch charakteristischer sind Formulierungen wie die, der Dichter habe „der Nation und der Menschheit etwas zu sagen"[33] oder die „ausdauernderen" deutschen Stämme hätten dazu „beigetragen, alle aus dem Römerreiche selbständig erwachsenen [...] Völker Europas zu Nationen zu erheben und dann zu Staaten",[34] oder gar, die Poesie „besitzt die Sprache, sie meint die Nation, sie zielt auf die Menschheit, sie setzt Gott voraus".[35]

---

26 Rudolf Borchardt, Brief über die Reichsreform (um 1930), in: Prosa V, S. 398–408.
27 Rudolf Borchardt, Staatenbund oder Bundesstaat?, in: Prosa V, S. 471–489, passim.
28 Rudolf Borchardt, Das Reich als Sakrament (1932), in: Prosa V, S. 452–461, hier S. 454.
29 Staatenbund oder Bundesstaat, S. 486.
30 Das Reich als Sakrament, S. 460.
31 Der Dichter und die Geschichte, S. 224.
32 Rudolf Borchardt, Frühstück zu acht Gedecken (1943?), in: Prosa VI, S. 227–260, hier S. 252.
33 Rudolf Borchardt, Die Aufgaben der Zeit gegenüber der Literatur (1929), in: Reden, S. 345–396, hier S. 378.
34 Der Untergang der deutschen Nation, S. 505.
35 Rudolf Borchardt, Revolution und Tradition in der Literatur (1931), in: Reden, S. 210–229, hier S. 229.

f) Noch ein Wort zum, sozusagen, Inhaltlichen von Borchardts Nationsbegriff. Gewiß bezieht er sich auf das Politische, aber vorwiegend ist er doch kulturell-literarisch. Nationen erfahren ihre Identität vor allem durch ihre Kultur, näherhin durch ihre Literatur, noch besser: durch ihre Dichtung. Nur so ist es zu verstehen, daß der Dichter, insbesondere der Dichter Rudolf Borchardt, fast ein öffentliches Amt hat und durch seine Werke, im besonderen Fall Borchardt auch durch seine Reden, auf das Bewußtsein der Nation wirken soll. Dazu später mehr.

4. Der innere Bau einer Nation ist der einer lebendigen, individuellen Gemeinschaft, ja, sie gleicht einem lebendigen Menschen. Ich führe ihre Eigenschaften nicht in systematischer, sondern in chronologischer Reihenfolge der Borchardtschen Schriften – von 1908 bis 1943 – an um zu zeigen, wie konstant bei ihm diese Vorstellung ist.[36]

a) Sie hat ein eigenes Leben, ist ein Organismus mit Erinnerung und Gegenwart, sagt ja oder nein, hat einen seiner selbst unbewußten Willen, regiert sich selbst, kann zum Kaiser übergehen, bekehrt sich, opponiert, kann etwas nicht, hat ein Bewußtsein, hat Zeugungskraft und Kraft zum inneren Schauen, zum Gestalten, zur Transzendenz, kann vertreten werden, wünscht etwas, hat Stimme, lebt und stirbt, hat Nationalgeist, erhebt sich, erneuert sich, kann gerufen, verändert werden, hat moralische Kraft, Opfermut, Bescheidung, Geduld, verwandelt sich, hat Bewußtheit, Sorge, Gefüge, Geschlossenheit, Wärme, kann geführt werden, stellt sich etwas vor, hat Augen, vor denen sich etwas abspielt, erhält ein Vermächtnis, ist eine Gemeinschaft, hat Haß und Liebe, ihr wird etwas übergeben, sie ist heil oder zerrissen, hat Zukunftswillen, sie geht etwas nichts an, sie hat geistiges Leben, hat Angelegenheiten, ist erregt, ist Adressat eines Appells, zu ihr sprechen Theater und Universität, sie erstarkt, sie kann sich zu verlaufen in Gefahr sein und muß umkehren, und – sie hat Schuld.[37]

b) Nationen haben ein Eigenleben mit Geburt, Entwicklung und Untergang. Sie beginnen mit „nationaler Vorzeit" „enthielten in sich den nationalen Keim",[38] bis sie sich „zur Nation erhoben"[39] haben. Sie bilden sich heraus[40]

---

36 Die Belege hierfür sind so zahlreich, daß sie aus Raumgründen und zur Vermeidung von Pedanterie hier weggelassen sind; eine monographische Behandlung freilich müßte sie vollständig anführen.
37 Dies sei belegt: Der Untergang der deutschen Nation, S. 503: „die mitschuldige, halbschuldige und unschuldige Nation".
38 Rudolf Borchardt, Rheinsberg (1921), in: Prosa I, S. 28–37, hier S. 34.
39 Rudolf Borchardt, Deutsche Denkreden. I: Nachwort (1925), in: Prosa III, S. 271–278, hier S. 277.

und gehen ihren Weg[41], auf dem sie verschiedene Entwicklungsstufen durchlaufen,[42] bei denen es vorwärts gehen kann, wobei sie sich konsolidieren[43] oder sich auch gegebenenfalls umwandeln[44] können. Dann kommen der „Zerfall der Nation"[45] und dann natürlich ihr Untergang – 1914 betraf das noch die anderen Nationen, mit denen Deutschland im Kriege lag,[46] 1920 in einem Augenblick der Depression schon Deutschland selber,[47] 1924 wurde der Untergang der deutschen Nation bereits in den Wilhelminismus verlegt,[48] 1931 wird Deutschland der Nationscharakter überhaupt abgesprochen, weil es sich anders als England, Frankreich und Italien nicht habe führen lassen,[49] aber endgültig geschah er dann 1943[50]. Insbesondere Deutschland und die deutsche Nation also stehen bei Borchardt im Mittelpunkt – das ist wirklich nicht überraschend, wäre jedoch abermals Gegenstand eines eigenen Buches. Hier nur noch so viel, daß Deutschlands Nationswerdung – hier besonders sind die Übergänge zum Begriff des Volkes fließend – ganz dezidiert mit der Mischung aus germanischer und antiker Kultur erklärt wird: „Der deutsche Völkergeist ist kein Ergebnis des Teutoburger Waldes, der arischen Ursteppe Turans oder des lutherischen Mitteldeutschlands oder der Wartburg von Burschenschaftsfesten oder des Gesamtkunstwerks von Bayreuth. Er ist aus dem römischen Weltreiche selber entstanden"[51], ja, Augustus und nicht Arminius sei der „Befreier Deutschlands"[52]; oder ganz nüchtern: Es habe „die Antike wie das Mittelalter zur Bildung der deutschen Nation gleichteilig beigetragen".[53]

5. Der Befund ist also dieser: Zum einen ist die Nation – und sind die Nationen – ein geschichtlich-soziales Faktum, ein, so nüchtern wie möglich ausgedrückt, Personenverband, der als solcher entstehen, aufblühen und wieder vergehen kann und ähnelt so dem menschlichen Leben oder einer

---

40 Eranos-Brief, S. 97; ders., Luthers Bibelübersetzung (1925), in: Prosa III, S. 288–290, hier S. 289.
41 Rudolf Borchardt, Renegatenstreiche (1908), in: Prosa V, S. 53–68, hier S. 58.
42 Der Kaiser, S. 99–101.
43 Renegatenstreiche, S. 66 f.
44 Aufgaben der Zeit gegenüber der Literatur, S. 376.
45 Rudolf Borchardt, Max Reinhardt und das Theater (1920), in: Prosa I, S. 213–245, hier S. 234.
46 Der Krieg und die deutsche Selbsteinkehr, S. 221 f.
47 Max Reinhardt und das Theater, S. 216 f.
48 Eranos-Brief, S. 96 u. ö.
49 Führung, S. 409, 417.
50 Der Untergang der deutschen Nation.
51 Die Antike und der deutsche Völkergeist, S. 278.
52 Der Untergang der deutschen Nation, S. 520.
53 Schöpferische Restauration, S. 251.

menschlichen Person. Obwohl auch das Volk kein biologisch-natürliches, gar rassisch determiniertes Wesen ist, unterscheidet sich die Nation von ihm doch durch eine kulturelle Identität, vor allem aber durch ein betontes Willenselement, also durch das Bewußtsein, einer Nation anzugehören und dem Willen dazu. Demgemäß kommt es für Borchardt entscheidend darauf an, wie man sich zu seiner Nation verhält. Hierbei kann nur schwer zwischen allgemeinen Forderungen und seinem eigenen Verhalten unterschieden werden, so daß im folgenden beides zusammen behandelt wird.

III.

Das Verhältnis zur eigenen Nation steht bei Borchardt im Mittelpunkt seines politischen Denkens, und zwar zunächst sozusagen neutral; in dem Sinne, daß er es für selbstverständlich hält, daß und wie Giolitti, Clemenceau und Lloyd George die Interessen ihrer jeweiligen Nation vertreten – bis hin zu dem bemerkenswerten Faktum, daß und wie er auf Höhepunkten der deutschen nationalen Erregung etwa italienische oder englische Standpunkte als legitim darzulegen den Mut hat.[54] Aber, wie gerade die Beispiele dieser drei Personen zeigen, die angemessene Art, sich der eigenen Nation zu vergewissern, ist die der Leidenschaft, und der Modus, sich in diesem Sinne auszudrücken, ist der des Pathos. Sein Werk ist voll davon, hier nur einige Beispiele.

1. Daß innere Ergriffenheit und Pathos überhaupt von jedem gefordert werden und nicht nur eine individuelle Verhaltensweise des Dichters sind, wird ausdrücklich gesagt, indem Borchardt fordert, daß eine Nation „ihren höchsten Begriffen viel mehr als Gehorsam zollen" wolle, nämlich „unendlichen Glauben, stumme Ehrfurcht".[55] Damit ist der Bereich benannt, der ständig wiederkehrt, nämlich der des Sakralen. Es gibt ein „Allerheiligstes der Nation"[56], sie war „eine heilige und menschliche Einheit"[57], sie ist eine „Göttin"[58], es gibt einen „heiligen Begriff des Volkes und der Nation"[59] sowie Dinge, die „der Nation heilig" sind[60]; sie hat „unsterbliche Kräfte"[61].

---

54 Siehe oben.
55 Das Reich als Sakrament, S. 459. Zu den „höchsten Begriffen" gehört der des Reiches, so daß also hier Nation und Reich koinzidieren.
56 Der Krieg und die deutsche Selbsteinkehr, S. 219.
57 Rudolf Borchardt, Reinhardt und das Theater, S. 217.
58 Rudolf Borchardt, Dichten und Forschen, in: Reden, S. 182–209, hier S. 201.
59 Schöpferische Restauration, S. 248.
60 Führung, S. 421.
61 Deutsche Literatur im Kampfe um ihr Recht, S. 303.

Hierhin gehört auch die Tatsache, daß oft von „Schicksal" die Rede ist, nicht in nüchternem Sinn etwa von Lebenslauf, sondern dramatisch, vielleicht im Sinne von *fatum* oder gar Verhängnis.[62] Dieses Pathos durchzieht Borchardts ganzes Werk, sofern in ihm von der – deutschen – Nation die Rede ist, und dementsprechend sind ganze Texte hochpathetisch, die vom Schicksal der deutschen Nation auf – sehr verschiedenen – Tiefpunkten ihrer Geschichte handeln, 1920 und 1943.[63]

2. Da zum Begriff der Nation auch und vor allem die Willenskomponente gehört, die ihn ja vom Volksbegriff unterscheidet, verhält Borchardt sich zur eigenen Nation als jemand, der auf diesen Willen einwirkt, und zwar durch seine Zeitschriftenpläne, vor allem durch seine Reden und durch seine Bücher. Sie im einzelnen aufzuzählen hieße in dem Kontext dieses Buches wahrlich Eulen nach Athen zu tragen; ich möchte behaupten, jedes einzelne der verschiedensten Gattungen, deren er mächtig war, diente diesem Zweck. Es sei nur einerseits an den deutschen Dante, andererseits an die zeitgeschichtlichen Erzählungen erinnert, und es seien nur, zur sinnfälligen Illustration, die Lesebücher und Anthologien erwähnt, die diesen Zweck schon im Titel tragen und deren Nachworte ihn erläutern: *Deutsche Denkreden* (1925), *Ewiger Vorrat Deutscher Poesie* (1926), *Der Deutsche in der Landschaft* (1927). Eine besondere Rolle spielen die Kriegsreden aus dem Ersten Weltkrieg, besonders die Rede des Jahres 1916 *Der Krieg und die deutsche Verantwortung*, weil er sie in Berlin vor einem einflußreichen Publikum hielt[64]; die Umstände und ihre Aufnahme schilderte er später während des Zweiten Weltkrieges.[65]

3. Das Bewußtsein der Nation zu formen, darin sah Borchardt die Aufgabe des Dichters; er sah in ihm den *vates* im Sinne des Vergil (Ekloge 7, 28 und 9, 34), aber vor allem des Horaz (Epode 16, 66). Schon 1908 sagt er, sich selber meinend: „Solange der Dichter [...] die Fleisch und Blut gewordene Erinnerung der Nation an sich selber [...] die Fleisch und Blut gewordene Ahnung der Nation von sich selber ist, solange die Gegenwart der Nation in jedem ihrer Momente auf ihn als den Namengeber und Bewahrer rechnet [...], solange entscheidet der Dichter und niemand anders über die positiven und

---

62 Rudolf Borchardt, Intermezzo, in: Prosa I, S. 435–468, hier S. 447; Die Antike und der deutsche Völkergeist, S. 286, 294; Rudolf Borchardt, Deutsche Reisende – deutsches Schicksal, passim; Rudolf Borchardt, Josef Nadler (1929), in: Prosa IV, S. 254–263, hier S. 262 („Tragödie").
63 Max Reinhardt und das Theater; Der Untergang der deutschen Nation.
64 Der Krieg und die deutsche Verantwortung.
65 Frühstück zu acht Gedecken, S. 227–260.

negativen Kräfte der Zeit."⁶⁶ 1914 dann ausdrücklich: Er hatte früher „die Stelle des Dichters, der kein Gewerbetreibender sein wollte, sondern [...] eine moralische Person, kein Lieferant der jeweils bedurften seelischen Kostüme, sondern *Vates,* der Mund dessen, der nicht anders kann, als seine Gesichte aussprechen" schmerzlich vermißt.⁶⁷ Und dann, als Schlußpassage der Berliner Rede von 1916 vor Spitzenvertretern von Politik, Armee und Kultur: „Ich danke Ihnen, daß Sie zum ersten Male in Deutschland seit undenklichen Zeiten den Dichter von den höchsten Angelegenheiten der Nation haben reden hören wollen. Sie neuern nichts damit, Sie erneuern. Er ist der Bewahrer wie er der Seher ist, und ist es wie in Solons und Jesaias Tagen noch heute, wenn er die Eitelkeit hinter sich wirft, dem Gotte gehört und dem Volke dient."⁶⁸

Freilich – ging es zunächst nur darum, das Bewußtsein der Nation zu formen und dadurch dazu beizutragen, daß sie überhaupt eine Nation bleibe oder gar erst werde, so verschärfte sich gegen Ende der zwanziger Jahre diese Absicht dahin, die Nation zu führen oder gar sich ihrer gewaltsam zu bemächtigen. Die Rede *Schöpferische Restauration* von 1927 schließt damit, daß die „Minoritäten, in Wahrheit die Führer der Nation [...] sich der ganzen Nation bemächtigen" würden, um das im Titel ausgedrückte Programm – Borchardt nennt es schrecklicherweise „Ideologie" – zu verwirklichen,⁶⁹ für die Rede *Aufgaben der Zeit* fühlte er einen „unwiderstehliche[n] Drang" und „heftige[n] Antrieb",⁷⁰ und die Rede *Führung* von 1931 nimmt sich folgendes vor: Als jemand, „der im Namen des politischen Geistes und des Geistes überhaupt spricht", müsse er das Ziel „divinatorisch schon vorausgenommen haben" – beides ist der vates –, das darin bestehe, „die gesamte Nation in sich aufzusaugen und ihre Gegner nicht sowohl mehrheitlich zu überwiegen als vielmehr politisch abzuschaffen",⁷¹ und gegen Ende formuliert er die berühmt gewordenen Sätze: „*Die ganze Welt wird reißend konservativ,* aus Selbstschutz, aus Erbschutz, aus der Pflicht heraus, die durcheinandergeschüttelten Elemente vier Jahre langer mörderischer Verwilderung unter der Hand

---

66 Rudolf Borchardt, Politiker aus dem Kunstsalon, in: Prosa V, S. 69–85, hier S. 74.
67 Der Krieg und die deutsche Selbsteinkehr, S. 218.
68 Der Krieg und die deutsche Verantwortung, S. 324; siehe noch, beispielsweise, Über den Dichter und das Dichterische (1920/24), in: Prosa I, S. 38–70, hier S. 43, und Ewiger Vorrat deutscher Poesie, in: Prosa III, S. 322–352, hier S. 327. – Wie sich dieser Anspruch mit dem trotzigen Bewußtsein verträgt, nur für wenige zu schreiben, bliebe zu klären („Der für Volkheit optierte, war sein Leben lang der Mann des Privatdrucks." (Theodor W. Adorno, in: Rudolf Borchardt, Ausgewählte Gedichte, hrsg. v. Theodor W. Adorno, o. O. [Frankfurt am Main], 1968, S. 20).
69 Schöpferische Restauration, S. 253.
70 Rudolf Borchardt, Der verlorene Posten (1932?), in: Prosa VI, S. 203–210, hier S. 208.
71 Führung, S. 400.

des nationalen Kontinuums wieder einzufangen, jeder auf einem anderen Wege, wir auf dem schwersten, der Wiederumstürzung des Umsturzes, der negierten und negierenden Negation, der Revolution gegen die Revolution."[72]

IV.

Wir setzen zum Fazit an, zum relativierenden und akzentuierenden.

1. Relativierend sei zunächst wiederholt, daß Borchardts Verhältnis zur eigenen Nation sich nicht in der Herabsetzung anderer Nationen äußert, daß er diese, sofern er sie ernst nimmt, im Gegenteil in ihrer Eigenart respektiert und würdigt; insbesondere natürlich die italienische, obwohl (auch) hier das Verhältnis durchaus ambivalente Züge trägt. Weiter muß ebenfalls wiederholt werden, daß alles, was er in Bezug auf die eigene Nation schrieb, auf das Bewußtseins- und Willenselement zielte, das zu seinem Nationsbegriff und zu dem aller anderen gehörte und gehört. Am Beispiel der Kriegsreden wird das deutlich. So politisch, so pathetisch, so unmittelbar auf das Kriegsgeschehen bezogen sich alles zunächst anhört, so wenig entsprach es dem, was Nationalisten oder national Erregte hören wollten. Das zeigt sich zum einen in der Quintessenz der jeweiligen Rede, schon jeweils im Titel, aber auch darüber hinaus. In *Der Krieg und die deutsche Selbsteinkehr* bittet er die Zuhörer, „die Nation ins Wahrhaftige, ins Bescheidene und Tiefe zurückzurufen",[73] und dort wird als das, was Deutschland nach dem für sicher gehaltenen Siege Europa zu bieten habe, die Ordnung in Freiheit und Freiwilligkeit bezeichnet.[74] Die Rede „Der Krieg und die deutsche Verantwortung" von 1916 läuft unter Zurückstellung Bismarcks zugunsten des Freiherrn vom Stein[75] hinaus auf eine „neue Innerlichkeit, die das Geschöpf dieses Krieges sein muß" beziehungsweise auf eine „neue(n) deutsche(n) Innerlichkeit".[76] Kein Wunder, daß „Kluck, [...] ein schöner Marschall, wie ihn Knaben sich denken [...], zornrot im Gesicht, mir seine Hand nur gegeben zu haben schien um sie mir nicht absolut verweigert zu haben".[77]

---

72 Ebenda, S. 428.
73 Der Krieg und die deutsche Selbsteinkehr, S. 249.
74 Ebenda, S. 261–263.
75 Der Krieg und die deutsche Verantwortung, S. 322 f. – Bismarck wird fast immer negativ beurteilt – auch hier gegen den nationalistischen Strom schwimmend; siehe nur Staatenbund oder Bundesstaat?
76 Der Krieg und die deutsche Verantwortung, S. 318, 324.
77 Frühstück zu acht Gedecken, S. 247, 248. – In diesem 1943 aus der Erinnerung geschriebenen Bericht sagt Ernst Troeltsch, ebenda, S. 249: „Aber die Leute haben nicht gewußt,

Unmittelbarer deutlich wird die meilenweite Entfernung von allem politischen Nationalismus, wenn man die Passagen liest, in denen er sich vom Hurrapatriotismus distanziert; sie sind, erstmals im vorliegenden Text, sogar gelegentlich vergnüglich zu lesen. Etwa schon 1914: „Eine Anzahl abgewirtschafteter Naturhistoriker, die sich Gelegenheiten, Deutschland durch ihr Auftreten lächerlich zu machen, nie entgehen lassen, leitete die patriotische Bewegung, der, wie ich fürchte, Hodlers Fresken in Jena zum Opfer fallen sollten. [...] [E]in so fanatischer wie ungebildeter Nationalismus [...] Müssen wir dauernd, und nicht vom erstbesten Tintenfische der Parteipressen, sondern von berühmten Geschichtslehrern ungereimte Auflösungen des Weltkrieges in eine germanische, eine slawische und eine lateinische Völkertendenz vernehmen [...] Deutschtumsprahler [...] das neuteutonische Pfahlbürgertum [...] wir werden es freilich den vereinigten Stammtischen der deutschen Nichtkombattanten überlassen, [...] die Notwendigkeit eines deutschen Weltreiches zu folgen [...]. Wer glaubt und predigt, daß [...] in den historisch vollkommen überlebten Formen der Annexion vollziehen kann, ist ein frevelhafter Narr."[78]

Auch später wendet er sich scharf gegen die Annexionsforderungen: „Erwäge jeder, der leichthin von einer Erweiterung unserer Grenzen durch diesen Krieg daherredet, die ungeheure Verantwortung"[79]; „Ich höre zwar ein unsinniges Fordern und Rechnen hier im Lande herumgehen und traue meinen Ohren nicht, wenn ich darauf horche. Ich höre von Annexionen reden, als ob sie mit dem Abmarken einer neuen Grenze auf dem Kartenpapiere zu beschließen und zu verwirklichen seien, von Summen der Entschädigung, als deren Maßstab unsere Verluste an Leib, Gut und Ehre zu gelten hätten"[80] – noch 1930 sagt er apodiktisch, daß „es keine vaterländische Poesie [...] geben kann, denn Poesie ist das ganze Vaterland"[81], und 1931

---

warum sie klatschen. Wenn sie sich morgen oder vielleicht schon heut abend überlegen werden, was Sie eigentlich gesagt haben, und das, der Farbe und des nationalen Feuers der rednerischen Äußerung entkleidet, doch im Grunde das Gegenteil dessen ist, was man hier will" – hier hätte also schon damals ein einziger gemerkt, was es mit dieser Rede auf sich hatte, freilich widerspricht das dem Bericht über den Generalfeldmarschall, der dann vielleicht doch klüger gewesen wäre als alle anderen.

78 Der Krieg und die deutsche Selbsteinkehr, S. 227, 248, 250, 251, 254, 258.
79 Der Deutsche an seinen Grenzen, S. 282.
80 Der Krieg und die deutsche Verantwortung, S. 319. – Über die Relativierung, die Kurt Flasch hier geltend macht (Rudolf Borchardts Kriegsreden, in: Rudolf Borchardt und seine Zeitgenossen, hrsg. v. Ernst Osterkamp, Berlin und New York 1997, S. 355–369, hier S. 368 f.) müßte ausführlich gehandelt werden.
81 Das Geheimnis der Poesie, S. 139.

macht er sich lustig über den „robusten deutschnationalen Unterhaltungsroman"[82].

2. Rudolf Borchardts Nationbegriff unterschied sich, nüchtern genommen, in nichts von dem, was seinerzeit und was heute als Nation definiert wird – ein meist durch gemeinsame Sprache und durch gemeinsame Geschichte geprägter Personenverband, dessen Zusammengehörigkeit durch ein gemeinsames Bewußtsein davon, eine Nation zu sein und den Willen dazu, hergestellt wird. Dadurch grenzen sich Nationen voneinander ab, es gibt daher per definitionem mehrere Nationen, von denen keine der anderen überlegen ist, und wenn von mir als besonders herausragendes Beispiel dafür der Walter Pater-Essay als Beleg angeführt wird,[83] dann ist damit gleichzeitig ein Nachweis dafür geliefert, daß Borchardts Nationbegriff ganz vorwiegend kulturell-literarisch war.

Die spezifische Färbung des Befundes von mehreren, sozusagen gleichberechtigt nebeneinanderstehenden Nationen sieht freilich ganz anders aus, und hier steht natürlich Borchardts eigene, die deutsche Nation allein im Vordergrund. Diese Färbung setzt sich aus drei Elementen zusammen, die nicht miteinander zu vereinbaren sind, und gerade diese innere Unvereinbarkeit macht das Spezifische aus. Das erste ist, unüberhörbar, das Pathos, mit dem er von Deutschland und der deutschen Nation spricht. Dieses Pathos freilich ist nichts Besonderes, das verbindet ihn mit allen anderen. Zweitens aber wird Borchardts Pathos teils gedämpft, meistens aber gesteigert durch seine Verzweiflung an der deutschen Nation. Sie ist fast überall zu spüren und bezieht sich auch und gerade auf Deutschlands geistigen Zustand: Man bedenke, daß das einzige geistige Ereignis seiner Zeit, das Borchardt nicht nur uneingeschränkt bejaht, sondern das für ihn epochalen Charakter gehabt hat, Hofmannsthals Dichtung war. Allerdings beruht die Verzweiflung auf durchaus unterschiedlichen, ja sogar gegenläufigen Erlebnissen. Zunächst die kulturelle Abflachung Deutschlands mit der Reichsgründung, nach dem Weltkrieg ein *hoffnungsloses Geschlecht*, aber von den *Jamben* an, in denen er das geißelt, dessen Kommen er nicht vorhergesehen und das er unwillentlich mit heraufbeschworen hatte, kann es nur noch zum *Untergang* kommen.

Aber: Während Verzweiflung an der Nation bei ungezählten anderen Dichtern und Schriftstellern, für die sie eben keinen Wert darstellte, von Aggressivität und Haß nur schwer zu unterscheiden ist, kommt bei Borchardt ein Drittes hinzu. Es ist zart, schwer zu greifen, wird kaum jemals

---

82 Revolution und Tradition in der Literatur, S. 215.
83 Walter Pater, S. 402–422, hier S. 412.

benannt, durchzieht aber sein gesamtes Werk. Bei zwei Gelegenheiten zeigt es sich einigermaßen deutlich, wenn auch nur mittelbar. Das sind die beiden großen Kriegsreden. In ihnen ist die Siegeszuversicht ja durchaus gedämpft ausgedrückt, gedämpft durch etwas, was man – bei Borchardt überraschend – Vorsicht, Zurückhaltung, ja fast Ängstlichkeit vor allzuviel Überschwang nennen könnte. Wie anders nämlich ist es zu benennen, daß statt all der bei anderen anzutreffenden und ubiquitären Direktheiten und Selbstgewißheiten hinsichtlich der deutschen Kriegsziele und hinsichtlich dessen, was überhaupt deutsch genannt wurde, bei ihm zwei *stille* Eigenschaften im Zentrum stehen, nämlich der ruhige Ordnungssinn in der ersten und die Innerlichkeit in der zweiten Rede? Das sollen Kriegsreden sein? Dieses zurückhaltende, zarte[84] Dritte also, das zu Pathos und Verzweiflung hinzutritt oder besser ihnen beiden zugrundeliegt, das ist die Liebe.

---

84 Insofern widerspreche ich entschieden Adornos prägnanter Formulierung „in maßloser Liebe und maßloser Auflehnung gebunden an das, was er als Nation stilisierte", a. a. O., S. 9.

KAI KAUFFMANN

Rudolf Borchardts Rhetorik der ‚Politischen Geographie'

Rudolf Borchardt arbeitet in seinen Schriften häufig mit Kategorien und Schemata der sogenannten ‚politischen Geographie', die er aber nicht systematisch, sondern rhetorisch verwendet. Die im zeitgenössischen Diskurs der ‚politischen Geographie' vorgefundenen Topoi werden in eine Bewegung gebracht, bei der die Stellungen der Völker und Länder, Nationen und Staaten hin- und hergleiten. Zusätzlich wird Borchardts Rhetorik der ‚politischen Geographie' dadurch verkompliziert, daß sie gleichzeitig auf drei Ebenen – der metaphysischen, der historischen und der aktuellen Ebene (Idee, Tradition, Situation der Völker und Länder, Nationen und Staaten) – operiert, die sich ebenfalls gegeneinander verschieben. Die Konstellationen können so verändert werden, wie es den Bedürfnissen des Autors in der jeweiligen Umgebung entspricht. Insgesamt macht Borchardts ‚politische Geographie' einen Imaginations- und Artikulationsraum aus, der einen egozentrischen und phantasmagorischen Charakter besitzt.

Der vorliegende Aufsatz stellt zunächst dar, wie Borchardt seine Konzeption der ‚politischen Geographie' von Deutschland und Europa nach der Jahrhundertwende entwickelt und auf die Situation der Vorkriegs- und Kriegszeit anwendet (I–II). Danach wird geschildert, wie er die ‚Revolutionen' von 1918/19 und 1933 durch den Umbau der innen- und außenpolitischen ‚Weltbilder' verarbeitet (III–IV). Es schließen sich Überlegungen an zum Verhältnis von natürlicher und kultureller Geographie, zur geographischen und geologischen Metaphorik sowie zum diskursgeschichtlichen Kontext und zur tiefenpsychologischen Struktur von Borchardts kulturpolitischem Oeuvre (V).

I.

Im Jahre 1897 veröffentlichte der Leipziger Professor Friedrich Ratzel sein Buch *Politische Geographie oder Geographie der Staaten, des Verkehrs und des Krieges*, das in den nächsten Jahrzehnten als Standardwerk der Staatswissenschaften galt. Auf Ratzel beriefen sich noch die Begründer der sogenannten ‚Geopolitik', allen voran Karl Haushofer, in den zwanziger, dreißiger und vierziger Jahren[1].

Frühere geographische, politische und militärische Theorien auf einen Nenner bringend, entwickelt Ratzel in seinem Buch die Lehre, daß sich aus den geographischen Hauptfaktoren „Lage, Raum und Grenze (und damit eingeschlossen Gestalt)" die „politischen Werte" und Ziele der Länder, Völker und Staaten mit naturwissenschaftlicher Genauigkeit errechnen lassen. Nach dieser Lehre machen etwa die Unterschiede, die zwischen einer Mittellage auf dem Kontinent und einer Insellage im Atlantik bestehen, es wahrscheinlich, daß die Deutschen und die Engländer in ihrer jeweiligen Weltpolitik nicht übereinstimmen. Unabhängig von solchen Unterschieden ist jedoch allen Völkern und Staaten das Streben nach territorialer Souveränität und Expansion gemeinsam. In Analogie zum biologischen ‚Kampf ums Dasein' heißt es an einer Stelle:

> „Jede menschliche Gemeinschaft ist beständig im Kampf mit der Außenwelt und mit sich selbst um ihr selbständiges Leben. Sie will ein Organismus bleiben, und Alles arbeitet in dem ewigen Wechsel von Auflösung und Neubildung, der die Geschichte bedeutet, daran, sie zum Organ herunterzudrücken."[2]

Laut Ratzel ergeben sich aus diesem natürlichen Drang der Völker und Staaten die geschichtlichen Bewegungen, die von ihm in halb geologischer, halb militärischer Metaphorik als Zurückdrängung, Zersplitterung etc. beschrieben werden. Die Geschichte erscheint als fortwährender Kampf um den Boden, als permanenter Annexionskrieg. Daran sieht man, wie eng Ratzels politische Geographie mit der Zeit des Nationalismus und des Imperialismus verbunden ist, in der die Deutschen bekanntlich einen ‚Platz an der Sonne' anstrebten. Seine Thesen bekamen nach der Jahrhundertwende durch den europäischen, ja weltpolitischen Konflikt zwischen Dreibund und Entente Cordiale eine hohe Aktualität und Evidenz.

In diesem Kontext entstand 1906/07 Borchardts früheste Schrift zur Politik, das Buchfragment *Weltfragen*, dessen erstes Kapitel den „Begriff der politischen Geographie"[3] bestimmen sollte. Von diesem Kapitel liegt uns keine einzige Zeile vor. Doch läßt das zweite, vollständig überlieferte Kapitel mit hinreichender Klarheit erkennen, daß Borchardt zwar Ratzels Probleme, Begriffe und Metaphern aufgreift, ihnen aber einen völlig anderen Sinn

---

[1] Vgl. Frank Ebeling, Geopolitik. Klaus Haushofer und seine Raumwissenschaft 1919–1945, Berlin 1994, bes. S. 46–51; Rainer Sprengel, Kritik der Geopolitik. Ein deutscher Diskurs 1914–1944, Berlin 1996, bes. S. 70–80.
[2] Friedrich Ratzel, Politische Geographie oder Geographie der Staaten, des Verkehrs und des Krieges, München; Leipzig 1887, S. 18.
[3] Prosa V, S. 535.

verleiht – ein typisches Beispiel für seine Denk- und Schreibstrategie, an die gängigen Wissensdiskurse anzuknüpfen, um dann die herrschenden Meinungen zu widerlegen, ja in ihr Gegenteil zu verkehren. Am Anfang meint man Ratzel zu hören, wenn Borchardt „Geschichte" als die „Verschiebung der politischen Kraftfelder, [...] d. h. ein Sich-Verziehen der Kräfte von ausgenutzten nach neu wirkenden Polen hin" definiert[4]. Im weiteren Verlauf der Argumentation wird allerdings deutlich, daß Borchardt im Gegensatz zu Ratzel gerade nicht die materiellen Bedingungen und Verhältnisse des Landes als Kausalursache, sondern die ideelen Kräfte des Volkes als Wesensgrund für diese „Verschiebung der politischen Kraftfelder" begreift.

Prinzipiell ist für ihn die Geschichte kein Naturvorgang, sondern ein Kulturprozeß. Daraus folgt, daß in seinem ganzen Oeuvre die Geographie entweder als Natur-Gestalt verstanden wird, die einer Überformung durch den Geist unterliegt, oder aber gleich als Kultur-Gebilde, das in der Geschichte permanenten Metamorphosen ausgesetzt ist. Rund dreißig Jahre nach den *Weltfragen* beginnt die Abhandlung *Europa* mit Worten, die, gewissermaßen als Fortsetzung der biblischen Genesis gedacht, von einer zweiten Schöpfung der Erde durch den Menschen sprechen:

> „Der äußerste nordwestliche Anhang der asiatischen Landveste, von tief einreißenden Meeren zergliedert wie eine vielfingerige Hand und im Süden durch den mediterranen Vulkanismus noch reicher durcharbeitet, hat den Menschen gezogen, der die Erde überwand, übersah, einteilte, und aus göttlichem Geiste zum zweiten Mal erschuf. [...] Zwischen Europa und Asien hat die Natur keine Grenze aus- oder eingeräumt. Gesetzt hat sie im Widerspruche zur Natur ihr ungeheurer Widersacher, die menschliche Freiheit, und sie ausgestattet mit der unendlichen [...] Fraghaltigkeit alles dessen was die Natur herausfordert, die Geschichte und ihr einziger wirklicher Träger, der Europäische Mensch. Der Kontinentalbegriff ist seitdem für alle übrigen Landvesten des Globus rein geographisch ein Axiom wie jeder andere Sachbegriff genauer Naturwissenschaft, für Europa ist er Theorie und Problem. Anders ausgedrückt, für die übrigen ist er eine Form, für Europa eine Idee, und damit das Europäische ein Ideales."[5]

Die Idee der Geschichte als ‚neuer Schöpfung', die sich Borchardt im Jahre 1897 über die Lektüre von Herders *Ältester Urkunde des Menschengeschlechtes*[6] offenbart hatte[7], wird hier gegen das deterministische Denken der modernen Naturwissenschaften mobilisiert, um die Annexion des Humanen rückgängig zu machen.

---

4 Prosa V, S. 9.
5 Prosa IV, S. 7 f.
6 Vgl. Johann Gottfried Herder, Schriften zum Alten Testament, hrsg. v. Rudolf Smend, Frankfurt a. M. 1993, S. 229–236.
7 Vgl. dazu den „Eranos-Brief" (1924), in: Prosa I, S. 115–118.

Bereits das Buchfragment *Weltfragen*, dessen Titel auch die Konkurrenz zu dem Natur- und Kulturmonismus von Ernst Haeckels *Welträtsel* (1899) anzeigt, vertritt eine solche Geschichtsaufassung. Borchardt versucht in ihm, die politische Geographie Europas als geistiges Problem aktuell zu beschreiben, historisch zu begründen und visionär zu lösen. Ausgangspunkt ist, wie so oft beim frühen Borchardt, die kulturkritische Diagnose der chaotischen Situation an der Jahrhundertwende:

> „Europa bildet einen durch und durch ungleichmäßigen Völker- und Staatenhaufen, von der denkbar größten Verschiedenartigkeit der geschichtlichen Zusammensetzung und des geschichtlichen Gesamterlebnisses. Aus dieser Verschiedenartigkeit, wenn sie einmal klar erkannt ist, fließt das gesamte Kräfteverhältnis des Erdteils."[8]

Die in der Antike ansetzende Ursachenforschung kommt zu dem Ergebnis, daß der Zerfall des Imperium Romanum nicht, wie man glauben könnte, für die heutige Zersplitterung verantwortlich ist. Im Gegenteil sei dieser Zerfall die Voraussetzung dafür, daß im Prozeß der germanischen Völkerwanderungen die geistige Einheit, also der wahre Begriff von Europa hätte entstehen können[9].

Die Völkerwanderungen hätten nämlich für die Ausbreitung und Durchsetzung des – so formuliert der *Spectator Germanicus* von 1912 die gleiche Idee – „germanischen Herrschaftsprinzips mit seinen Begriffen Zucht, Recht, Ehre, Ordnung, Gehorsam"[10] gesorgt und damit das „europäische Weltbild"[11] – „Weltbild" im Doppelsinn des Wortes – überhaupt erst geschaffen. Durch die Kraft dieses Herrschaftsprinzips seien germanische Mischvölker zu Nationen und Staaten gebildet worden, die trotz einer gewissen Varianz der Charaktere „ihre Einheit in der gemeinsamen Kultur"[12] besessen hätten. Gemeint sind England, Frankreich, Italien und Deutschland, die im Mittelalter durch den gemeinsamen Kulturtypus des christlichen Rittertums verbunden werden und die in der Renaissance noch Böhmen, Ungarn und

---

8 Prosa V, S. 18.
9 Ebd., S. 15: „Der Begriff Europa entsteht durch den Zerfall des römischen Weltreichs, aber nicht gleichzeitig mit ihm oder als eine nächste Folge." In späteren Schriften durchläuft der Begriff bzw. die Idee Europa eine geschichtliche Reihe von Kulturformen und Weltbildern (griechisch, römisch, germanisch-christlich, deutsch-humanistisch), wobei es in den Übergangsphasen zu dramatischen Konflikten, Rissen und Brüchen kommt. Vgl. bes. das zusammen mit Hugo von Hofmannsthal erarbeitete Schema „Gedanken über Schicksal und Aussicht des europäischen Begriffs am Ende des Weltkrieges" (in: Prosa V, S. 325–334) und die Doppelrede „Die Antike und der deutsche Völkergeist" von 1927 (in: Reden, S. 272–308).
10 Prosa V, S. 183.
11 Ebd., S. 17.
12 Ebd., S. 16.

Polen sowie, freilich bloß vorübergehend, Spanien und Portugal in ihren Kulturbereich miteinbeziehen. So ist es zu verstehen, wenn Borchardt behauptet, seit dem Fall Roms sei die europäische Geschichte germanische Geschichte gewesen und bis heute geblieben: „Jede Nation Europas hat nur durch ihr Verhältnis zum germanischen Zentralvorgang Existenz und Geschichte."[13] Und das bedeutet umgekehrt: „Die von der germanischen Einwanderung und Beeinflussung nicht oder nicht dauernd genug oder nicht früh genug betroffenen Gebietsteile Europas bilden heut noch einen nur tiefer barbarisierten Rest der antiken Welt und befinden sich zum Teil in einem Zustande hoffnungsloser Zerrüttung, der in früheren Jahrhunderten die kriegerische Ausrottung notwendigerweise herbeigeführt haben würde."[14] Mit diesen Argumenten werden beispielsweise Irland, Rußland, Griechenland und Süditalien aus Europa ausgeschlossen. Indem Borchardt bei den verschiedenen Nationen und Staaten feststellt, wie stark sie jeweils durch die germanischen Völkerwanderungen und das germanische Herrschaftsprinzip geprägt sind, bestimmt er die politische Geographie Europas, die sich von dem „germanische[n] Kraftfeld"[15] im Zentrum bis zu den kaum beeinflußten Kulturkreisen der Peripherie erstreckt.

Allerdings unterliegt die politische Geographie Europas einer geschichtlichen Dynamik, die tragischen Charakter besitzt. Das germanische Kraftfeld, aus dem im Mittelalter Deutschland, Frankreich, England und Italien als Kernstaaten Europas hervorgehen, bricht zu Beginn der Neuzeit auseinander. Nach der Erschütterung durch die italienische Renaissance ist es schließlich die Französische Revolution, die das vom germanischen Herrschaftsprinzip zusammengehaltene europäische Weltbild sprengt. Die Begriffe von „Zucht, Recht, Ehre, Ordnung, Gehorsam", auf denen die alten Nationen beruhten, werden jetzt durch die Begriffe „Freiheit, Gleichheit, Brüderlichkeit" verdrängt, die von Frankreich aus auf die anderen Nationen ausstrahlen. Laut Borchardt verbergen sich hinter dieser idealistischen Menschheitsrhetorik die materialistischen Einzelinteressen der Beteiligten, die sich um das gemeinsame Kulturerbe nicht mehr kümmern. Durch die Expansion des, wie man mit Blick auf spätere Schriften sagen könnte, lateinisch-romanischen ‚Emanzipationsprinzips' entsteht im 19. Jahrhundert ein neues „europäisches Weltbild", das Weltbild der modernen Zivilisation, dem Borchardt nicht nur die historische Legitimität, sondern auch die politische Konsistenz abspricht. In einem mehrere Seiten langen satirischen Exkurs[16] weist er in *Weltfragen* die Widersprüche innerhalb des heute dominierenden

---

13 Ebd., S. 34.
14 Ebd. S. 34 f.
15 Ebd., S. 34.
16 Vgl. ebd., S. 22–32.

Scheinbegriffs von Europa nach, der keine eindeutige Ordnung der politischen Geographie ermöglicht.

Am stärksten setzt sich der geistige Einfluß der Französischen Revolution im Italien des Risorgimento durch, das auf die genannten Begriffe den modernen Nationalstaat gründet[17]. Schwächer macht er sich in England bemerkbar, doch kommt es hier immerhin zur Umformung des traditionellen Parlamentarismus im Sinne der Volksdemokratie. Am wenigsten ist Deutschland tangiert. Freilich gibt es auch dort Kräfte, die die Ideologie der Zivilisation transportieren. Speziell die journalistischen und parteipolitischen Vertreter des modernen Liberalismus und Parlamentarismus, die Borchardt in den folgenden Schriften *Renegatenstreiche*, *Politiker aus dem Kunstsalon* und *Der Kaiser* (alle 1908) gezielt angreift, bilden eine innere Front und zerreißen die geistige Einheit der Nation. Nach seiner Auffassung bricht sich aber die Bewegung zur Volkssouveränität und Volksdemokratie bislang am Bollwerk des preußischen Junkerstaates und des hohenzollerschen Kaisertums. Diese Bastion des deutsch-europäischen Geistes möchte er mit den *Weltfragen* stärken und den Ausfall aus der belagerten Festung, das heißt den weltgeschichtlichen Übergang in die politische Offensive, vorbereiten.

Ich kürze das Referat ab, weil es hier nur auf das Prinzip, nicht aber auf die Details der Argumentation ankommt. Borchardt konstruiert in den *Weltfragen* einen kulturellen Antagonismus, der die politische Geschichte der Neuzeit und die politische Geographie der Moderne bestimmt. Dabei macht er den Kampf gegen das geistige Erbe der germanischen Völkerwanderung, der mit der Französischen Revolution in sein entscheidendes Stadium tritt, für die heutige Gespaltenheit Europas verantwortlich. In diesem Kampf verkörpern die einzelnen Nationen und Staaten verschiedene Ideen und Begriffe bzw. Varianten von Ideen und Begriffen[18]. Von daher nehmen sie auch unterschiedliche Positionen in der politischen Geschichte und Geographie ein. Während Frankreich und Italien die inzwischen gänzlich ‚ungermanisch gewordene Zone' bilden, formen Deutschland und England den mehr (Deutschland) oder weniger (England) germanisch gebliebenen Bereich Europas[19]. Durch die Einbeziehung der anderen Nationen und Staaten

---

17 Vgl. ebd., S. 44.
18 So unterscheidet Borchardt beim Nationalismus moderner Prägung eine englische und eine französische Variante. In der Rede *Der Krieg und die deutsche Verantwortung* (1916) heißt es: „Deutschland ist es satt, sein Verhältnis zu den Nachbarvölkern und zur Welt in den brutalen oder wahnwitzigen Denkformen der eingeschleppten politischen Auslandsmoden, des eingeschleppten englischen Imperialismus und Nationalismus, des eingeschleppten französischen Chauvinismus und Nationalismus zu erörtern." (Prosa V, S. 310)
19 In Borchardts Augen schwankt England zwischen seiner älteren germanischen und seiner jüngeren romanischen Tradition, wobei die erstere in der Gegenwart zurückgedrängt ist, aber sich auf Dauer wieder durchsetzen wird. In den politischen Schriften vor 1918 räumt

ergibt sich ein geistiges Achsen- und Frontensystem, das den ganzen Kontinent umfaßt.

Dieses Achsen- und Frontensystem der politischen Geographie wandelt sich immer mehr zu einem Einkreisungssystem, in dem einzig und allein Deutschland die Ideen der europäischen Kultur bewahrt, während alle anderen, sogar England, ihre nationalen Interessen verfolgen und dabei vorgeben, dem humanen Fortschritt zu dienen. „Die Wortführer des nichtdeutschen, daher mit Notwendigkeit antideutschen Europa", so heißt es in der Einleitung des geplanten Buches, „die lateinischen Nationen und das England, das in Momenten innerlicher Tiefstände immer latinisiert, begreifen dies große Unterscheidungsmerkmal Deutschlands unter dem Begriffe des Rückschrittlichen und der Reaktion"[20]. Kurz- und mittelfristig betrachtet hat das Festhalten an der europäischen Tradition für Deutschland nur nachteilige Folgen: Erstens behindert es seine innere Formierung zu einer Nation im Sinne der Zivilisation, da die traditionellen gegen die modernen Kräfte streiten; und zweitens führt es zu einer äußeren Isolierung durch die bereits etablierten Nationen, die ihre eigene Macht in der Konkurrenz zu erhalten und die von Deutschland ausgehende Gefahr für die Zivilisation einzudämmen suchen. Langfristig sieht Borchardt in Deutschland, gerade weil es die traditionellen Ideen bewahrt hat und ihren Konflikt mit modernen Tendenzen in sich austrägt, den Hoffnungsträger für eine künftige Wiederherstellung der europäischen Einheit. So läßt sich miteinander vereinbaren, daß „Deutschland als die jüngste Nation Europas zum ganzen übrigen Europa in einem notwendigen Gegensatze besteht" und andererseits als „der germanische Kern des europäischen Gefüges das einzige Zentrum der Fermentation, der Bildung und Umbildung, einer tiefen weit wirkenden, heilkräftigen und heiligen Beunruhigung und Erneuerung der Säfte ist"[21]. Aus der Disposition und den Fragmenten der *Weltfragen* geht hervor, daß Borchardt im Wilhelminischen Deutschland den Keim der ‚schöpferischen Restauration' des Kaiser- und des Christentums im Rahmen eines gesamteuropäischen ‚Reiches' nachweisen wollte. Der Aufsatz *Der Kaiser* (1908) ist ein Bruchstück dieses Projektes.

Wie man sieht, versucht Borchardt die politische Lage Deutschlands in Europa vor dem 1. Weltkrieg historisch zu erklären und visionär zu deuten.

---

er zwar ein, daß es einen deutsch-englischen Gegensatz der Lebensinteressen gab bzw. gibt, betont aber gleichzeitig, so in der Rede *Der Krieg und die deutsche Selbsteinkehr* (1914), daß kein „zwischen England und Deutschland strittiges Weltproblem zur *ultima ratio* der Waffen zwang", also keine dem Geiste „immanente politische Antinomie" vorhanden war (Prosa V, S. 236).

20 Prosa V, S. 538.
21 Ebd., S. 537.

Dabei verschmilzt er die politische Geographie à la Ratzel mit einer ‚kulturellen Geographie', deren Semantik und Syntaktik in den kulturphilosophischen Diskursen der Jahrhundertwende ausgearbeitet worden ist[22]. So schafft er eine kulturpolitische Geographie, der er zugleich eine ihre historische Transformation steuernde Tiefengrammatik beigibt. Wichtig ist für ihn, daß er zwischen den Sphären des Kulturellen und des Politischen sowie den Dimensionen des Geographischen und des Historischen (jeweils im engeren Sinn), die sich niemals vollständig decken, hin- und herübersetzen kann[23]. Zu den anverwandelten Kategorien der ‚kulturellen Geographie' gehören vor allem die bekannten Antithesen des ‚Germanischen' und des ‚Romanischen' bzw. der ‚Kultur' und der ‚Zivilisation'.[24] Diese sind am Anfang des 20. Jahrhunderts freilich schon so abgeschliffen, daß sich Borchardt an anderen Stellen gegen eine triviale und stereotype Anwendung wehrt. Nicht erst in den zwischen 1914 und 1916 gehaltenen Kriegsreden, die von der üblichen Propaganda abstechen sollen, wendet er sich beispielsweise gegen das naturalistische Mißverständnis, bei dem nach dem Vorbild von Houston Stewart Chamberlain ein Natursubstrat – ‚Blut und Boden' – den Kulturformen des ‚Germanischen' und ‚Romanischen' untergeschoben wird. Und auch den undialektischen Gebrauch solcher Kategorien, bei dem die Gegensätze nicht im Rahmen der als Transformationsprozeß verstandenen Kulturgeschichte aufeinander bezogen und miteinander vermittelt werden, lehnt er ab[25].

Er selbst setzt sie in Schriften wie z. B. *Dante Gabriel Rossetti* (1908) in eine Bewegung der Kulturgeschichte um, welche die Völker und Länder Europas so rasend durchläuft, daß sich die Begriffe auf keinen Bedeutungsort (Topos) mehr festlegen lassen und damit die Geographie als Sinnsystem (Topik) der Kulturwahrnehmung und -beschreibung gänzlich aufgehoben scheint. Die Rasanz und Virtuosität, mit der Borchardt die in der Öffentlichkeit gängigen Ordnungs- und Deutungsschemata durcheinander wirbelt, bis dem sich gebildet dünkenden Publikum die Sinne vergehen, ist ein rheto-

---

22 Das von den Wissenschaften und Künsten über die Publizistik bis zur Politik reichende Diskursspektrum dieser ‚kulturellen Geographie' ist bis jetzt erst ausschnittweise erforscht.

23 Zu Borchardts ‚Übersetzungen' zwischen den Diskursen, die unterschiedliche Bereiche der Kultur (im umfassenden Sinn) beschreiben, vgl. Kai Kauffmann, Stilmuster. Rudolf Borchardt und Rudolf Alexander Schröder, die *Insel*-Zeitschrift und das *Hesperus*-Jahrbuch, in: Jugendstil und Kulturkritik. Zur Literatur und Kunst um 1900, hrsg. v. Andreas Beyer u. Dieter Burdorf, Heidelberg 1999, S. 195–212, hier S. 204 f. Zur ‚Übersetzung' zwischen dem Ästhetischen und dem Politischen vgl. auch den Aufsatz von Franck Hofmann in diesem Band. Zu den rhetorischen Mitteln der ‚Übersetzung' zählen u. a. die Analogie, die Paradoxie, die Antinomie.

24 Vgl. zuletzt Barbara Beßlich, Wege in den ‚Kulturkrieg'. Zivilisationskritik in Deutschland 1890–1914, Darmstadt 2000.

25 So in der Sammelbesprechung „Zum deutschen Altertum" (1908). Vgl. das Zitat auf S. 38 dieses Bandes.

risches Mittel, durch das der ‚Dichter-Seher' nicht zuletzt sich selbst als originelles und kreatives Genie in Szene setzt und seinen elitären Anspruch unter Beweis stellt. Freilich gehört es zu Borchardts Kulturrhetorik auch, daß sie sich immer wieder an die Topoi annähert, von denen sie sich vorher abgestoßen hat, und dadurch den Kontakt zum Publikum erneuert – Christoph König hat dies Moment äußerst treffend als ‚Erdung' bezeichnet, eine glücklich gewählte Metapher, in der der Rückbezug auf geographische Muster impliziert ist [26].

Bei der Lektüre von Borchardts Oeuvre fällt auf, daß sich die politischen Schriften vor 1914 noch am ehesten an einfache, eindeutige Schemata halten. Das hängt mit seiner Absicht zusammen, in direkter Weise auf die politische Öffentlichkeit einzuwirken und der politischen Führung konkrete Ziele vorzugeben. Er begnügt sich damit, das herrschende „Weltbild" durch ein anderes ersetzt, das nicht sehr viel komplizierter strukturiert ist. Die Verschiebungen zwischen Kultur und Politik, die der Dichter-Seher in der Geschichte analytisch entdeckt und reflektierend durchmißt, werden zumindest innerhalb der einzelnen Texte so klein gehalten, daß die Geographie weiterhin die Kräfteverhältnisse der Nationen und Staaten abbilden, mithin als Orientierungsmodell fungieren kann. In den Aufsätzen des *Spectator Germanicus* von 1912, mit denen Borchardt in die Diskussionen um den ‚Dreibund' eingreift, wird sogar der kulturhistorische Diskurs (Geist) fast vollständig durch den geopolitischen Diskurs (Macht) verdeckt, wodurch der allerdings falsche Eindruck einer eindimensionalen Argumentation entsteht. In den Kriegsreden von 1914 bis 1916 dreht sich dieses Verhältnis um.

II.

Die Gedanken, die Borchardt 1906/07 entwickelt, kehren in den politischen Schriften der folgenden Jahre entweder implizit oder explizit wieder. Von einem Kapitel der *Weltfragen*, das als Fragment überliefert ist,[27] führt ein direkter Weg zum Aufsatz *Der Kaiser* von 1908. Am deutlichsten wird die politische Geographie der *Weltfragen* in der *Politischen Notiz* von 1912 übernommen, die erneut den geistigen Gegensatz zwischen der germanisch-

---

26 Vgl. Christoph König, Eine Wissenschaft für die Kunst. Wie Burdach, Borchardt und Hofmannsthal einander nützen, in: Rudolf Borchardt und seine Zeitgenossen, hrsg. v. Ernst Osterkamp, Berlin; New York 1997, S. 84–112, bes. S. 94–97. Ich sehe in dem rhythmischen Wechsel zwischen der Destruktion und der Affirmation der Kulturtopik nicht nur einen rhetorischen, sondern auch einen psychischen Prozeß, dessen Muster sich in Borchardts ganzem Leben und Schreiben wiederfinden. Diese Interpretation werde ich in meiner Habilitationsschrift zu Borchardt entfalten.
27 Vgl. Prosa V, S. 545–548.

deutschen Tradition und der Französischen Revolution thematisiert[28]. Weniger offensichtlich ist dagegen der Zusammenhang mit dem *Spectator Germanicus* aus demselben Jahr. Denn in dieser Artikelfolge scheint Borchardt ausschließlich mit den strategischen Positionen und den materiellen Interessen der Nationalstaaten zu argumentieren[29]. Rät er nicht deswegen Deutschland von der Erneuerung des Dreibundes mit Italien ab, weil es eine durch die geopolitischen Umstände erzwungene „französisch-englisch-italienische Interessengemeinschaft im Mittelmeere und an der nordafrikanischen Küste"[30] gibt? Und betont er nicht, er wolle alle „politisch-moralischen Argumente"[31] dem „politischen Moralisten" überlassen, den der „realpolitische Beobachter" keineswegs um sein Geschäft beneiden müsse[32]? Mehr als irgendwo sonst hat Borchardt in den Artikeln, die unter dem Pseudonym *Spectator Germanicus* erschienen sind, den Diskurs der politischen Geographie und Publizistik seiner Zeit nachgeahmt. Es ist, als habe er seine Stimme verstellt.

Bei genauerer Lektüre wird jedoch deutlich, daß er verdeckt über die kulturgeschichtlich abgeleiteten moralischen Gründe spricht, die eigentlich das politische Verhalten der europäischen Nationen und Staaten bestimmen. Borchardt wendet sich, man lese nur die Artikelüberschriften, gegen das „Verbrechen der Dreibunderneuerung", weil für Deutschland die „Verwilderung Italiens", die sich in der „Staatspiraterie" zeige, eine „Gefahr" darstelle. Gerade Deutschland, das wie kein anderer Staat die kategorischen Imperative[33] der Moral bei der Verfolgung seiner berechtigten Interessen bewahrt habe, dürfe mit Italien nicht paktieren. Denn: „Die europäische Familie beherbergt eine Rasse, deren staatliche Ausdrucksform außerhalb des ethischen Kodex der okzidentalen Völker steht, wie dieser Kodex seit einem Jahrhunderte sich entwickelt hat."[34] Gemeint ist mit dem ethischen Kodex das internationale Völkerrecht, das Aktionen wie die italienische Besetzung türkischer Staatsgebiete in Nordafrika (1911/12) verbietet. Laut Borchardt lebt das alte „germanische Herrschaftsprinzip mit seinen Begriffen Zucht, Recht, Ehre, Ordnung, Gehorsam" im neuen Völkerrecht fort, obwohl dieses erst nach der Französischen Revolution seine ethisch abgeschwächte Form als politischer Kompromiß zwischen den europäischen Macht-Staaten mit ihren „nationalen Egoismen" erhalten habe.[35] So sieht er

---

28 Vgl. ebd., S. 548–555.
29 Vgl. Jens Petersen, Italien, Deutschland und der türkische Krieg 1911/12 im Urteil Rudolf Borchardts, in: Rudolf Borchardt und seine Zeitgenossen, op. cit., S. 334–354.
30 Prosa V, S. 141.
31 Ebd., S. 141.
32 Ebd., S. 116.
33 Vgl. ebd., S. 112.
34 Ebd., S. 165.
35 So im Schema *Gedanken über Schicksal und Aussicht des europäischen Begriffs am Ende des Weltkrie-*

die Verwilderung Italiens, das sich noch nicht einmal an die Regeln der modernen Zivilisation hält, auch tiefer begründet als im 19. Jahrhundert. Die Verwilderung geht, wie er in dem Dialog *Deutschland im dritten Italien* von 1906 dargestellt hat, auf das 13. und 14. Jahrhundert zurück, als die italienischen Völker aus dem germanisch geprägten Kulturreich der deutschen Kaiser ausbrachen und damit ihren Ur- oder Naturcharakter wieder annahmen.[36] Seitdem ist Italien in jeder Hinsicht für Deutschland verloren und für Frankreich gewonnen. Der *Spectator Germanicus* spricht davon, daß die italienische Nation „immer in den schlimmsten Momenten ihrer sittlichen Geschichte *roba di Francia*"[37] gewesen sei. Aus dieser Lage folgen zwei Gebote: Deutschland muß jedes politische Bündnis mit Italien vermeiden, solange dieser Staat ethisch nicht „vertragswürdig" ist.[38] Und Italien hat sich das in der Neuzeit und Moderne immer wieder ausgeschlagene kulturelle Erbe Deutschlands anzuverwandeln, um erst als Nation ethisch, dann als Staat politisch nach Europa zurückzufinden. Das erste Gebot spricht der *Spectator Germanicus*, das zweite Gebot der Dialog *Deutschland im dritten Italien* aus.[39]

Festzuhalten bleibt, daß Borchardt auch im *Spectator Germanicus* mit kultur- und moralpolitischen Kategorien argumentiert. Er greift die italienische Politik an, weil sie aus der militärischen Dominanz und den materiellen Interessen der eigenen Nation das Recht ableitet, andere Nationen zu bekriegen und zu berauben. Borchardt wendet dagegen ein, „das Recht auf die Mittel kriegerischer Aktion ist mit dem materiellen Besitze dieser Mittel nicht identisch", und bezeichnet die auch in der deutschen Publizistik weit verbreitete Meinung, nach der „materiell fortgeschrittene oder fortschreitende Völker jedes durch ihre sogenannten Interessen angeratene Verhalten jedem materiell Zurückstehenden gegenüber einschlagen dürften", als Beweis für die historische Ignoranz ihrer Urheber.[40] Damit sagt er nicht, daß

---

ges, in: Prosa V, S. 329.

36 Borchardt rekurriert in *Der Ursprung der italienischen Staatspiraterie* auf den Volkscharakter der Italiener: „Das Volk ist was es war, individuell höchst sympathisch, intelligent, viel redlicher und zuverlässiger, viel fleißiger und ernster, als gemeinhin gedacht wird; als Masse der alte Demos der Mittelmeerländer, unverändert seit den Zeiten der sizilischen Expedition Athens, [...] hemmungslos jedem neuesten Sophisma hingegeben, unter dem Einflusse der gerade frischen Berauschung jeden Nüchternen und Unberauschbaren erdrosselnd und vernichtend." (Prosa V, S. 161) Seine Urteile über den deutschen und den italienischen Volkscharakter werden sich während der zwanziger, dreißiger und vierziger Jahre (deutscher Republikanismus und Nationalsozialismus vs. italienischer Faschismus) ins Gegenteil verkehren. In der letzten politischen Schrift, der *Anabasis* von 1944, sind die Rollen des sittlichen und des unsittlichen Volkes spiegelbildlich vertauscht.
37 Prosa V, S. 144.
38 Ebd., S. 165.
39 Vgl. ebd., S. 576 ff.
40 Ebd., S. 165.

eine notfalls mit militärischen Mitteln durchgesetzte Interessenpolitik generell unberechtigt wäre, sondern macht ihre Legitimation von der kulturellen Stärke der handelnden Nation und dem kulturellen Nutzen für den umgestalteten Kontinent abhängig. Im aktuellen Fall des italienisch-türkischen Krieges fordert er sogar eine deutsche Intervention, da sich die materiellen Interessen Deutschlands im historischen Bündnis mit den kulturellen Ideen Europas befänden und somit gegen alle ethisch Außenstehenden verteidigt, ja vorangetrieben werden müßten:

> „Bei den enormen Investitionen unserer Industrie und unseres Handels innerhalb seiner Grenzen muß uns daran gelegen sein, daß die Vormacht im Orient dem einzigen Volke verbleibt, das in dem bastardierten Rassenmischmasch der Levante seine ethische Struktur und seine soldatische Disziplin fast unangefochten erhalten hat, dem einzigen zugleich, das unserer Art der Kolonisierung, der Ausstrahlung des germanischen Herrschaftsprinzips [...] zugänglich ist. Politisch gesprochen werden wir nie die Überflutung des nördlichen Balkan durch die Slaven und die Festsetzung Rußlands am Goldenen Horn dulden. In dieser Hinsicht sind unsere Interessen mit den wohlverstandenen englischen identisch. Und wir rechnen schließlich mit der nicht allzu fernen Möglichkeit der Umwandlung von Mesopotamien in eine Kornkammer, aus der wir uns versorgen können, wenn Rußland uns nichts liefert und eine Blockade keine amerikanischen Schiffe in unsere Häfen läßt."[41]

In den Augen des *Spectator Germanicus* nähert sich die Türkei, die früher noch nicht einmal zur Randzone Europas gehörte, am Anfang des 20. Jahrhunderts dem kulturellen Kern des Kontinents, während Italien, das längst vom Zentrum an die Peripherie gewandert ist, auch geistig im Begriff steht, von Sizilien aus nach Asien und Afrika überzusetzen. Wohlgemerkt handelt es sich hier um eine durch die politischen Ereignisse des Jahres 1912 perspektivierte Darstellung – in Borchardts Oeuvre verschieben sich gerade die kulturellen und die politischen Positionen von Italien häufig und gleiten nicht selten in gegenläufigen Richtungen zwischen dem germanischen (Deutschland) und dem lateinisch-romanischen Kräftezentrum (Frankreich) hin und her.

Wenn Borchardt wie im vorangegangenen Zitat von der legitimen Durchsetzung nationaler Interessen spricht, dann meint er die Ausweitung von Einflußsphären und nicht die Annexion von Hoheitsgebieten. Diese Begrenzung ergibt sich aus einem kategorischen Imperativ, der besagt, daß jedes Volk, und sei es machtpolitisch so schwach wie die Türkei, das moralpolitische Recht auf „Emanzipation und Selbstregierung, auf wirtschaftliche Entwicklung und militärische Festigung" habe. Denn „wie das werdende menschliche, so erscheint das werdende nationale Individuum [...] als unantastbar".[42] Oder negativ formuliert: Keine Nation hat das machtpolitische

---

41 Ebd., S. 183.
42 Ebd., S. 184.

Recht, ein anderes Volk gegen seinen Willen zu unterwerfen und einen Staat mit Gewalt zu annektieren. Dies gilt freilich unter der moralpolitischen Bedingung, daß überhaupt ein Volk, eine Nation, ein Staat, und sei es auch nur als Keimzelle oder als Überrest, besteht. Aber diese Bedingung sieht Borchardt überall in Europa, sogar in Italien erfüllt. Anders ist die Lage in der übrigen Welt, besonders in den ‚Kulturwüsten' Asiens und Afrikas, wo der Erwerb von Kolonien unproblematisch erscheint. Borchardts ethischer Kodex ist, wie seine politische Geographie, eurozentrisch.

Es erstaunt, daß selbst Nationen wie Frankreich und Italien, die das germanische Herrschaftsprinzip bekämpfen und damit die europäische Kulturidee verraten, unter diesem außenpolitischen Schutzparagraphen stehen. (Innenpolitisch hält Borchardt schon im *Spectator Germanicus* die Herrschaft einer Diktatur dort für legitim,[43] wo, wie er in der 1931 gehaltenen Rede *Führung* sagen wird, ein „ordnungsflüchtiges und ordnungsbrüchiges"[44] Volk nur noch mit Gewalt zu unterjochen und mit Zwang zu erziehen ist – der totalitäre Faschismus Mussolinis, den Borchardt in den zwanziger und dreißiger Jahre als Vorbild für Deutschland hinstellt, wird hier historisch vorweggenommen und moralisch gerechtfertigt!) Man erwartet eigentlich, daß diese historisch degenerierten Nationen wie asiatische oder afrikanische Kolonien behandelt werden sollen. Offenbar räumt Borchardt aber denjenigen, die in der Vergangenheit zum germanischen Zentrum gehört haben, soviel Kredit ein, daß er, gleichsam als Vorschuß auf die Zukunft, auch auf sie das Völkerrecht des 19. Jahrhunderts anwendet. Dem entsprechend wird den Franzosen und den Italienern das Recht auf Selbstentwicklung und Selbstregierung zugestanden (das dagegen bei den Polen, von den Russen ganz zu schweigen, fraglich ist).

Hinter der moralpolitischen Rhetorik steht freilich die realpolitische Erfahrung, daß Deutschland gar nicht in der Lage wäre, Frankreich oder Italien kulturell zu dominieren. Diese Einsicht hat Borchardt in Bezug auf Frankreich, den eigentlichen Erbfeind Deutschlands, in den Kriegsreden der Jahre 1914–1916 sehr deutlich ausgesprochen. Da er aber auch dort an der heilsgeschichtlich stilisierten Antithese zwischen Zivilisation und Kultur festhielt, konnte er den französisch geprägten Geist zwar als Machtfaktor – gleichsam

---

43 Borchardt differenziert innerhalb von Italien, ähnlich wie später innerhalb von Deutschland, zwischen nördlichen und südlichen Gebieten. Sizilien verkörpert das Extrem der Barbarei: „Eine Inselprovinz wie die sizilische, deren politischer und kultureller Zusammenhang mit dem Mutterlande sich kaum über das Grad einer administrativen Fiktion erhebt, wo der Staat und seine Autorität [...] auf die moralische Heilung des Volkes längst verzichtet hat – eine solche halbautonome Barbareskenprovinz ist kein politisches Bindemittel zwischen einem modernen Großstaate und der alten Wildnis der Welt. Sie selber gehört im Grunde unter die Ausnahmegesetze einer Generaldiktatur [...]." (Prosa V, S. 148 f.)

44 Reden, S. 424.

als die Verkörperung des Bösen –, nicht aber als Kulturvariante – als eine unter den verschiedenen Erscheinungen des Guten – in der Konkurrenz der europäischen Nationen anerkennen. Die untergründige Faszination durch die Franzosen, die Borchardt vor allem um die kulturpolitische Einheit als Nation beneidete, hat er bloß zwischen den Zeilen eingestanden. In seiner kulturpolitischen Geographie bleibt der Gegensatz zwischen Deutschland und Frankreich fixiert, während sich die Verhältnisse zu England und Italien auf mehreren Ebenen verschieben.

Da die großen Reden *Der Krieg und die deutsche Selbsteinkehr* (1914), *Der Krieg und die deutsche Verantwortung* (1916) sowie *Der Deutsche an seinen Grenzen* (1915) wiederholt untersucht worden sind,[45] mögen an dieser Stelle einige wenige Bemerkungen genügen. Es versteht sich von selbst, daß für Borchardt der Weltkrieg „kein Krieg des Äußern gegen das Äußere ist, etwa der Wirtschaft gegen die Wirtschaft und des Ländergeizes gegen die Ländergier, sondern ein Krieg des Innern gegen das Innere".[46] Und ebenso klar ist, daß in seinen Augen Deutschland die traditionellen Werte der Kultur gegen die modernen Unwerte der Zivilisation verteidigt und damit die geschichtliche Verantwortung für Europa übernimmt. Bekanntlich findet sich dieses Argumentationsmuster auch bei vielen anderen Intellektuellen, die sich an der deutschen Kriegspublizistik beteiligten, so z. B. bei Friedrich Gundolf, Rudolf Pannwitz oder Thomas Mann. In *Der Krieg und die deutsche Selbsteinkehr* heißt es:

> „Wir sind im Begriffe, [...], die Verantwortung für ein aus verschiedenen Staaten gebildetes, politisch ablebendes, im ganzen einheitliches Kulturgebiet zu übernehmen, und wir treten in die Lösung dieser Aufgabe so wenig mutwillig ein wie Rom, sondern in der gleichen Form wie Rom, in der Form des Verzweiflungskampfes um unsere Existenz gegen koalierte und, materiell summiert, überlegene Staaten."[47]

Weil aber auf Dauer nicht die materiellen, sondern die ideellen Kräfte den Ausschlag gäben, könne an dem militärischen Sieg von Deutschland kein Zweifel sein, behauptet Borchardt, der später gerade die ‚causae victae' der Geschichte beschreiben wird.

Trotzdem spricht er sich im Zusammenhang mit der von Kanzler Bethmann Hollweg angestoßenen Kriegszieldiskussion entschieden gegen die

---

45 Vgl. u. a. Gregor Streim, Deutscher Geist und europäische Kultur. Die ‚europäische Idee' in der Kriegspublizistik von Rudolf Borchardt, Hugo von Hofmannsthal und Rudolf Pannwitz, in: GRM, N. F. 46/2 (1996), S. 174–197. Vgl. auch Kurt Flasch, Rudolf Borchardts Kriegsreden, in: Rudolf Borchardt und seine Zeitgenossen, op. cit., S. 355–369; sowie ders., Die geistige Mobilmachung. Die deutschen Intellektuellen und der Erste Weltkrieg, Berlin 2000, S. 174–201.
46 Prosa V, S. 314.
47 Ebd., S. 257.

politische Annexion fremder, genauer: kulturfremder Gebiete aus.[48] Nur scheinbar vertritt er in seiner späteren Rede *Der Krieg und die deutsche Verantwortung* von 1916 eine offensivere Haltung. Zwar hält er es für undenkbar, „daß dieser Krieg, seit der Völkerwanderung das größte Abenteuer der okzidentalen Menschheit, ausgehen könnte, ohne die Machtbereiche und Machtverhältnisse der europäischen Völker durchaus zu verwandeln".[49] Doch wendet er sich auch hier gegen die Meinung der Öffentlichkeit, der deutsche Sieg sei „unmittelbar [...] in materiellen Formen, in Werten, in Ländern, in steuerkräftigen Untertanen einzustreichen".[50] Auch hier bezeichnet er die Annexion als eine ungeeignete Form, die politische Geographie zu ändern:

> „Die Frage der Annexionen ist keine Frage nach unseren Ansprüchen und den Vergehungen der Feinde. Sie ist ein Frage ausschließlich nach unserer innerlichen Kraft. Sie ist eine Frage nach unserer Kraft der Strahlung und des Lebens von innen nach außen, von dem Zentrum unserer nationalen Wärme nach den letzten neuen neuesten Nervenenden des staatlichen Körpers hin. [...] Wer sich den fremden Nachbarn anzueigenen wünscht, der [...] verstärke jene hinreißenden und werbenden Kräfte des alten deutschen Wesens, die es Tausenden ohne Zwang als das Ziel des erhöhten Lebens erscheinen ließ, deutsch zu sprechen und in deutschen Städten gelebt zu haben."[51]

Die These lautet, daß nur eine Nation, ein Staat, der die Kraft zu kulturellen und ‚moralischen Eroberungen'[52] besitzt, auch das Recht hat auf politische Eroberungen. Freilich ist dann ‚Eroberung' ein irreführendes Wort, da sich in diesem Fall die fremden Völker und Gebiete auf kurz oder lang freiwillig einbürgern und einbinden lassen.

Borchardt nennt in den Kriegsreden historische Beispiele, die seine These im negativen und im positiven Sinn belegen. So bekennt er, kühn genug damals, in *Der Krieg und die deutsche Selbsteinkehr*, daß er weit davon entfernt sei, „die Annexion Elsaß-Lothringens [...] in der Form, in der sie sich durch vier Jahrzehnte hindurch mühsam entwickelt hat, für eine klassische und vorbildliche Lösung der staatsrechtlichen Aufgabe zu halten".[53] Die Begründung kann man der Müllheimer Rede *Der Deutsche an seinen Grenzen* entnehmen.[54] Zwar sei Elsaß-Lothringen altes deutsches Stammgebiet, doch habe sich die Bevölkerung so stark von den Ideen der Französischen Revolution beeinflussen lassen, daß ihre Eingliederung ins Deutsche Reich von 1871 nicht bruchlos hätte glücken können. Auch vier Jahrzehnte später rängen

---

48 Vgl. ebd., S. 258.
49 Ebd., S. 306.
50 Ebd., S. 312.
51 Ebd., S. 320 f.
52 Ebd., S. 321.
53 Ebd., S. 258.
54 Vgl. ebd., S. 267. Vgl. auch die unten zitierte Stelle aus *A word on Eastern Prussia* (um 1944).

Deutschland und Frankreich in Elsaß-Lothringen um die geistige Vorherrschaft, so daß eine dauerhafte politische Grenzziehung bis auf weiteres nicht möglich sei. Dagegen führt Borchardt immer wieder die im Mittelalter von den Sachsen begonnene und in der Neuzeit von Preußen weitergeführte Germanisierung bzw. Eindeutschung des slawischen Ostens als Muster einer kulturell und deshalb auch politisch gelungenen Integration von fremden Völkern und Gebieten an, einer Integration, die erst durch das Erlahmen der inneren Kräfte des Deutschen Reiches wieder problematisch geworden sei.

Ähnlich wie hundert Jahren zuvor, als Preußen sich gegen die Besetzung durch Napoleon, das heißt gegen die Herrschaft der Französischen Revolution, zu wehren hatte, muß Deutschland in der Situation des Weltkrieges zunächst seine inneren Kräfte vollständig zurückgewinnen, bevor es an die äußere Gestaltung Europas gehen kann. Deshalb ruft Borchardt in den Kriegsreden, die als Analogon zu Fichtes *Reden an die deutsche Nation* von 1808 konzipiert sind, vor allem zur Selbstbesinnung auf. Daß die Deutschen im Gegensatz zu den Franzosen und den Engländern keine fertigen Pläne hätten, um nach dem Krieg die politische Geographie Europas neu zu ordnen, sondern derzeit in einer „heilige[n] Unentschlossenheit"[55] verharrten, wird als Zeichen des wieder erstarkenden Verantwortungsbewußtseins für die gemeinsame Zukunft begrüßt. Borchardt selbst verzichtet völlig auf konkrete Vorschläge. In *Der Krieg und die deutsche Selbsteinkehr* von 1914 werden immerhin noch bestimmte Probleme der politischen Geographie genannt:

> „Heut steht vor uns, um nur des wenigsten zu gedenken, die Lösung der belgischen und der polnischen Frage. Heut haben wir die nordischen Staaten und den holländischen, unbeschadet ihrer politischen Souveränität, fester als bisher um die feindliche Nord- und Ostsee zu gruppieren, haben aus militärischen Gründen Korrekturen unserer Westgrenze vorzunehmen, die uns vor politische Aufgaben stellen müssen, und die Lösung der mediterranen Frage, die entscheiden wird, ob das Meer Italiens ein englisches Meer bleiben soll oder nicht, ist wohl aufzuschieben, nicht aufzuheben. [...] Und erst hinter allem diesem erheben sich, in die Wolkenballen der Zukunft eingehüllt, die steilsten Riesenhöhen des zu Überschreitenden, zu Überwindenden, zu Meisternden."[56]

Borchardt bekennt aber zugleich, er habe „keine Lösungen, die der Rede wert wären, vorzutragen, und hätte ich sie, so müßte ich sie hier verschweigen".[57] *Der Krieg und die deutsche Verantwortung* von 1916 ist dann ganz von einer prophetisch-messianischen Rhetorik der Unbestimmtheit geprägt, die beim Publikum das „Bewußtsein der menschlichen Schwäche gegenüber den ausgebrochenen und erst im Anfang ihrer Weltbewegungen begriffenen

---

55 Prosa V, S. 311.
56 Ebd., S. 258 f.
57 Ebd., S. 259.

neuen geschichtlichen Gewalten"[58] steigern soll. Der Dichter-Seher entzieht sich der von ihm selbst aufgeworfenen Frage, „Welch namenloses Ding, das wir benennen sollen, ist dies neue Kind der Weltgeschichte?"[59], und beläßt es bei nebulösen Andeutungen über die zukünftigen Formen der deutsch-europäischen Kultur-Politik[60]. Noch sibyllinischer endet das Schema *Gedanken über Schicksal und Aussicht des europäischen Begriffs am Ende des Weltkrieges* von 1917[61]. Es ist hier nicht der Ort, um über die tieferen Gründe für diesen Tonwechsel in den politischen Schriften zu reflektieren. Daß sich Borchardt noch weiter als in den *Weltfragen* und dem *Spectator Germanicus* von der Ratzelschen Theorie der politischen Geographie und der Wilhelminischen Ideologie eines alldeutschen Imperialismus und Annexionismus entfernt hat, dürfte auch so deutlich geworden sein.

III.

Die Ereignisse des Jahres 1918/19 – die Kapitulation der deutschen Regierung und die Revolution des deutschen Volkes, die Abdankung des Kaisers und die Ausrufung der Republik, der Versailler Frieden und die Weimarer Verfassung – haben Borchardt schockiert. Er fühlte sich selbst als geistiger Führer vom deutschen Volk verraten – eine egozentrische Variante der Dolchstoßlegende. So schreibt er in einem nicht abgesandten Brief an Ottonie Gräfin von Degenfeld-Schonburg vom 29. Oktober 1918:

„Das Volk, für das ich mich lange vor dem Kriege mit aller meiner Glaubens Leidenschaft eingesetzt habe, als alles dem Auslande zugewandt war und es sich nicht schickte, patriotischer Deutscher zu sein, dieses Volk will ehrlos werden, und Sie können eher aus Mist Funken schlagen, als aus ihm. Der militärisch überall gewonnene Krieg der gewaltigsten vierjährigen Waffen- und Ordnungsthaten geht von einem zum anderen Tage in einem völligen Zusammenbruche der Willenskraft und des Ehrgefühles moralisch und politisch verloren."[62]

Nach einer Phase der Lähmung reagierte er, indem er sein historisch begründetes Weltbild sowohl in innen- als auch in außenpolitischer Hinsicht

---

58 Ebd., S. 311.
59 Ebd., S. 313.
60 Ebd., S. 321, verweist Borchardt auf die Wiedereröffnung der Universitäten Frankfurt/Oder und Warschau als Beginn ‚moralischer Eroberungen'; und ebd., S. 310 f., meint er, daß sich Deutschland wieder an die „Begriffe von Bund und Bündnis, von Schutz und Vertrag, auf denen seit der Völkerwanderung alle seine genuinen Machtformen bis auf den heutigen Tag beruht haben", erinnere.
61 Vgl. ebd., S. 334.
62 Briefe 1914–1923, S. 212.

umbaute, ohne dabei allerdings die Ideen der Konstruktion zu verändern. Der Vorgang wiederholte sich nach der nationalsozialistischen Machtergreifung von 1933. Ich werde mich zunächst mit der politischen Geographie von Deutschland (III.), dann mit der von Europa beschäftigen (IV.).

Für Borchardt bedeutete der Zusammenbruch von 1918/19 das Ende seiner Hoffnung, daß Deutschland aus der Krise der Wilhelminischen Zeit als eine kulturell und politisch geeinte Nation hervorgehen und die Geschikke Europas bestimmen werde – die Krisis hatte sich nicht als schöpferisch, sondern als destruktiv erwiesen. Während er zwischen Dezember 1918 und März 1919 in einem kleinen Kreis von Berliner Bekannten eine Reihe von Vorträgen unter dem Titel *Einleitung in den Geist der Zeit* hielt, plante er ihre schriftliche Aus- und Umarbeitung zu dem Buch *Geschichte des Unterganges der deutschen Nation*, das die Ursachen und Vorformen der Katastrophe darstellen sollte.[63] Das handschriftlich überlieferte Kapitelschema[64] zeigt, daß es sich bei dem dann doch nicht geschriebenen Buch um eine Kontrafaktur der *Weltfragen* gehandelt hätte. Die historischen Reflexionen über die Gründe des kulturellen und politischen Untergangs hat Borchardt in einer Redekampagne des Jahres 1927 vertieft, von der die Reden *Mittelalterliche Altertumswissenschaft, Der Dichter und die Geschichte, Die Antike und der deutsche Völkergeist, Die geistesgeschichtliche Bedeutung des neunzehnten Jahrhunderts* und *Schöpferische Restauration* in schriftlicher Form vorliegen.

Unter dem Aspekt der politischen Geographie interessiert vor allem *Die Antike und der deutsche Völkergeist*, weil hier, wie bereits der Titel andeutet, die Differenzen zwischen den deutschen Völkern und Ländern begründet werden, die bis heute die Einheit der Nation verhindern. Vereinfacht gesagt, macht Borchardt die nicht vollständig gelungene Eroberung der Germania durch das Imperium Romanum für die Zersplitterung verantwortlich, weil auf diese Weise die germanischen Stämme und Gebiete unterschiedlich stark von dem griechisch-römischen Ideen- und Formenerbe der Antike durchdrungen worden seien.[65] Das späte Fragment *Der Untergang der deutsche Nation*, ein letzter Versuch, das seit 1918/19 projektierte Buch zu schreiben, radikalisiert diesen Grundgedanken, insofern es allen Völkern und Ländern jenseits des Limes die kulturelle und politische Reife, und das heißt letztlich: das wahre Deutsch- und Europäertum abspricht. Kaiser Augustus habe durch den Fehler, die Eroberung abzubrechen, „außerhalb des römischen

---

63 Vgl. die Dokumentation von Gerhard Schuster in: Rudolf Borchardt, Über den Dichter und das Dichterische, hrsg. v. Gerhard Neumann u. a., München 1995 (Schriften der Rudolf Borchardt-Gesellschaft, Bd. 4/5), S. 193–198.
64 Faksimiliert in: Rudolf Borchardts Nachlaß, hrsg. v. d. KulturStiftung der Länder, Marbach 1990, S. 8.
65 Vgl. Reden, S. 272–308, bes. S. 293 f.

Deutschland das freie Germanien geschaffen, ein hohles Unglückswort, da dies ohne fremden Zuschuß zur Bildung einer einheitlichen staatlichen Macht total unfähig war und bis heut geblieben ist, das deutsche Volk in zwei einander gegenwendige Teile gerissen, die sich durch Religion, Sprache und Sitte feindlich von einander abstießen, und die Einigung der Völker zum Volke, des Volkes zur Nation [...] zum unlösbaren und den Erdteil ewig neu erschütternden [...] Problem gemacht".[66] Gegenüber den *Weltfragen*, in denen die zu schwache Germanisierung der Romania als Unglück beklagt wird, hat sich die Stoßrichtung der Argumentation verkehrt. (In beiden Fällen verhindert die politische Polemik, daß Borchardt sein kulturelles Ideal einer fortgesetzten Durchdringung der Germania und der Romania formuliert, einer schöpferischen Vereinigung, aus der die europäischen Nationen als unterschiedliche Kinder einer gemeinsamen Familie hervorgehen sollen.)

Wenngleich Borchardt bereits vor 1918/19 die kulturellen Unterschiede der deutschen Völker und Länder als Problem der Nationsbildung thematisiert, ist doch die politische Polarisierung zwischen dem Norden und Osten auf der einen und dem Süden und Westen auf der anderen Seite neu. Sie läßt sich aus seiner literarischen Arbeit, etwa der Übersetzung von Dantes *Divina Commedia* in eine durch oberdeutsche Dialekte inspirierte Kunstsprache,[67] ebenso wenig erklären wie aus dem kulturhistorischen Einfluß von Josef Nadler,[68] dessen Kategorien und Schemata in Borchardts Reden und Schriften permanent unterlaufen werden. Vielmehr generalisiert Borchardt die Enttäuschung über die ‚feige' Abdankung des Hohenzollern Wilhelms II. und die ‚ehrlose' Meuterei des Volkes, die er in seiner seit der Kindheit gehaßten Elternstadt Berlin miterlebte, indem er die volle Schuld am Untergang der Nation den nördlichen und östlichen Teilen Deutschlands zuschiebt, während er die südlichen und westlichen Gebiete als Opfer darstellt. Der positive Effekt der Aktion ist, daß er sich eine (neue) Rückzugsbasis für seine politischen Überzeugungen schafft. Übrigens wird eine psychoanalytische Deutung dieses Verarbeitungsprozesses dadurch nahegelegt, daß Borchardt in *Die Antike und der deutsche Völkergeist* und verstärkt in *Der Untergang der deutschen Nation* die Metaphern der Persönlichkeitsspaltung gebraucht.[69] Von der Abwertung ist besonders Preußen betroffen, das vor 1918 als Erbbewahrer und Heilsbringer idealisiert worden war und jetzt als

---

66 Prosa V, S. 507.
67 Vgl. dazu Kai Kauffmann, „Deutscher Dante"? Übersetzungen und Illustrationen der *Divina Commedia* 1900–1930, in: Dantes Göttliche Komödie. Drucke und Illustrationen aus sechs Jahrhunderten, hrsg. v. Lutz S. Malke, Leipzig 2000 (Katalog zu einer Ausstellung der Staatlichen Museen zu Berlin), S. 129–152, bes. S. 138–143.
68 Vgl. Ulrich Wyss, Rudolf Borchardt und Josef Nadler, in: Rudolf Borchardt und seine Zeitgenossen, op. cit., S. 113–131.
69 Vgl. bes. Reden, S. 293, u. Prosa V, S. 512.

Unruheherd erscheint; allerdings spart Borchardt – ein weiterer Akt der Spaltung – seine geistig wieder in Besitz genommene Geburtsstadt Königsberg und Familienheimat Ostpreußen von der Kritik aus.⁷⁰ In einem Brief vom 29. November 1931 hat er seine „in schweren jahrelangen Enttäuschungen langsam entschiedene und heut definitive Absage" an die Hohenzollern und Preußen gegenüber Rudolf Alexander Schröders gerechtfertigt:

> „Die Geschichte des letzten Jahrzehntes hat den lang und zäh verteidigten Legitimisten in mir gesprengt, und mich einzusehen gezwungen, daß die Zukunft unseres Volkes nicht an das Gespenst eines Dogmas gekreuzigt werden darf [...] – ich glaube es ist besser dies große Haus großer Fürsten zieht für ein Jahrhundert des Geschichtswinters still in die Wurzeln ein und betrübt durch das was es an der Oberfläche zu zeigen hat, nicht ferner die Schatten seiner Ahnen und Preußens, das nicht mehr ist, das nie mehr sein wird. Deutschland wird immer sein, Preußen nie mehr."⁷¹

Dieser Abwertung entspricht die Aufwertung der Wittelsbacher in Bayern, denen jetzt die politische Führung Deutschlands übertragen wird.

Borchardt wandte sich in den späten zwanziger Jahren dem Kronprinzen Rupprecht von Bayern zu, der nach dem 1. Weltkrieg als einziger Fürst in Deutschland nicht auf den Thron verzichtet hatte. Bezeichnend ist, daß er sich genötigt sah, sein gesamtes Bild der deutsch-europäischen Geschichte seit dem Mittelalter umzupolen, um den Wechsel von den Hohenzollern zu dem Wittelsbacher Rupprecht zu legitimieren. In einem 1931 für die monarchistisch gesonnenen ‚Münchner Neuesten Nachrichten' geschriebenen Beitrag phantasmagoriert er ein durch die Staufer an der Realisierung gehindertes *Welfisches Kaisertum*, das einen ‚konkurrierenden Reichsgedanken'⁷² vertreten habe. Im Gegensatz zu den Staufern – und später den Hohenzollern – , die ohne Rücksicht auf die bestehenden Unterschiede vorangestürmt seien, hätten die Welfen seit Heinrich dem Löwen versucht, stufenweise erst die sächsischen und bayerischen Völker, dann die deutsche Nation und schließlich das europäische Reich zu organischen Einheiten zu bilden. Als Erben dieses Reichsgedankens, der auf eine völlig veränderte kulturelle und politische Geographie des Kontinents zielt, nimmt Borchardt die Wittelsbacher in Aussicht. Der Konnex zu dem Mai 1932 in den ‚Münchner Neuesten Nachrichten' publizierten Geburtstagsartikel *Rupprecht von Bayern* ergibt sich über die an das ‚germanische Herrschaftsprinzip' erinnernde Behauptung,

---

70 Der anregende Aufsatz von Johannes Saltzwedel („Einblick ins All durch Liebe die es schuf". Rudolf Borchardt, Preuße auf verlorenem Posten, in: Preußische Stile. Ein Staat als Kunstwerk, hrsg. v. Patrick Bahners u. Gerd Roellecke, Stuttgart 2001, S. 393–405 u. 543–545) geht auf die Differenzierungen und Transformationen in Borchardts Preußenbild nicht ein.
71 Zit. nach: Prosa V, S. 600.
72 Vgl. ebd., S. 425.

daß zwischen dem Wittelsbacher Monarchen und dem bayerischen Volk ein geschichtlich gewachsenes Autoritätsverhältnis bestehe, wenn auch Rupprecht gegenwärtig nicht an der Macht sei. Borchardt stellt in Rupprecht das Ideal eines milden Herrschers und in den Bayern das Ideal eines willigen Volkes dar. Demnach hat sich die traditionelle Form der Herrschaft in den süddeutschen Geist zurückgezogen, um von dort aus wieder auf die anderen Gebiete auszustrahlen.[73] In südddeutschen Kontexten hält Borchardt bis zum Ende der Weimarer Republik an der organologischen Variante seines konservativen Denkens fest, was von der Forschung stets übersehen oder abgetan wird.[74] Eine Ausnahme ist der Ende 1932, Anfang 1933 für die ‚Münchner Neuesten Nachrichten' verfaßte Aufsatz *Der Fürst*, der sich aber, wie ich an dieser Stelle nur behaupten kann, nicht auf Rupprecht von Bayern beziehen läßt.

Die totalitäre Variante kommt in der Regel zum Zuge, wenn Borchardt in oder über Norddeutschland spricht. Kurz bevor Borchardt seine Bremer Rede *Führung* hält, die das Wunsch- und Schreckbild eines Diktators skizziert, schreibt er Rudolf Alexander Schröder im Januar 1931:

> „Nein, dies Volk nördlich des Mains kann nur unterworfen werden, preussisch, in Reih und Glied gestellt, gedrillt, bureaukratisiert, einheitsmässig verschult, mit kommandierten Idealen versehen, und von früh bis spät regiert, mit einer importierten Renaissance oder Humanismus-Kultur europäisiert, mit einer Herrenkaste überbaut, und fertig. Sonst ist, Gott verzeih mirs, wirklich das Monstrum da, das sie den boche nennen, und gegen das sich Goethe ebenso gewehrt hat wie Hofmannsthal."[75]

Im Buchfragment *Der Untergang der deutschen Nation* von 1943/44, das ein Tableau der deutschen Völkercharaktere entwirft, finden sich die gleichen

---

73 Wie aus einem im Nachlaß aufbewahrten Text Borchardts hervorgeht, wollte er Rupprecht als Gegenkandidaten zu Paul von Hindenburg und Adolf Hitler bei der Reichspräsidentenwahl 1932 vorschlagen (vgl. DLA Marbach, A: Borchardt, Po 35). In dem Geburtstagsartikel wird der Fürst als „Verweser unseres Interims, als Vermittler, als Versöhner unseres Streits" bezeichnet, der als einziger in der Lage sei, den „Konflikt zwischen der stärksten und hoffnungsvollsten deutschen Partei – auch die Hoffnungen des Schreibers dieser Zeilen sind mit ihr – und der Kirche" sowie den „Gegensatz zwischen dem deutschen Süden und dem deutschen Norden" staatsmännisch zu schlichten (Prosa V, S. 470).
74 In diesem Punkt bin ich mit dem Beitrag von Gregor Streim zu diesem Band nicht einverstanden, der weder nach den literarischen Formen – vom nicht abgesandten Brief bis zur öffentlichen Rede – noch nach den regionalen Kontexten von Borchardts politischen Äußerungen unterscheidet und deswegen zu dem Urteil kommt, daß es eine lineare Entwicklung zu einem totalitären Konservatismus gebe. Das gleiche gilt für: Stefan Breuer, Rudolf Borchardt und die „Konservative Revolution", in: Rudolf Borchardt und die Zeitgenossen, S. 370–385. Sowie: Jens Malte Fischer, „Deutschland ist Kain". Rudolf Borchardt und der Nationalsozialismus, in: ebd., S. 386–398.
75 Demnächst gedruckt in: Briefe 1936–1945.

Gewalt- und Zwangsvorstellungen in Bezug auf Nord- und Ostdeutschland. Hier sieht Borchardt das Spannungsverhältnis zwischen dem romanischen und dem germanischen Pol der deutschen Nation durch die Einmischung des slawischen Elements gesprengt,[76] gegen das er nach der Machtergreifung Hitlers, jenes „aus den Dauerwirren der böhmischen Völkerverstrickung" hochgeschleuderten Deutschslawen,[77] eine Paranoia entwickelt. Ähnlich wie im *Spectator Germanicus* von 1912, der zwischen Nord- und Süditalien trennte und Sizilien einer ‚Generaldiktatur' unterwerfen wollte, folgt aus der kulturhistorischen Differentialdiagnose eine geopolitische Differentialtherapie, bei der die unterschiedlich stark erkrankten Populationen nach ihrer Separierung auch unterschiedlich hart behandelt werden.

Von daher fällt auf die politischen Texte ein Schatten, in denen Borchardt gegen Ende der Weimarer Republik und noch einmal am Ausgang des 2. Weltkriegs für die Bewahrung bzw. Wiederherstellung des deutschen Föderalismus eingetreten ist. Sowohl in *Der deutsche Geist als Hüter des deutschen Föderalismus* (1929), dem *Brief über die Reichsreform* (um 1930), *Das Reich als Sakrament* (1932) und *Staatenbund oder Bundesstaat* (1933) als auch in dem Nachlaßfragment *Deutscher Föderalismus* (1943/44)[78] wird das Prinzip, die kulturelle Vielfalt der Völker in der symbolischen Einheit des Reiches zu fassen, als Vorzug der germanisch geprägten Kultur gegenüber dem zentralistischen Prinzip der romanischen Zivilisation hingestellt. Es ist der Vorzug einer von gebildeten Individuen gewollten Gemeinschaft gegenüber einer aus ungeformten Massen zusammengezwungenen Gesellschaft. Vor dem Hintergrund von Schriften, die das destruktive Moment in der deutschen Geschichte immer mehr hervorheben, bekommt das Plädoyer für den Föderalismus jedoch einen Neben- und Gegensinn: In der Not müssen sich die weniger erkrankten Völker, besonders die Bayern, vor den stärker befallenen, speziell den Preußen, dadurch schützen, daß sie sich in ihrem eigenen Haus verschanzen. Oder ins Offensive gewendet: Die deutsche Völkerfamilie[79] muß, analog zur europäischen Nationengemeinschaft, die verrückt

---

76 Vgl. Prosa V, S. 503–526, bes. S. 511 u. 515 f.
77 So in der „Aufzeichnung Stefan George betreffend" (hrsg. v. Ernst Osterkamp, München 1998 [Schriften der Rudolf Borchardt-Gesellschaft, Bd. 6/7], S. 108. Während sich die generelle Aversion gegen die Slawen schon in den frühesten Schriften findet, taucht der spezifische Haß gegen die Deutschböhmen erst nach 1933 auf. Borchardt fühlt sich nicht nur von Hitler, sondern auch von anderen Deutschböhmen wie z. B. Josef Nadler (vgl. „Zur deutschen Judenfrage", in: Prosa IV, S. 373) und dem „SS-Mann Schneider" (vgl. „Anabasis", in: DLA Marbach, A: Borchardt, Bi 10) verfolgt und verraten.
78 Vgl. DLA Marbach, A: Borchardt, Po 5a.
79 In „Der deutsche Geist als Hüter des deutschen Föderalismus" heißt es über die deutschen Stämme: „Wir sind von Anfang an, wie eine nur prähistorisch entstandenen Varietäten vorhandene Pflanze, unzähligfach neben einander da, ohne einen Vater, Brüder ohne einen

gewordenen Brüder in Isolationshaft zu nehmen, bis diese wieder zur Vernunft gekommen sind. Die Schriften zum deutschen Föderalismus besitzen ein Janusgesicht. Je nach Kontext dominiert die organologische oder die totalitäre Lesart des Föderalismus. Die totalitäre findet sich zum letzten Mal in einem Brief. Aus seiner Unterkunft in Trins, durch die Tiroler Berge geographisch eingekesselt und die Nationalsozialisten politisch gelähmt, schreibt Borchardt im Oktober 1944 an Rudolf Alexander Schröder und sagt voraus, wie die Alliierten nach ihrem Sieg Deutschland und Europa ordnen werden:

> „Wir selber sind verloren, scheiden für ein Jahrhundert aus der Geschichte aus, und werden ohne Federlesen entpolitisiert und stille gelegt. [...] Man verzichtet auf Kriegsentschädigungen, die wir doch nicht vermögen und teilt sich in unsere Länder; die Tschechei, Polen, Österreich werden auf unsere Kosten lebensfähig hergestellt, und es soll möglich sein, dass in Paris die Anwälte eines grossen süddeutschen katholischen Staats mit Wien, d. h. Baiern und Preussisch-Schlesien, Sachsen, Baden, Württemberg, sich durchsetzen, denn auch Ungarn soll dafür sein und Anschluss oder Anlehnung wünschen. Das lasse ich unerörtert, so denkbar es ist; die Zertrümmerung Norddeutschlands und Autonomie des Rheinlands sehe ich an, mit der man sich wird abfinden müssen. [...] Die Tendenz geht auf Bildung weniger grosser halbstarren Staatenverbände mit gemeinsamer Politik, zur friedlichen Gefangensetzung unruhiger Einzelner, und zum Ausgleich scharfer wirtschaftlicher Extreme, denn das Evangelium vom Reichtum und Wolergehen aller Artigen soll Weltmaxime werden: Cooperation und Autonomie, beides unpolitisch, sind die Parolen. Es ist der Ersatz für ‚Reiche'."[80]

Obwohl er ein Bild malt, das als Ganzes eine Schreckensvision ist, sind in dieses Bild nicht nur die eigenen Seelennöte und Lebensängste, sondern auch Ideenkonstrukte und Wunschphantasien aus dem *Untergang der deutschen Nation* eingegangen.[81] Zwar befürwortete er nicht die Zerschlagung von Gesamt-Deutschland, aber die ‚Stillegung' und ‚Gefangensetzung' von einzelnen Völkern bzw. Ländern wie Preußen dürfte ihm durchaus eingeleuchtet haben. Bis zu einem gewissen Punkt macht er die Alliierten zu Erfüllungsgehilfen seiner geopolitischen Vorstellungen, die im tiefsten Inneren durch persönliche Sympathien und Antipathien motiviert sind.

Weiter oben ist angedeutet worden, daß Königsberg und Ostpreußen in seinen kulturhistorischen Konstruktionen und geopolitischen Konzepten von Deutschland einen Sonderstatus besitzen. Nach dem Zusammenbruch des Jahres 1918/19 hat er einen Mythos seiner körperlich verlorenen und geistig wiedergewonnenen Heimat aufgebaut, dessen von den autobiographischen Schriften – besonders dem *Eranos-Brief* (1924) und *Rudolf Borchardts*

---

erstgeborenen, in Kraft und Untat mitleidlosen erstgeborenen Bruder, Kinder einer fernverschollenen Urmutter." (Prosa V, S. 391) Das gleiche gilt für die europäischen Völker.
80 Demnächst gedruckt in: Borchardt/Schröder, Bd. 2.
81 Vgl. Prosa V, S. 508–516.

Leben von ihm selbst erzählt (1926/27) – ausgehende Filiationen die Reden *Die geistesgeschichtliche Bedeutung des neunzehnten Jahrhunderts* und *Schöpferische Restauration* (1927) ebenso durchziehen wie das Nachwort zum *Dante Deutsch* (1930), den Nachruf auf *Friedrich Leo* (1944) und den Beitrag *Zur deutschen Judenfrage* (1944), um nur die wichtigsten Texte zu nennen. Königsberg und Ostpreußen erscheinen, obgleich räumlich an der Peripherie gelegen, als das geistige Zentrum, von dem aus im Verlaufe der kulturellen und politischen Geschichte nicht nur die äußere Grenze Deutschlands und Europas verteidigt, sondern auch die innere Einheit der Nation und des ‚Reiches' befördert worden sei. Borchardt stilisiert Königsberg, seine deutsche Geburtsstadt, in Parallele zu Pisa, seinem italienischen Wohnort, zum Mittelpunkt der ‚schöpferischen Restauration'.

In diesem Zusammenhang ist es zu verstehen, daß er um 1944 einen englischsprachigen Beitrag unter dem Titel *A word on Eastern Prussia* begann, der dann aber nicht über die achte Seite des Manuskripts hinausgeführt wurde. Wie die etwa zur gleichen Zeit entstandenen Fragmente *Der Untergang der deutschen Nation* und *Deutscher Föderalismus* richtet sich der Beitrag an die englische und amerikanische Öffentlichkeit. Ulrich Ott vermutet, daß er für einen Radiosender gedacht war. Borchardt, der sich als „a German author and a voluntary exile from Nazi Germany" vorstellt, reagiert mit ihm auf die Überlegungen der Alliierten, die russischen bzw. polnischen Westgrenzen auf Kosten von Deutschland zu verschieben. Aus den vorhandenen Seiten wird deutlich, daß er die Alliierten vor allem von der Amputation Ostpreußens und Königsbergs abbringen will. Gleich zu Beginn spricht er seiner Geburtsstadt, dieser „ancient citadel metropolis of the kingdom and indeed of Northern Germany" (!), eine kulturelle und politische Schlüsselrolle zu. Eine Amputation wäre „the sanctuary of great tradition", ein Opfer, das nicht nur für Deutschland, sondern für ganz Europa und die Welt verheerende Folgen haben würde. Teils beschwörend, teils drohend heißt es an einer späteren Stelle:

> „It is a fallacy to believe – and History to prove it with terrifying evidence – that so-called territorial changes applied to nations of highest standard and of subtlest administrative and economic network organization could make anything but a more changeful world. We have been taught by our own bitter expence that the reconquest of Alsace Lorrain, built [?] as German as any by race, language, religion and History, but which had disclaimed that History and formed new ties of affection, has not made the Continent of Europe a safer place."[82]

Diese Argumente sind aus den Kriegsreden von 1914–1916 bekannt. Einiges deutet in *A word on Eastern Prussia* darauf hin, daß Borchardt zur Not bereit

---

82 Alle Zitate aus: DLA Marbach, A: Borchardt, A 127.

gewesen wäre, Westpreußen, also das Gebiet um Danzig, völlig aufzugeben, wenn er damit Ostpreußen und Königsberg für Deutschland hätte retten können.[83] An dem Fragment läßt sich ein letztes Mal ablesen, daß für ihn nicht die Natur über die Ordnung der Völker und Länder entscheidet bzw. entscheiden soll. Zwar strebt er eine Gleichung von natürlicher Geographie, nationaler Kultur und staatlicher Politik an, die im besten Fall eine geschlossene Einheit bilden. Doch die natürliche Geographie ist dabei der unbedeutendste Faktor.

IV.

Aus Borchardts Sicht war der Versailler Vertrag ein Verbrechen, für das die Alliierten fast ebenso viel Verantwortung trugen wie die ehrlos gewordenen Deutschen, die mit dem Dolchstoß gegen ihre siegreiche Armee den ‚Schandfrieden' herbeigeführt hatten. Trotzdem verschob sich nach 1918/19 sein politisches Urteil über England und auch Italien ins Positive. 1922 plante er, das Buch *Geschichte des Unterganges der deutschen Nation* gleichzeitig in englischer und italienischer (nicht aber französischer!) Sprache erscheinen zu lassen, um die beiden Nationen zur Änderung ihres Verhaltens gegenüber Deutschland zu bewegen. Er traute den Engländern und den Italienern eine Rückbesinnung auf die europäische Tradition zu und hoffte, daß sie dann im restaurativen Sinn auf das abtrünnige Deutschland einwirken könnten. Gegenüber den Schriften vor 1918 sind also die Positionen der drei Nationen vertauscht, die Tendenzen im kulturellen und politischen Kräftefeld verkehrt. In Borchardts Geschichtsrhetorik besteht jederzeit die Möglichkeit, daß, wie er im *Spectator Germanicus* sagt, „der Charakter des Volkes sich blitzschnell transformiert"[84], weil dieser Charakter wieder als Inbegriff von positiven und negativen Kräften konstruiert wird, die abwechselnd im Untergrund (Latenz) oder an der Oberfläche (Performanz) wirken – durch die „Gewalt der Geschehnisse"[85] kann sogar das sittlichste Volk völlig verdorben werden, so wie umgekehrt, das hebt er in *Führung*, *Der Fürst* und *Besuch bei Mussolini* hervor, ein geistiger Führer selbst das unsittlichste Volk zu erziehen vermag.

Borchardts Hoffnungen wurden während der zwanziger Jahre durch die innenpolitischen Entwicklungen in England und Italien genährt. Im Falle

---

83 Auch in dem etwa gleichzeitig entstandenen Fragment „Zur deutschen Judenfrage" baut Borchardt eine „Antithese" zwischen Ostpreußen, dem Inbegriff deutsch-europäischer Kultur, und dem ‚halbpolnischen' Westpreußen auf. Vgl. Prosa IV, S. 375 f.
84 Prosa V, S. 145.
85 Ebd, S. 145.

von England, das er trotz aller Kritik immer als Stammland des Konservatismus und Führungsmacht des British Commonwealth verehrt hatte, sah er bereits in den konservativen Maßnahmen des Premierministers Stanley Baldwin (1925–1929) eine Restauration. Hingegen hielt er in Italien, da dort das Volk in völliger Anarchie gelebt hatte, die totalitäre Diktatur Mussolinis für notwendig, um das gleiche Ergebnis, nämlich die Wiederherstellung des Nationalcharakters und der Staatsautorität, zu erzielen. Beiden Länder spricht Borchardt in dem Aufsatzfragment *Was ist conservativ?*, das wahrscheinlich Ende der zwanziger Jahre entstanden ist, eine Vorbildfunktion für Deutschland zu,[86] ohne diese systematisch darzulegen. Mehr als prinzipielle oder aber punktuelle Analogien kann man von ihm auch nicht erwarten, definiert er doch an einer anderen Stelle den Konservatismus als eine Gesinnung, die erstens von der geschichtlichen Tradition und zweitens von der gegenwärtigen Situation des jeweiligen Volkes abhängig ist, also innerhalb der Völkergemeinschaft von Europa variiert.[87] Während er bei der Frage des Föderalismus selten und vage auf die kulturelle Vielfalt und symbolische Einheit des Britisch Commonwealth anspielt,[88] sind in der Debatte um die richtige ‚Führung' die Verweise auf die totalitäre Diktatur Mussolinis so zahlreich wie deutlich. Daß diese beiden Formen der Politik sich kaum miteinander vereinbaren lassen, spielt für seine kontextbezogene Rhetorik keine Rolle.

Zweifellos hat Borchardt gegen Ende der Weimarer Republik am ehesten den italienischen Faschismus als inspirierendes Modell betrachtet. Er wünschte, daß ein Führer nach der Art von Mussolini das „ordnungsbrüchige und ordnungsflüchtige" deutsche Volk mit totalitären Mitteln unterjochen, dann aber in eine organische Form der Herrschaft – und das kann in Deutschland anders als in England oder Italien nur heißen: in die Form der Monarchie ohne Konstitution und Parlament – hineinbilden werde; an Hitler dachte er jedoch nicht.[89] Seine außenpolitische Leitidee war dabei, daß eine Achse zwischen England, Deutschland und Italien entstehen sollte, ein konservatives Bündnis der kulturell am engsten verschwisterten Nationen

---

86 Vgl. DLA Marbach, A: Borchardt, Po 4.
87 Vgl. den Artikel „Konservatismus und Humanismus" (1931), in: Prosa V, S. 431–441. Vgl. zu Borchardts ‚Theorie des Conservatismus' auch den Beitrag von Gregor Streim in diesem Band.
88 Vgl. Prosa V, S. 406 u. S. 485.
89 Vgl. den nicht abgesandten Brief an die ‚Arbeitsstelle für Konservatives Schrifttum', Würzburg, Karl Ludwig Freiherr von Guttenberg, vom 24.11.1930, in: Briefe 1924–1930, S. 548–559. Vgl. auch die Rede *Führung* (Reden, S. 397–429) sowie die Artikel *Konservative Sicherung bei romanischen Völkern* (Prosa V, S. 442–450, bes. S. 449 f.) und *Besuch bei Mussolini* (Prosa VI, S. 211–218). Zu der ungleichen Beurteilung von Mussolini und Hitler, Faschismus und Nationalsozialismus vgl. den Aufsatz von Markus Bernauer in diesem Band.

Europas, das gegen Frankreich auf der einen und Rußland auf der anderen Seite gerichtet sein müßte. 1929 hat er diese Idee, deren Realisierung in Neuzeit und Moderne immer wieder durch die unterschiedlichen Interessen der Nationen verhindert worden sei, in dem Artikel *Vertikal-Europa* zu skizzieren versucht.[90]

Die Machtergreifung von Hitler und dem Nationalsozialismus, die für Borchardt fast nichts mit der Machtergreifung von Mussolini und dem Faschismus gemeinsam hatte, zerstörte auch diese außenpolitische Konzeption. In seiner Verzweiflung propagierte er jetzt ein aggressives Vorgehen von England und Italien gegen Hitler- und Nazideutschland. Das im Herbst 1933 begonnene und bis Sommer 1939 immer wieder aufgenommene Buch *Interregnum, Being an Inquiry into the Causes of German disorders past recent*,[91] eine weitere Fassung des nie vollendeten Werks über den Untergang der deutschen Nation, sollte die englische Öffentlichkeit für diesen Kampf gewinnen. Die zwischen 1933 und 1936 geschriebenen Briefe analysieren auf obsessive Weise die politische Lage, imaginieren eine von Mussolini geführte Allianz gegen Hitler und prophezeien den unmittelbar bevorstehenden Sieg der europäischen Restauration gegen die nationalsozialistische Revolution. Die geopolitische Diskursform dieser Briefe erinnert an den *Spectator Germanicus* von 1912. Obwohl Borchardts Voraussagen ein fürs andere Mal nicht eintrafen, hielt er an seiner Zukunftsvision fest. Kurz vor dem mit Spannung erwarteten Gipfel von Stresa zieht er in einem Ende März 1935 geschriebenen, aber nicht abgeschickten Brief an Alexander von Frey folgende Zwischenbilanz:

„Mein Irrtum hatte [...] in zeitlich verfrühten Ansätzen bestanden. Wieviel Friktionen das Zustandekommen einer Einheitsfront, bei stärksten Interessengegensätzen, zu überwinden hat, und eine wie ungeheure Kleinarbeit dafür zu leisten ist, übersieht nur der technisch direkt Mitbefasste. Zeitprognosen sind also blosses Gedankenspiel. Das Wesentliche besteht in der sicheren Zielprognose, und sie war durch eine Reihe einwandsfrei feststehender Faktoren gegeben. Die Partie ist seit 1 ½ Jahren glatt verloren. Ob sie bis Matt weitergespielt wird oder aufgegeben, weiss vermutlich nicht einmal der Unglücksspieler [d. i. Hitler] selber."[92]

90 Vgl. Prosa V, S. 371–379.
91 Die Geschichte dieses Projekt kann hier nicht nachgezeichnet werden. Borchardts Behauptung (vgl. Briefentwurf an Lothar Mohrenwitz vom 23. 7. 1939, demnächst gedruckt in: Briefe 1936–1945), das Buch sei abgeschlossen, ist wie die von der Familie kolportierte Legende, die Tochter Corona habe das Manuskript auf eine Bahnreise nach Florenz verloren, mit Vorsicht zu genießen.
92 Briefe 1931–1935, S. 436 f. Ebd., S. 442, bekennt Borchardt, daß seine persönliche Identität durch die politische Vorgänge bedroht wird: „Wer wie ich sein Leben lang nur Deutschland gedient hat und seit Versailles nur in der Erwartung des Tages der Befreiung gelebt hat [...] und der heut den ihm heiligsten Begriff der Befreiung und des Vaterlandes so besudelt und unehrlich gemacht sieht dass alles Rollen vertauscht sind und die Feinde allein uns die

Erst der 1936 geschlossene Pakt zwischen Mussolini und Hitler führte zur Ernüchterung und brachte den Propheten zum Schweigen.

Doch der Ausbruch des 2. Weltkriegs erfüllte Borchardt mit neuer Hoffnung. Eine politische Denkschrift, die er im Jahre 1940 für Rupprecht von Bayern verfassen wollte, trägt den in seiner Konstruktion stimmigen Arbeitstitel *Unterthänigstes Promemoria betreffend die Erhaltung der Monarchie in Deutschland durch den europäischen Restaurationskrieg*. Nach Borchardts Meinung wiederholten sich im 2. Weltkrieg mit vertauschten Rollen die Kriege gegen die Französische Revolution und die Napoleonische Okkupation von Europa. Die Kriegswende von 1942/43 bestätigte seine Erwartungen und der bald darauf erfolgte Frontenwechsel Italiens schuf, wenn auch Mussolini nicht mehr von der Partie war, die gewünschte Allianz gegen Hitler- und Nazideutschland. In der *Anabasis*, dem Bericht über die lebensgeschichtlichen und welthistorischen Ereignisse des Sommers 1944, heißt es:

> „Der Krieg war entschieden. Das Resultat stand fest, und bis zur wievielten blutigen Dezimalstelle man es austreiben wollte, betraf das Resultat nicht mehr. Mit der afrikanischen Katastrophe und der unabwehrbaren Landung in Sizilien war wie ich wusste für die italienische Generalität das Stichwort zum Handeln gegeben, auf das ganz Italien drängte und wartete, – mit der russischen Katastrophe die Hitlers Grosse Armee verschlungen hatte, war auch dort das verzweifelte Rennen um die bessere Zeit für immer verloren, und für die anderen gewonnen. Auch bei uns rückte die Generalität zusammen, um im Sinne unserer gewissenhaften militärischen Tradition, das Fazit zu ziehen und nach dem Charakter auszublicken, der Preusse genug gewesen wäre, noch ein Mal zu handeln wie Yorck."[93]

Die tragische Ironie des Schicksals, dessen Rad „sich fast um den vollen Kreis gedreht hatte", wollte es freilich, daß Borchardt, der ins italienische Exil ausgewanderte Repräsentant der deutschen Kulturtradition, noch in der „letzten Minute" von der „Hitlerarmee" aus seiner Wahlheimat verschleppt wurde und daß sich unter den preußischen Offizieren des 20. Juli auch kein Yorck fand, der den militärischen und politischen Untergang der deutschen Nation in dieser letzten Minute hätte verhindern können. (Aber immerhin, könnte man aus Borchardts Darstellung schließen, erwiesen sich die preussischen Offiziere als gewissenhafter als etwa die bayerischen, womit sich das Kräfteverhältnis zwischen den deutschen Völkern und Ländern wieder verschoben hätte!)

Nach der Verschwörungstheorie der *Anabasis* wurde der völlige unschuldige Borchardt von einem deutschböhmischen „SS-Mann Schneider" denunziert, so wie das ‚halbschuldige' deutsche Volk von dem deutschböhmi-

---

Freiheit von der neuen Schande bringen können, der sollte fast an dem Sinne seines Lebens verzweifeln."
93 DLA Marbach, A: Borchardt, Bi 10.

schen Gefreiten Hitler verführt und verraten worden war. Zur Katastrophe Borchardts trug die englisch-italienische Gastgeberin „Marchesa N." in der Villa Poggio bei, die, weil sie individuell unfähig war, aus ihren nationalen Anteilen eine kulturelle Identität zu bilden, ersatzweise die Nazis bewunderte und den SS-Mann bei der Denunziation unterstützte, so wie der Untergang Deutschlands durch die unverantwortliche Führung der alliierten Schutzmächte befördert wurde, die nicht entschieden genug gegen Hitler vorgingen und Italien (mithin Borchardt) nicht schnell genug von der Barbarei befreiten. Auch die *Anabasis* arbeitet also mit geo- und ethnokulturellen Konstrukten, die zusammen ein allerdings casuistisch transformierbares[94] Imaginations- und Artikulations-‚System' ausmachen. Wie in *Der Untergang der deutschen Nation* wird in der *Anabasis* deutlich, daß auf diese Weise der Spielraum der Erkenntnis nicht nur erweitert, sondern auch verengt werden kann – gerade die letzten politischen Schriften sind so sehr von der existentiellen Verunsicherung und psychischen Destabilisierung des Autors geprägt, daß der Blick auf die Wirklichkeit wahnhaft verzerrt und verstellt ist.

V.

Zum Schluß möchte ich in freier Form über bis jetzt überhaupt nicht berührte oder nur kurz gestreifte Aspekte der geokulturellen und geopolitischen Rhetorik Borchardts reflektieren. Eine erste Überlegung betrifft das Verhältnis zwischen der natürlichen und der geistigen – das heißt kulturellen und politischen – Geographie. In den meisten einschlägigen Texten spricht Borchardt von Diskrepanzen, ja Antinomien. Man erinnere sich an den Anfang der Abhandlung *Europa*. Und auch in *A word on Eastern Prussia* geht es um ein solches Mißverhältnis. Es gibt in Borchardts Werk aber auch Fälle, bei denen eine Übereinstimmung oder Entsprechung zwischen der natürlichen und der geistigen Lage verzeichnet wird. Hier ist besonders an das Buch über *Pisa* zu denken, das bekanntlich mit einer großen topographi-

---

94 In einem Briefentwurf an Max Brod vom 6. 1. 1936, der sich gegen den auf Reinheit bedachten Rassen- bzw. Volksbegriff der Nationalsozialisten und Zionisten wendet, überträgt Borchardt versuchsweise die aus der Botanik (und dem „Leidenschaftlichen Gärtner") bekannte Heterosenlehre auf die kulturellen Völkercharaktere und geht beispielhaft einige ‚Kreuzungen' durch: „In Italien ist bekannt, dass italienisch-englische Kreuzung relativ positiv ausfällt, italienisch-deutsche und italienisch-amerikanische mittelmässig bis negativ. [...] Nun also all diesen Plunder beiseite, der kein festes Zufassen gestattet." (Demnächst gedruckt in Briefe 1936–1945.) Von der hier aufgestellten Regel über die englisch-italienische Kreuzung ist die „Marchesa N" eine Ausnahme, die durch die weitere Spezifikation ihrer kulturellen Herkunft – sie soll aus der für herrschsüchtige Frauen literaturbekannten Landschaft Aberdeenshire stammen – casuistisch plausibel gemacht wird.

schen Beschreibung beginnt. Im Falle von Pisa entspricht die topographische Situation der vom Hinterland der Toskana abgeriegelten und zum Mittelmeer geöffneten Stadt genau dem kulturellen Charakter der Bevölkerung und der politischen Orientierung der Kommune. Sie deckt sich damit, daß Pisa in der Konzeption Borchardts die kulturelle Vermittlungs- und politische Verwaltungszentrale des Staufer-Reiches ist. Natur einerseits und Kultur/Politik andererseits stehen hier in einer Wechselbeziehung, die man im Goetheschen Sinn als ‚Wahlverwandtschaft' verstehen kann. Sie ist nicht kausaler, sondern metaphorischer und metamorphischer Art. Deshalb kann in der Beschreibung von Pisa das eine für das andere eintreten, wird dieses durch jenes beleuchtet und gedeutet.

Damit bin ich bei einer zweiten Überlegung, die nach der geographischen und der damit nicht genau deckungsgleichen, aber eng verbundenen geologischen Metaphorik bei Borchardt fragt. Es gibt Bildersprachen, die leitmotivisch sein ganzes Oeuvre durchziehen. Die wichtigsten sind zweifellos die des Kampfes/Krieges und die des Handels. Bedeutsam ist aber auch die Bildersprache der Geographie und der Geologie, genauer: der Erdgeschichte. Metaphern wie z. B. „Lagerung", „Verschiebung", „Faltung", „Splitterung", „Bruch", „Spalte" etc. – Metaphern, die sich, wie erwähnt, auch bei Friedrich Ratzel finden – sind omnipräsent. Sie haben ihre Legitimation darin, daß für Borchardt – den Nachfolger Herders, Goethes und der Romantik – die Erdgeschichte und die Menschheitsgeschichte vom Prinzip her analoge Vorgänge sind, Vorgänge der Formung und Umformung, der Metamorphose, auch wenn ihre Tendenzen zumeist gegeneinander verlaufen und damit tragische Konflikte schaffen. In diesem Zusammenhang läßt sich noch einmal auf den Beginn von *Europa* verweisen, an dem der Natur eine anthropomorphe Gestalt und, wichtiger, Gestaltungskraft zugesprochen wird. Durch diese prinzipielle Analogie der Natur zur Kultur (nicht umgekehrt!) ist die geographische und geologische Metaphorik gerechtfertigt.

Sie eignet sich für Borchardts kulturhistorische Rhetorik besonders gut, weil in ihr sowohl statische Strukturen (dem entspricht eher die Geographie) als auch dynamische Prozesse (dafür bietet sich eher die Geologie an) dargestellt werden können. Polare Ordnungen im Raum lassen sich genauso gut ausdrücken wie mehrdimensionale Entwicklungen in der Zeit. Am virtuosesten hat Borchardt ihre Möglichkeiten vielleicht in der Marburger Rede *Die geistesgeschichtliche Bedeutung des neunzehnten Jahrhunderts* von 1927 genutzt, die zum einen die Oberflächenstrukturen des 18., des 19. und des 20. Jahrhunderts beschreibt und zum anderen die Tiefengrammatik des Geschichtsprozesses, das Durchstoßen der Vergangenheit durch die Gegenwart in die Zukunft hinein imaginiert. Am Anfang der Rede heißt es, daß erst der – in anderen Schriften mit der Eruption eines Vulkans verglichene[95] – Ausbruch des 1. Weltkriegs ein Licht auf das 19. Jahrhundert geworfen habe:

> „[I]n diesem Lichte erscheint uns bis tief hinein in die geschichtliche Rückwelt das Bild nicht nur versteinert, sondern wie mitten im *Flusse* versteinert. Wir gewahren vergleichend, bis wie tief hinein in seine Hintergründe die Mächte des Jahrhunderts unserer Geburt noch miteinander kämpften als sie jählings zur Geschichte erstarrten. Mit anderen Worten, und der Metapher entkleidet: erst die neue Ebene auf der wir stehen gibt uns für die Struktur des neunzehnten Jahrhunderts plötzlich, mit einem Schlage die ersten Perspektiven, und wir wissen plötzlich, mit einem Schlage warum das Jahrhundert innerhalb seiner selber, von sich selber, nicht darstellbar gewesen ist. Wer heute die allgemeinen Abschnitte der großen Lamprechtschen Darstellung im Lichte des neuen Tages zu lesen versucht, dem werden sie, wenn ich von meinen Erfahrungen auf die Ihren schließen darf, ein verwittertes und eingesunkenes Gesicht entgegenkehren, und er wird an einem neuen Beispiel begreifen, daß nichts so unaufhaltsam veraltet wie das Neueste, und was es sein will […]."[96]

Diese Reflexion, die Walter Benjamins Gedanken über das Wesen der historischen Erinnerung und des dialektischen Bildes in der *Berliner Kindheit um 1900* und im *Passagen-Werk* verblüffend ähnelt, enthält die wichtigsten Aspekte und Momente von Borchardts Geschichtsauffassung und Geschichtsdarstellung. Das Bild der im Fluß versteinerten oder, wie mit anderem Akzent gesagt werden könnte, der aus Stein verflüssigten Geschichte, die je nach Position, Perspektive und Interesse des erlebenden und gestaltenden Betrachters so oder so erscheint,[97] umschreibt die Dialektik seiner Heuristik und Rhetorik. Die Frage, in welchem Maße es sich um eine Projektion seiner eigenen Persönlichkeitsstrukturen und -prozesse handelt, bei der die Geschichte ab einem bestimmten Punkt nur noch als Medium der Selbstdarstellung mißbraucht wird, sei kurz zurückgestellt.

---

95 Vgl. *Der Krieg und die deutsche Selbsteinkehr* und *Der Krieg und die deutsche Selbstverantwortung*, in: Prosa V, S. 244 u. S. 304.
96 Reden, S. 326.
97 In der Marburger Rede belehrt Borchardt jene Zuhörer, die in der „Naivetät des positivistischen Dünkels" befangen sind, daß, wie der tiefere Blick sieht, „in der Geschichte die Epochen nicht nacheinander stehen, sondern neben- und durcheinander" (Reden, S. 333; vgl. auch S. 330). Am weitesten treibt er die Auflösung in der Bremer Doppelrede *Die Antike und der deutsche Völkergeist*, wo er das verunsicherte Publikum fragt: „Was ist hier jung, was alt, was Nord, was Süd, was deutsch, was mediterran, was antik, was mittelalterlich, was siegt im Unterliegenden, was unterliegt im Sieger, was wollte, was sollte nicht siegen – wo steht unsere Sympathie, wo darf sie stehen, was unser Urteil positiv, was negativ nennen, welchen Zug und Zwirn aus dem labyrinthischen Garnen vereinzeln?" (ebd., S. 299) Aber auch in dieser Rede kehrt er zu den Topoi der kulturellen und den Fronten der politischen Geographie zurück: „Aber es ist nicht meine Aufgabe, Sie in der Irrwelt festzuhalten, welche die noch nie geschriebene Geschichte des Mittelalters großen Teils ausmacht. Wir verlassen sie mit der Erkenntnis, daß das deutsche Volkstum dort entsteht, wo der Kampf des italienisch neu entstandenen gegen die deutsche Antike der antiken Weltepoche ein Ende macht und die Germanen ohne Mission in der Welt stehen läßt." (ebd., S. 300)

Mit der Erwähnung von Karl Lamprechts *Deutscher Geschichte* (1891–1909) gibt Borchardt das Stichwort für eine dritte Überlegung, die sein Verhältnis zu den kulturwissenschaftlichen und kulturessayistischen Diskursen um 1900 präzisieren soll. Mit seinen Reflexionen und Spekulationen über die kulturelle und politische Geographie Europas steht er nach der Jahrhundertwende keineswegs allein. Vom Typus her ist er mit Autoren wie Arthur Moeller van den Bruck, Rudolf Pannwitz, Oswald Spengler oder Theodor Lessing verwandt. Man vergleiche seine Schriften beispielsweise mit den Werken *Die Deutschen* (1904–1910), *Die italienische Schönheit* (1913) und *Der preußische Stil* (1916) von Moeller,[98] der *Krisis der europäischen Kultur* (1917) und *Deutschland und Europa* (1918) von Pannwitz, *Der Untergang des Abendlandes* (1918) und *Preußentum und Sozialismus* (1919) von Spengler sowie *Europa und Asien* (1914) von Lessing. Eine ganze Generation von akademisch ausgebildeten Schriftstellern hat die kulturwissenschaftlichen Diskurse des späten 19. Jahrhunderts – von der Kulturhistoriographie Karl Lamprechts und Kurt Breysigs über die Völkerpsychologie Wilhelm Wundts bis hin zur Politischen Geographie Ratzels – essayistisch transformiert und spekulativ intensiviert, wobei diese Diskurse nicht nur stärker rhetorisiert, sondern auch weiter subjektiviert wurden. Wenn man nämlich die genannten Autoren liest, so erkennt man, daß jeder seine eigenen, von persönlichen Sympathien und Antipathien geprägten Ideen zum Maßstab macht, nach dem die Geschichtsbilder entworfen und die Kulturlandschaften ausgerichtet werden. So bevorzugt Borchardt die Achse England-Deutschland-Italien (Vertikal-Europa), während er die Achse Frankreich-Rußland (Horizontal-Europa) mißachtet. Ganz anders Pannwitz, der einerseits England und Deutschland verteufelt, andererseits Frankreich und Rußland vergöttert. Als Gemeinsamkeit fällt auf, daß die Konstruktionen immer wieder modifiziert werden, jedoch die Prinzipien des Baus erhalten bleiben. Oder anders gesagt: Alle Teile werden in Bewegung versetzt, aber die Regeln der Zirkulation stehen fest. Persönliche Erlebnisse und geschichtliche Erfahrungen führen zu fortgesetzten Umbildungen und Umwertungen. So hat Theodor Lessing sein ‚Hauptwerk' – der Begriff wird problematisch – *Europa und Asien* bei jeder Neuauflage umgeschrieben.

Daß es sich um eine Abwendung von den positivistisch orientierten Wissenschaften handelt, haben die Autoren selbst betont. Lessing legt in der

---

98 Moeller plante gleichzeitig mit den *Deutschen* ein Werk über *Die Werte der Völker*, das die Bände „Rasse und Nation", „Die italienische Schönheit", „Der französische Zweifel", „Der englische Menschenverstand", „Die deutsche Weltanschauung", „Der amerikanische Wille" und „Die russische Seele" enthalten sollte. Zu Moeller und anderen wilhelminischen Intellektuellen, die später Mitglieder des ‚Ring'-Kreises wurden, vgl. den Aufsatz von Berthold Petzinna in diesem Band.

Schrift *Geschichte als Sinngebung des Sinnlosen* (1919) dar, daß die Historiographie keine objektiv forschende Wissenschaft, sondern eine subjektiv „umdichtende Willenschaft"[99] sei, bei der sich das Individuum in der Geschichte spiegelte. Allerdings ist sein Verhältnis zu dieser Willenschaft zwiespältig, weil er, stärker durch Schopenhauer als durch Nietzsche beeinflußt, die Historiographie verdächtigt, im Dienste der Macht über die Sinnlosigkeit des Lebens hinwegzutäuschen, statt diese ins Bewußtsein zu heben und damit den Menschen zu erlösen. Mißtrauisch steht er der Erzeugung von Traumwelten und Scheinwerten gegenüber. Dagegen fordert Borchardt in *Das Geheimnis der Poesie* (1930) ohne Vorbehalte eine „dichterische Geschichte" und „dichterische Politik",[100] so wie er in den *Epilegomena zu Homeros und Homer* (1944) mit Goethe meint, die nur von genialen Individuen zu schreibende Geschichte müsse ein ‚schaffender Spiegel'[101] sein. Natürlich meint er damit seine eigene Produktion. Wenn es um Konkurrenten geht, fällt das Urteil weniger positiv aus. Nach der Lektüre von *Die Krisis der europäischen Kultur* hat Borchardt am 6. September 1918 einen empörten Brief an Pannwitz geschrieben, in dem es heißt:

> „Wie soll ich Ihnen den Unterschied erklären, den Sie nicht fühlen können – den Unterschied zwischen dem endlich im concisen Aperçu niedergeschlagenen Résumée der Welterforschung bei Montesquieu und Burckhardt oder bei Polybius oder bei Vico und Croce, und den fanatischen Improvisationen, die Ihre Fruchtbarkeit häuft, diesen nachgerade völlig sophistischen Gebäuden zu denen alles Material aus zehnter Hand ist, und denen der erzogene Blick anfühlt, dass nicht ein einziges Détail zuverlässig, zweifellos, auf Durcharbeitung und Nachhaltigkeit prüfbar ist? Dass Sie immer wieder imstande sind ein geschichtliches Phänomen leidenschaftlich neu zu sehen, mit Ihren schöpferischen Augen sich körperhaft herzublitzen, das ist eine allerschönste Ergänzung Ihrer dichterischen Kraft zu Gestaltung. Es ist wirkliches Aperçu ursprünglicher Art, rechtmäßig wie eine Ahnung über die sittliche Welt oder Gott oder die Seele. Aber von da zum raisonnierten Organon der Zusammenhänge läuft nicht ein weiter, sondern überhaupt *kein* Weg, wie ein jeder weiss der auch nur ein Stück davon mit Fäusten und Sohlen zu erarbeiten gesucht hat."[102]

Borchardt nimmt für sein eigenes Werk in Anspruch, das Materialerbe der positivistischen Forschung verarbeitet zu haben, und damit eine solide Basis für die dichterischen Visionen der Geschichte und Politik zu besitzen. Mögen in diesem Punkt gewisse Unterschiede bestehen, so trifft das ambivalente Urteil über Pannwitz doch im Ganzen auch auf ihn selbst zu. Die subjektive Leidenschaft, mit der Borchardt die Phänomene der Geschichte und Politik sieht und gestaltet, besitzt ein positives und ein negatives Poten-

---

99 Theodor Lessing, Geschichte als Sinngebung des Sinnlosen, mit einem Nachwort von Rita Bischof, München 1983, S. 191.
100 Reden, S. 138.
101 Vgl. Prosa II, S. 70.
102 Briefe 1914–1923, S. 201 f.

tial. Positiv ist, daß festgefügte ‚images' aufgebrochen und überraschende Perspektiven eröffnet werden.[103] Dabei kann ein weiter gefaßter und zugleich dichter gefugter Imaginationsraum entstehen. Durch die autobiographische Verknüpfung der eigenen Lebensgeschichte mit der deutschen National- und der europäischen Menschheitsgeschichte können Kritik und Vision zusätzlich an Intensität und Plausibilität gewinnen. Allerdings ist die analytische Kraft der Kritik der synthetischen Kraft der Vision gerade in den politischen Texten weit überlegen. So läßt sich den Kriegsreden zugutehalten, daß sie den borniertern Rassismus, Nationalismus und Annexionismus im Namen einer umfassenden Idee von Deutschland und Europa zurückweisen; doch bleibt diese Idee ein abstraktes Phantasma. Dort, wo Borchardt – wie im Aufsatz *Der Kaiser* – versucht, seine politischen Visionen in die konkrete Praxis zu überführen, wird der projektive und illusionäre Charakter der Konzeptionen erst richtig deutlich. Darin zeigt sich das negative Potential der von subjektiver Leidenschaft getriebenen ‚dichterischen Geschichte' und ‚dichterischen Politik'. Der Dichter-Seher läuft in Gefahr, das Opfer seiner Spiegelungen zu werden und den Blick für die Wirklichkeit völlig zu verlieren. Die Verknüpfung der eigenen Lebensgeschichte mit der National- und Menschheitsgeschichte kann im negativen Extremfall zu einer Paranoia führen, wie sie in *Der Untergang der deutschen Nation* und der *Anabasis* zu diagnostizieren ist. Dann verkehren sich alle Vorteile, die oben geschildert wurden, in ihr Gegenteil. Der Imaginationsraum implodiert.

In den letzten Schriften Borchardts wird unübersehbar, daß er seine persönlichen Nöte und Ängste, Wünsche und Träume in die kulturelle und politische Geographie von Deutschland und Europa hineinlegt, weil es hier zum Kurzschluß kommt. Doch – und damit bin ich bei meiner vierten, weniger abschließenden als anreißenden Überlegung – auch für die früheren Texte gilt, daß es psychische Kräfte sind, die im tiefsten Grunde die kulturelle und politische Geographie organisieren. In welchem Maße dies auch dort der Fall ist, wo man es nicht vermuten würde, zeigt die Anthologie *Deutsche Denkreden* (1925), sind doch, von zwei Ausnahmen abgesehen, alle hier versammelten Autoren mit den preußischen Städten Königsberg (Geburtsort), Berlin (Kindheitsort), Bonn und Göttingen (Studienorte), also Borchardt selbst verbunden.[104] Die *Deutschen Denkreden* tragen zum Aufbau eines mythischen Kosmos bei, der in Borchardt zentriert ist und ihm eine Identität als Repräsentant der deutschen Nation und europäischen Mensch-

---

103 Norbert Miller hebt diese Seite in dem Aufsatz „Geschichte als Phantasmagorie" (Rudolf Borchardts Aufsatz *Die Tonscherbe*, in: Rudolf Borchardt und seine Zeitgenossen, op. cit., S. 265–280) hervor, wobei er Borchardts Weltentwürfe letztlich nach ästhetischen Kriterien bewertet.
104 Vgl. den Hinweis von Saltzwedel, op. cit., S. 398.

heit verschaffen soll. Wird dieser Kosmos, mithin die Identität Borchardts, durch kulturelle oder politische Entwicklungen gestört, müssen vom Zentrum aus die Strukturen des Ganzen erhalten, die Positionen der Teile aber verschoben werden. Danach läßt der Regisseur das Seelendrama der Geschichte und Politik nach denselben Spielregeln, jedoch mit vertauschten Rollen fortlaufen. Das erklärt die sophistischen Konstruktionen und fanatischen Improvisationen, zu denen sich Borchardt in seiner Rhetorik der kulturellen und politischen Geographie besonders nach 1918/19 und 1933 gezwungen sah.

BERTHOLD PETZINNA

Wilhelminische Intellektuelle.
Rudolf Borchardt und die Anliegen des ‚Ring'-Kreises

Rudolf Borchardt scheint ein Einzelgänger. Deutscher Verhältnisse überdrüssig, übersiedelte er bereits 1906 nach Italien, wo er bis Kriegsbeginn lebte. Drei Jahre nach dem deutschen Zusammenbruch 1918 zog es ihn wieder in seine Wahlheimat. Sieht man von der Zeit des Ersten Weltkriegs ab, an dem er als Kriegsfreiwilliger teilnahm, so verfolgte Borchardt die letzten Jahre des Kaiserreichs und die Zeit der Weimarer Republik aus einer Distanz, die auch Aufenthalte in Deutschland wenig mindern konnten. Zu einem ähnlichen Urteil gelangt man in Betracht seiner politischen Positionen, die unter „Konservative Revolution" subsumiert eigentümlich hervorstechender Züge beraubt würden.[1] Das Bild ändert sich, sieht man Borchardt im Kontext einer wilhelminischen Intellektuellenopposition, die mit der Wende zum letzten Jahrhundert Kontur gewann.

Nach dem Ende des Zweiten Weltkriegs blickte der ehemalige Herausgeber der im Kaiserreich angesehenen Zeitschrift ‚Kunst und Künstler', Karl Scheffler, auf die intellektuelle Szene im Deutschland Wilhelms II. zurück. Scheffler betonte die Dominanz ästhetischer Orientierungen bei avancierten Intellektuellen für die Zeit von 1895 bis Kriegsbeginn,[2] der Gebrauch des Ausdrucks „Jugend" als Schlagwort schien ihm ebenfalls charakteristisch.[3] Rückblickend charakterisierte er den über den ästhetischen Bereich hinausgehenden Anspruch des „Jugendstils" und rückte sowohl ethische wie politische Zielvorstellungen in den Rahmen dieser „ästhetischen" Orientierung:

> „Für uns war der Kampf um die Form ein Ereignis, das den ganzen Menschen beanspruchte [...] Denn als die Generation jener Zeit vom ‚Neuen Stil' sprach, dachte sie sich eine verwandelte Welt mit neuer Gesittung, sie dachte an Ziele, für die inzwischen Blut geflossen ist und Revolutionen entfesselt worden sind."[4]

---

1   Dies betont Stefan Breuer, Rudolf Borchardt und die „Konservative Revolution", in: Rudolf Borchardt und seine Zeitgenossen, hrsg. v. Ernst Osterkamp, Berlin; New York 1997, S. 370–385, hier S. 379 ff.
2   Karl Scheffler, Die fetten und die mageren Jahre. Ein Arbeits- und Lebensbericht, Leipzig/München 1946, S. 53.
3   Ebd., S. 55.
4   Ebd., S. 12.

Der 1877 geborene Rudolf Borchardt gehörte zu jener Altersgruppe, auf die Schefflers Rückblick sich richtete. Auch Borchardt, dessen Generationsbewußtsein stark ausgeprägt war und der beanspruchte, ein Sprecher der deutschen Jugend zu sein[5], partizipierte an den Hoffnungen der politisierenden Ästheten. Am Beginn des neuen Jahrhunderts jubilierte er: „Und vor allem, lieber D., unser alter schlachtruf: still! still! still! [...] Viele jahre für Jakob Wassermann! Und wir brauchen nicht mehr einsilbig zu werden wenn der Engländer sagt: Thackeray und der Franzose: Flaubert."[6] Das hier anklingende Motiv einer Großmächtekonkurrenz im Medium eines Wettstreits der Nationalkulturen sollte Borchardts Perspektive weiterhin bestimmen. Die gegenwärtige Periode sei „nicht Wende des 18ten Jahrhunderts sondern Wende des neunzehnten, strebt zur Kultur nicht über Goethesche WeltBildungsbegriffe sondern über die politischen und rassemäßigen die eine Folge der politischen Consolidierung unserer Rasse oder des Beginnes einer solchen Consolidierung sind. Sie bedient sich des aesthetischen nicht als Zwecks sondern als Mittels, ist ohne rationalistische Elemente pp."[7]

Gelungene Warenhausneubauten veranlaßten ihn zu einer deutlicheren nationalpolitischen Nuancierung des ästhetischen Fortschritts.

> „Es beglückt zu sehn, wie weit wir in solchen Dingen mit der Zeit gekommen sind, und wie es in allem zur Einheit und Kultur strebt, zur Gleichsetzung und Gleichzwingung des Schönen und Wahren, des Richtigen und Guten. Wir sind darin heut schon nahezu die ersten und einzigen in der Welt zusammen mit England, nur dass wir mit der Zeit auch England hinter uns lassen werden [...] und wenn wir ihm bisher das ein und andere äusserlich entlehnt haben so werden wir ihm durch die Genialität unseres Volkscharakters umgeschaffen und wiedergeboren und vertieft zurückgeben."[8]

Derartige Erwartungen wurden genährt von einem tiefempfundenen Mißbehagen, insbesondere des gebildeten Bürgertums, an der durch die fortschreitende Industrialisierung des Reiches angestoßenen Differenzierung der sozialen Formenwelt und des schwindenden Fundus an allgemeinen verbindlichen Normen und Orientierungen. Borchardt brachte im 20. Regierungsjahr Wilhelms II. dieses Syndrom auf die konsensfähige Formel einer

---

5 Ernst Osterkamp: Poesie des Interregnums. Rudolf Borchardt über Stefan George, in: Rudolf Borchardt und seine Zeitgenossen, hrsg. v. Ernst Osterkamp, S. 1–26, hier S. 11.
6 Rudolf Borchardt an Otto Deneke, 01.04.1900, in: Briefe 1895–1906, S. 97 f.
7 Borchardt an Julius Zeitler, 28.08.1905, in: Briefe 1895–1906, S. 369. Borchardt verwendet den Begriff „Rasse" in der vagen und schillernden Bedeutung von Selbstidentität und markanter Profiliertheit, die bei vielen Autoren der Zeit anzutreffen ist und einer eigenen Untersuchung bedürfte. Eine biologistische Interpretation der Geschichte hat Borchardt vehement abgelehnt, vgl. ders., Der Krieg und die deutsche Selbsteinkehr, in: Prosa V, S. 217–264, hier S. 250 ff.
8 Rudolf Borchardt an Karoline Ehrmann, 16.04.1905, in: ders., Briefe 1895–1906, S. 336 f.

umfassenden politischen, gesellschaftlichen und kulturellen „Disharmonie, die das deutsche Leben der letzten zwanzig Jahre beherrscht hat."⁹ Der Erfolgsautor Julius Langbehn hatte diesen Stimmungen bereits zuvor in seinem anonym verfaßten Bestseller *Rembrandt als Erzieher* Ausdruck verliehen.

> „Es ist nachgerade zum öffentlichen Geheimnis geworden, daß das geistige Leben des deutschen Volkes sich gegenwärtig in einem Zustand des langsamen, einige meinen des rapiden Verfalls befindet. Die Wissenschaft zerstiebt allseits in Spezialismus [...] die bildende Kunst, obwohl durch bedeutende Meister vertreten, entbehr doch der Monumentalität und damit der besten Wirkung [...] Augenblicklich gibt es weder eine deutsche Architektur noch eine deutsche Wissenschaft."¹⁰

Der junge Borchardt bewegte sich in einem kulturell codierten politischen Feld, das eine starke diskursorganisierende Kraft in intellektuellen Milieus entfaltete. Die als defizitär und unausgeprägt erfahrene deutsche Nationalkultur motivierte eine Vielzahl gleichsam kompensatorischer Bemühungen und Initiativen, die in Umfang und organisatorischer Gestalt jedoch erheblich differierten. War z. B. der Kreis um den Dichter Stefan George auch zahlenmäßig klein und exklusiv, so besaß er doch eine erhebliche Außenwirkung. Die weitgesteckte Ambition richtete sich auf die Gesamtheit des nationalen Selbstverständnisses. In Georges Worten: „Daß der Deutsche endlich einmal eine geste: die Deutsche geste bekomme – das ist ihm wichtiger als zehn eroberte provinzen."¹¹

Anderen Zuschnitts, doch in der nationalpolitischen Zielsetzung parallel orientiert war der 1907 gegründete Deutsche Werkbund. Dieser sah sich dazu aufgerufen, „die verlorene sittliche und ästhetische Harmonie der deutschen Kultur zurückzugewinnen".¹² Für den Werkbund-Inspirator Friedrich Naumann gewann die neue Vereinigung ihren Wert auch als Substitut einer in Deutschland fehlenden gesellschaftlich prägenden Schicht und eines „den Formwillen zwingende(n) Prinzip(s)".¹³

Es ist davon auszugehen, daß die Wahrnehmung einer kulturellen Inferiorität des Reiches, die die Gefahr schwerer politischer Handikaps anzuzeigen schien, auch den politischen Führungseliten Deutschlands bewußt war und zumindest hintergründig mit politikbestimmend wirkte. So schrieb der

---

9 Rudolf Borchardt: Renegatenstreiche, in: Prosa V, S. 53–68, hier S. 59.
10 Julius Langbehn, Rembrandt als Erzieher, Leipzig 1890, S. 1.
11 Zitiert nach Klaus Landfried, Stefan George – Politik des Unpolitischen, Heidelberg 1975, S. 224. Borchardt bezieht sich positiv auf dieses Diktum Georges in seinem Essay „Der Kaiser", vgl. Prosa V, S. 86–110, hier S. 99.
12 Joan Campbell, Der Deutsche Werkbund 1907–1934, München 1989, S. 16.
13 Theodor Heuss, Friedrich Naumann. Der Mann, das Werk, die Zeit, Stuttgart; Tübingen 1949, S. 221.

Reichskanzler Theobald v. Bethmann-Hollweg an den Historiker Karl Lamprecht über auswärtige Kulturpropaganda:

„Was Frankreich und England auf diesen Gebieten leisten, ist nicht eine Leistung ihrer Regierungen, sondern eine solche der nationalen Gesamtheit, der Einheit und Geschlossenheit ihrer Kulturen, des zielsicheren Geltungswillens der Nation selbst. Wir sind noch nicht so weit. Wir sind unserer Kultur, unseres inneren Wesens, unseres nationalen Ideals nicht sicher und bewußt genug."[14]

Im Kontext dieses Amalgams politischer und ästhetischer Projektionen ist eine politische Auflladung von Begriffen wie „Form" und „Stil" zu beobachten. Entsprechende Wendungen in Texten Borchardts sollten daher stets auch als politische Willensbekundungen, Visionen oder Kommentare gelesen werden.[15] Borchardt erweist sich hier als nicht untypischer Vertreter einer kritischen, national orientierten jungen Intelligenz. Kennzeichnend für deren Wahrnehmungshorizont ist die vom Kontrast zu deutschen Verhältnissen inspirierte Erfahrung des westlichen Auslands, die Borchardts nachmaliger Freund und Förderer Eberhard v. Bodenhausen resümierte: „Was aber weit mehr anspricht als die Museen ist diese Einheitlichkeit des Stils, die hier herrscht, dieser eine, gleichmäßige, künstlerische Charakter, der durch das ganze Land und durch jede seiner Städte hindurchgeht; man versteht hier erst, ähnlich wie vor der Pariser Häuser-Architektur, was eigentlich Stil heißt."[16] Das aus solchen Stimmungen resultierende Anliegen brachte der 1876 geborene Arthur Moeller van den Bruck emphatisch zum Ausdruck: „So gilt es, den Stil des Reiches zu schaffen. Es gilt, das Deutschtum zu schaffen, an dem man uns in der Welt und unter den Völkern erkennt."[17]

Nicht zuletzt waren diese Visionen einer politisch-ästhetischen Verstetigung und Normierung des kulturellen und politischen Erscheinungsbildes der Nation gegen den relativistischen Sog gerichtet, den das historistische

---

14 Bethmann-Hollweg an Lamprecht, 21.06.1913, zitiert nach Rüdiger vom Bruch: Weltpolitik als Kulturmission. Auswärtige Kulturpolitik und Bildungsbürgertum in Deutschland am Vorabend des Ersten Weltkrieges, Paderborn 1982, S. 149 f. So äußert Peter Winzen über den späteren Reichskanzler Bernhard v. Bülow: „Es mag für sich sprechen, daß Philipp Eulenburg seinen langjährigen Vertrauten Bernhard von Bülow für den geheimnisumwitterten Verfasser des Rembrandt-Buches hielt. Bülow mußte Eulenburg in diesem Punkte enttäuschen, versicherte aber, daß ‚manches in dem Buche meiner Auffassung entspricht'." Ders., Bülows Weltmachtkonzept. Untersuchungen zur Frühphase seiner Außenpolitik 1897–1901, Boppard a. Rh. 1977, S. 27.
15 Auf diese Dimension bei Borchardt verweist Kurt Flasch, Die geistige Mobilmachung. Die deutschen Intellektuellen und der Erste Weltkrieg, Berlin 2000, S. 176 f. und 184.
16 Eberhard v. Bodenhausen an seinen Vater, Haag, 15.06.1896, in: Eberhard v. Bodenhausen. Ein Leben für Kunst und Wirtschaft, hrsg. von Dora Freifrau v. Bodenhausen-Degener, Düsseldorf; Köln 1955, S. 53.
17 Arthur Moeller van den Bruck, Nationalkunst für Deutschland, Berlin 1909, S. 14.

Paradigma zu entfalten begann. Die Krise des Historismus um 1900 hatte dessen Anspruch auf „Orientierungsstärke und Kompetenz zur kollektiven Identitätsbildung"[18] im Kontext einer Modernisierungskrise der bürgerlichen Gesellschaft hinfällig werden lassen. Diese Konstellation, die zu den Wirkungsbedingungen des Kreises um Stefan George in jenen Jahren gehörte,[19] prägt auch Borchardts Wendung gegen den „gesunkenen Historismus, der sich als geschichtliche Weltanschauung ‚auf der Gasse anbietet'".[20] In seiner Privilegierung des Dichters gegenüber dem Historiker ist diese Problemlage präsent.[21]

Ein weiteres Moment der mentalen Verunsicherung insbesondere der jungen bürgerlichen Intelligenz und auch Rudolf Borchardts resultierte aus der sogenannten „Bildungskrise", der wachsenden Unschärfe des Bildungsbegriffs, seiner Fragwürdigkeit auch als Mittel sozialer Distinktion angesichts konkurrierender Leitbilder, wie sie von der zunehmend bedeutsameren technischen Intelligenz und der Arbeiterbewegung vorgetragen wurden.

> „Jene sichere Verlängerung der Schule in die Hohe Schule, die ich geträumt hatte, war nicht möglich, die Bildung nicht mehr kontinuierbar, der Pfad brach hart vor den Füßen ab. Der eiserne Bestand des geschichtlichen Erbes, aus dem ich genährt worden war, – es waren vergessene Restkassen der Provinz gewesen, die ihn weiter verbuchten: die großen Schatzhäuser waren geplündert und man räumte soeben ihre letzten Fächer aus."[22]

Das Bewußtsein, inmitten eines historischen Kontinuitätsbruchs zu stehen, sollte ein Hauptmotiv für Borchardts literarische Produktivität bilden, er nämlich bedürfe „für sein Dasein des Gefühls in Continuitäten zu stehen".[23]

Die Bildungskrise weitete sich in Borchardts Augen über eine Krise der Universität zu einer allgemeinen Kulturkrise, deren Konturen deutlich verfallsgeschichtlichen Mustern folgt. Im Tenor ähnlich den Überlegungen des Kanzlers Bethmann-Hollweg sah auch Borchardt in der Zerfahrenheit der kulturellen Situation in Deutschland eine außenpolitische Belastung:

> „Welch ein Jahrhundert, an dessen Austrittspforten denselben Völkern die an seiner Schwelle den deutschen Namen anbetend auszusprechen lernten, vor einer deutschen Hegemonie in Europa graut, vor einer geistigen Hegemonie des heut in Deutschland Herr-

---

18 Friedrich Jaeger; Jörn Rüsen, Geschichte des Historismus. Eine Einführung, München 1992, S. 147.
19 Rainer Kolk, Literarische Gruppenbildung. Am Beispiel des George-Kreises 1890–1945, Tübingen 1998, S. 10.
20 Rudolf Borchardt: Rede über Hofmannsthal, in: Reden, S. 45–103, hier S. 54.
21 Vgl. die entsprechende Passage in Rudolf Borchardt: Erbrechte der Dichtung, in: ebd., S. 175–181, hier S. 180 f.
22 Rudolf Borchardt: Eranos-Brief, in: Prosa I, S. 90–130, hier S. 95.
23 Rudolf Borchardt an Hugo v. Hofmannsthal, 04.03.1907, in: Borchardt/Hofmannsthal, S. 56.

schenden mit tausendfachem Rechte grauen darf! In dem Augenblicke, in dem auch bei den Nachbarvölkern die geistige Wirkung der großen deutschen Epoche naturgemäß, nach hundert Jahren beispiellosen Einflusses sich zu erschöpfen beginnen muß [...] was anders spenden die Hände Germaniens diesem tiefen spirituellen Eros als Handlungsreisende und Kanonenrohre?"[24]

In diese düstere Bilanz zwei Jahre vor Beginn des Ersten Weltkriegs bezog Borchardt auch die Bemühungen seiner Generation im Rahmen der „ästhetischen Bewegung" ein. Letztere habe „sich als unfähig erwiesen [...] die Nation zu vertreten, und gewissermaßen überall ihre Zahlungen ein[ge]stellt" und die in sie gesetzte Hoffnung enttäuscht, „alle Umgebung sich gleichzuzwingen und das Erbe der abgetretenen deutschen Art zu übernehmen".[25]

Vorausgegangen waren diesen Worten mehrere Versuche, sich Geltung zu verschaffen. Borchardt beschritt den in jenen Jahren gängigen Weg der versuchten Einflußnahme und Selbstorganisation von Intellektuellen mit politischen Ambitionen: den der Zeitschriftengründung. Stefan George hatte mit den ‚Blättern für die Kunst' ein Instrument der Sammlung Gleichgesinnter geschaffen, dem zahlreiche ähnlich konzipierte Periodika folgten.[26] Gegenüber Ernst Hardt skizzierte Borchardt 1905 sein eigenes Projekt:

„Die Zeitschrift unterscheidet sich von den bestehenden dadurch, dass sie nur von ihr aufgeforderte Mitarbeiter haben will und überhaupt auf der Einheit eines geistigen convenus zwischen wenigen Personen eines bestimmten Niveaus beruht. Sie ist keineswegs literarisch, sondern durch und durch politisch und kulturmässig [...]."[27]

Die politische Ausrichtung behielt Borchardt auch bei späteren Initiativen bei.[28]

Seine politischen Ziele werden in den Absichten erkennbar, die Borchardt mit dem Insel-Verlag verfolgte. Dem avantgardistischen Unternehmen für eine erneuerte Buchkultur, der ‚Insel', war die Rolle des „geschäftliche(n) Ausdruck(s) der *höheren* Tendenzen der Nation" zugedacht. Das Ver-

---

24 Rudolf Borchardt: Die Neue Poesie und die Alte Menschheit, in: Reden, S. 104–122, hier S. 107 f.
25 Ebd., S. 111 f.
26 Vgl. hierzu den ungezeichneten Programmartikel „Blätter für die Kunst" in: Blätter für die Kunst, Oktober 1892, S. 1 f. und die Ausführungen zum Stellenwert des Typus der historisch-politisch-literarischen Zeitschrift im Bildungsbürgertum nach 1900 bei vom Bruch: Weltpolitik als Kulturmission, S. 54 ff.
27 Rudolf Borchardt an Ernst Hardt, 04.11.1905, in: Briefe 1895–1906, S. 371.
28 Vgl. Borchardt an Rose Borchardt, 20.04.1907, in: Briefe 1907–1913, S. 61 f., Alfred Walter Heymel an Richard v. Kühlmann, Januar 1908, in: Rudolf Borchardt – Alfred Walter Heymel – Rudolf Alexander Schröder. Eine Ausstellung des deutschen Literaturarchivs, hrsg. v. Reinhardt Tgahrt, Werner Volke, Eva Dambacher, Hildegard Dieke, Stuttgart 1978, S. 118.

lagsprogramm werde, so Borchardts Hoffnung, „ein kulturelles Analogon" dessen darstellen, „was gesellschaftlich die ‚Partei' der anständigen Menschen" sei. „Vor ihr wie mir liegt eine Aufgabe: das Publikum, die werdende Gesellschaft ist unser Stoff, der Gegenstand ihrer auf Exploitierung meiner auf Machtdurchsetzung gerichteten Absichten; was beides für beide ins dritte einer höchsten Absicht übergehen muss, vor der diese Gesellschaft nicht Mittel sondern Zweck wird und wir verordnete Diener an so heiligen Zwecken."[29]

Diese Hoffnungen fügten sich in eine vorherrschende Tendenz im letzten Friedensjahrzehnt des Kaiserreichs. Bemühungen zur Vereinheitlichung und Zusammenfassung des Bürgertums zu einer „Gesellschaft" unter dem Banner der deutschen Kultur, wie sie der von Ferdinand Avenarius begründete Dürer-Bund anstrebte, hatten Konjunktur. Eine deutliche Wendung der nachwachsenden deutschen Intelligenz hin zu nationalkulturellen Konzepten mit eingelagerten Elitebildungsmodellen war seit der Jahrhundertwende zu beobachteten.[30] Borchardts Projekte bewegten sich innerhalb dieses Schemas, das die Zielsetzung nationaler Integration mit der Bildung einer normsetzenden „Oberschicht" verband.

Während sich die politischen Ziele und Initiativen Borchardts insoweit dem mainstream der jungen Intelligenz des späten Kaiserreichs einordnen, sind doch auch abweichende Akzentsetzungen zu beobachten. Die auch für Borchardt blickleitenden Verwerfungen der deutschen Gesellschaft im Prozeß der rapiden Industrialisierung, ihre Verhaltensunsicherheiten und Traditionsbrüche, ließen zunehmend die Person Wilhelms II. in den Brennpunkt der Kritik rücken, schien Wilhelm doch durch seinen politischen Führungsanspruch des „persönlichen Regiments" wie durch seine Exaltationen und kulturellen Borniertheiten die diagnostizierte allgemeine Malaise zu verkörpern. Der Disput über den Kaiser galt somit nicht allein dessen Person, verfassungsmäßiger Stellung und jeweiliger Politik, sondern zugleich einer Verdichtung der Gesamtverhältnisse; in bezug auf ihn fanden kontroverse Positionen ihren allgemeinsten Ausdruck. Eine deutbare Wendung Borchardts markiert den zentralen Stellenwert der Kaiserfrage: „Der Weg zum Reich geht über den Kaiser."[31]

Borchardts Essay über Wilhelm II. zieht die Summe aus seinen Erfahrungen im kritisch-reformerischen Milieu der national orientierten Intelligenz. Deren weit hinter den Ansprüchen zurück bleibende Ergebnisse moti-

---

29 Borchardt an Alfred Walter Heymel, 03.07.1907, in: Briefe 1907–1913, S. 107 ff.
30 Vgl. hierzu: Kultur und Kulturwissenschaften um 1900. Krise der Moderne und Glaube an die Wissenschaft, hrsg. v. Rüdiger vom Bruch, Friedrich Wilhelm Graf, Gangolf Hübinger, Stuttgart 1989.
31 Rudolf Borchardt: Fragmente zu „Weltfragen", in: Prosa V, S. 534–555, hier S. 545.

vieren zwar keinen Bruch mit ihren Denk- und Sprachmustern, führen jedoch zu einer deutlichen Neugewichtung der eigenen Handlungschancen. Während Borchardts haßgeliebter Konkurrent Stefan George das Ziel der Schaffung des „Typus", der Chiffre für den maßgebenden Träger einer ausgeprägten deutschen Nationalkultur, im Bereich seines erzieherischen Wirkens sah, rückt für ihn bei unveränderter Zielsetzung nunmehr die Prägekraft des Politischen in diese Position. In diesem Kontext erfuhr Wilhelm II. eine Aufwertung, wurde er kühn Nietzsche an die Seite gestellt: „Der große Richter des neuen Reichs und der erste ins Reich hineingeborene Imperator teilen mit einander mindestens den Ausgangspunkt und den Endpunkt des geistigen Weges: für beide ist das Reich Phrase, bis es sich realisiert. Beide sehen das letzte kenntliche Ziel dieser Realisierung in der Pflicht der Typusbildung."[32]

Als Entscheidungsträger ist der Kaiser in Borchardts politisch-historischem Kalkül eine unübergehbare Größe.

> „Der Kaiser steht außerhalb der ästhetischen Bewegung, die das deutsche Volk ergriffen hat und die im Augenblicke, wie es scheint, an Begriffmangel hinsiecht; dieser Begriffmangel wird in dem Augenblicke geheilt werden, in dem man sich überzeugen wird, daß die Kultur, in die man hineinverlangt, einen ganz neuen und höchst determinierten Typus des Deutschen voraussetzt; einen Typus, wie ihn weder Kunst, noch Literatur, weder Änderungen des Studiums noch der Schule noch der kindlichen und weiblichen Erziehung schaffen können, sondern nur geschichtliche Aufgaben der gesamten Nation, ihre geschichtliche und politische Lösung durch alle für alle […]."[33]

Es erstaunt daher nicht, daß das mit großem Schwung präsentierte national integrative Design der wilhelminischen Welt- und Flottenpolitik unter der Kanzlerschaft Bernhard v. Bülows, der romantische Motive zumindest beigemischt waren,[34] Borchardts Zustimmung fand. Auch bei Borchardt dominiert der für das wilhelminische Bürgertum auch in seinen kritischen Teilen typische Wille zur Weltgeltung, die Bereitschaft, für einen ausgreifenden Großmachtanspruch eine Risikopolitik in Kauf zu nehmen. Die nach der Demission Bülows und dem Auflaufen der ambitionierten Weltpolitik durch dessen Amtsnachfolger Theobald v. Bethmann-Hollweg eingeleitete halbherzige Moderierung des außenpolitischen Kurses stieß im Schatten der deutschen diplomatischen Niederlage in der zweiten Marokkokrise 1911 auf eine in der Verkennung der Verantwortlichkeiten bezeichnende Reaktion:

---

32 Borchardt: Der Kaiser, in: Prosa V, S. 97.
33 Ebd., S. 107. Kurz nach Erscheinen von Borchardts Essay ließ die Daily-Telegraph-Affäre seinen Hoffnungen auf Wilhelm II. wieder abstürzen, vgl. Borchardt an Gustav Pauli, 26.03.1909, in: Briefe 1907–1913, S. 216.
34 Vgl. Winzen, Bülows Weltmachtkonzept, S. 61 f.

"Wir [...] sehen die öffentliche Sache und den Schutz deutscher Interessen in so unfähigen Händen, daß es uns an der Zeit scheint, jedes Bedenken fallen zu lassen, das Publikum zu informieren. Wir haben einen Reichskanzler, der ein brillanter preußischer Minister des Innern war, einen Staatssekretär, der als Gesandter in Bukarest an der rechten Stelle gewesen ist, aber keinen Staatssekretär und keinen Reichskanzler. [...] Ratschläge solcher Art, für die wir heute keine Verwendung haben, hatten unter Bülows Regierung einen Sinn, als noch, manches einzelnen Fehlers ungeachtet, durch den ganzen Reichsdienst das Gefühl ging, daß der Wille an der Zentrale sich wohl biegen ließ, aber nicht brechen, und im lang erwarteten, genau berechneten Moment vorzuckte und traf."[35]

Vor dem Hintergrund seiner Kulturzerfallsdiagnose, politischer und persönlicher Enttäuschungen wertete Borchardt den Beginn des Ersten Weltkriegs als Chance einer Läuterung:

"In Gedanken wie in Sitten, in scheinbaren Kräften und drohenden Machtgebilden war die Welt voll verlogenem und schändlichem Plunder, und keiner von uns allen, auch der Treuste und Redlichste nicht, hat das Innere ganz von ihm heil erhalten können. Das verkommene Europa [...] wir waren ihm nicht immer so fern wie die große sittliche Prüfung dieses Krieges uns heut von ihm entfernt hat: Unter der übermenschlichen Bedrohung sich aufhebend griff unser Volk in sein Ewiges und begann sein Zeitliches abzutun [...]."[36]

Diese Reaktion auf die scheinbare Überwindung der als zutiefst unbefriedigend empfundenen sozialen Realität des Kaiserreichs wurde in ihren Grundzügen von vielen deutschen Intellektuellen geteilt.[37] Gleich ihm sah der George-Jünger Friedrich Gundolf im August 1914 eine Läuterung: „[...] wie weggeblasen alles Schein-, Schwatz- und Luxuswesen – alles wieder einfach und stark wie vor hundert Jahren."[38] Wiederum ähnlich Borchardts Deutung der Mobilmachungstage als an eine Epiphanie gemahnende Wesensoffenbarung des deutschen Volkes notierte der Sekretär des Reichskanzlers Bethmann-Hollweg, der Altphilologe Kurt Riezler: „Krieg, Krieg, das Volk ist aufgestanden – es ist als wenn es vorher garnicht dagewesen wäre und jetzt auf einmal da ist gewaltig und rührend."[39]

Der Krieg schien der politisch ambitionierten literarischen Intelligenz eine lange gesuchte Aufwertung und Einflußchancen zu eröffnen.[40] Borchardts Ehrgeiz, der ihn Jahre vor Kriegsbeginn gegenüber Hofmannsthal

---

35 Rudolf Borchardt Die italienische Gefahr, in: Prosa V, S. 163–186, hier S. 182 f.
36 Rudolf Borchardt: Kriegsrede, in: ebd., S. 205–216, hier S. 209.
37 Vgl. Helmut Fries, Die große Katharsis, Der Erste Weltkrieg in der Sicht deutscher Dichter und Gelehrter, Konstanz 1994, Bd. 2, S. 5 f.
38 Friedrich Gundolf an Stefan George, 19.08.1914, in: Stefan George – Friedrich Gundolf. Briefwechsel, hrsg. von Robert Boehringer und Georg Peter Landmann, München; Düsseldorf 1962, S. 257.
39 Tagebucheintrag vom 14.08.1914, zitiert nach, Kurt Riezler. Tagebücher, Aufsätze, Dokumente, hrsg. v. Karl Dietrich Erdmann, Göttingen 1972, S. 193.
40 Fries, Katharsis, Bd. 1, S. 18.

fordern ließ, zu begründen, „in welchem Sinne wir die geistige Führerschaft der Nation an uns zu nehmen gedenken",[41] zielte in der Ausnahmesituation des Krieges, die durch ein gesteigertes Bedürfnis nach Sinngebung ein geeignetes Umfeld schuf, auf die Rolle des Wegweisers der Nation. Seinen vor dem Krieg beobachtbaren Bemühungen, durch persönliche Kontakte in den Kreis der Einflußträger rund um den Kaiser hineinzuwirken, war durch die Verwendung des ersten deutschen Generalstabschefs im Kriege, Helmuth v. Moltke d. J., ein Erfolg beschieden: Borchardt erhielt die Möglichkeit zu einer Programmrede vor der Deutschen Gesellschaft von 1914.[42]

Der Kriegsfreiwillige Borchardt nutzte die Gelegenheit, seine in der Vorkriegsrede *Die Neue Poesie und die Alte Menschheit* angesprochene außenpolitische Dimension des angenommen deutschen Kulturverfalls im Horizont der Kriegsprobleme zu entfalten. Eine Ursache der gegenüber den Neutralen ins Hintertreffen geratenen deutschen Sympathiewerbung sah er in der ungleich fruchtbareren, weil kulturell attraktiven Propaganda der Westalliierten:

> „Wir haben im Lande die Frauen und die Kinder jedes an seiner Stelle aufgeboten, die Wissenschaften und die Techniken, eine jede an ihrem Platze. Frankreich aber und England boten in der ganzen Welt die Millionen auf, die Frankreich und England liebten. Frankreich und England mobilisierten und bewaffneten mit den schärfsten und unnahbarsten Waffen ihre jahrhundertelangen Eroberungen in menschlichen Herzen, die Eroberungen und Eroberten ihrer ökumenischen Kultur. Sie riefen die Liebenden ihrer Sprache gegen uns an, die Leser ihrer seichten und ihrer tiefen Literatur, die Anbeter ihrer Formen, die Enthusiasten ihrer Geschichte, die Sehnsüchtigen ihrer Freiheit und ihrer Freiheiten, ihrer Spiele, ihrer Haltung, ihres Luxus."[43]

Dem Bonus, den die Kriegsanstrengungen der Alliierten ihrer kulturellen Geschlossenheit verdankten, entsprach in Borchardts Augen ein Malus, das dem Reich im Krieg durch den vorangegangenen Zerfall des kulturellen Erscheinungsbildes aufgebürdet wurde:

> „Die Welt, die unserer alten Spiritualität die tiefsten Bereicherungen verdankte, stand gleichgültig vor der Materie, die wir ihr gehäuft zuführten, vor der Mechanik und der Technik, vor der Kollegialleistung in der Wissenschaft, vor Methoden, Handlungsreisenden und Kanonenrohren. Sie kaufte, oh wohl, aber mit der Bezahlung war sie Dankes quitt. Sie stellte an und sie entlohnte. Sie lernte bei uns, aber noch nie hat eine Seele uns für Lernba-

---

41 Rudolf Borchardt an Hugo v. Hofmannsthal, 24.12.1911, in: Borchardt/Hofmannsthal, S. 87.
42 Diese Strategie der Gewinnung von Zugang zum Machtzentrum vermutet auch Hartmut Zelinsky, Das Reich, der Posteritätsblick und die Erzwingung des Feindes. Rudolf Borchardts Aufsatz *Der Kaiser* aus dem Jahr 1908 und seine Wende zur Politik, in: Rudolf Borchardt und seine Zeitgenossen, S. 281–333, hier S. 311.
43 Rudolf Borchardt: Der Krieg und die deutsche Verantwortung, in: Prosa V, S. 301–324, hier S. 314 f.

res gedankt; man dankt aus der Tiefe des Herzens nur für das Inkommensurabele, für den Gott und die Seele."⁴⁴

Die Deutung des Krieges als eines Wettstreits der Nationalkulturen war auch bei anderen deutschen Intellektuellen verbreitet. „Die Völker kämpfen um ihre Werbekraft" betitelte Arthur Moeller van den Bruck einen Zeitungsaufsatz und befand: „Wo Werbekraft ist, dort ist auch Herrschaft."⁴⁵ Die Schwäche der deutschen Position sah auch der junge Max Hildebert Boehm als Ergebnis der von Borchardt diagnostizierten Spezialisierung und kulturellen Zerrissenheit. „[...] unsere nach den Polen unzugänglicher Innerlichkeit und technischer Veräußerlichung auseinanderstrebende neudeutsche Kultur hat nicht die Anmut und zugleich die leichte Übertragbarkeit jener Weltzivilisation, die ihr mühelos allenthalben den Rang abläuft und die die ganze Welt in einem unüberwindlichen stimmungsmäßigen Vorurteil gegen uns vereint."⁴⁶

Eine weitere, ungedruckte Rede *Der Krieg und die deutsche Entscheidung* hielt Borchardt im Dezember 1916 auf Einladung des ‚Bundes deutscher Gelehrter und Künstler'. Als Kriegsgründung war der Bund dazu bestimmt, deutsche Kulturpropaganda im Ausland zu betreiben. Gestützt auf die Mitgliedschaft zahlreicher Unternehmen, Politiker und prominenter Künstler und Gelehrter expandierte er mit der Fortdauer des Krieges zu einer Agentur, die sich, auch im Bewußtsein der relativen Erfolglosigkeit deutscher Auslandpropaganda, zunehmend der propagandistischen Bearbeitung des Inlandes widmete. Auf Initiative Walther Rathenaus wurde 1916 der 1882 geborene thüringische Adlige Heinrich v. Gleichen zu seinem Geschäftsführenden Sekretär ernannt.

Gleichen war bereits vor dem Krieg mit kritischen Stellungnahmen zum Zustand des Kaiserreichs hervorgetreten, die sich mit den Ansichten Borchardts in Grundzügen berührten. Auch Gleichen monierte den national unausgebildeten Charakter des Reiches und eine kulturelle Zerrissenheit.⁴⁷ Das Kaiserreich, so Heinrich v. Gleichen, habe am „Vakuum einer führenden nationalen Oberschicht" gelitten.⁴⁸ Borchardt entwickelte Pläne für den Bund, die mit v. Gleichens Vorstellungen verwandt waren und die in der

---

44 Ebd., S. 317.
45 In: Der Tag, 16.04.1916.
46 Ders., Der altdeutsche Einwanderer im Elsaß, zitiert nach: Berthold Petzinna, Erziehung zum deutschen Lebensstil. Ursprung und Entwicklung des jungkonservativen „Ring"-Kreises 1918–1933, Berlin 2000, S. 46 f.
47 Siehe zum „Bund deutscher Gelehrter und Künstler" sowie H. v. Gleichens Rolle Petzinna, Erziehung zum deutschen Lebensstil, S. 51 ff.
48 Heinrich v. Gleichen, Die junge nationale Opposition in Deutschland, in: Baltische Blätter, 01.10.1924, S. 196.

Vorkriegszeit auf den Insel-Verlag gerichteten kulturpolitischen Hoffnungen aufgriffen: „Nur durch Verbindung der geistig schöpferischen Personen untereinander zu gemeinsamen Zwecken können die fehlenden Voraussetzungen für ihre öffentliche Erheblichkeit teilweise gewährleistet und langsam geschaffen werden."[49]

Das Verhältnis zu v. Gleichen kühlte jedoch bald ab. Offenbar erwies sich der politisch taktierende Geschäftsführende Sekretär den Ambitionen des Dichters, die sich auf eine Lenkung der Aktivitäten des Bundes richteten, gegenüber als unzugänglich:

> „Im letzten Sinne war der Riss zwischen der ungeistigen und der geistigen Natur nicht auszufüllen, und eine Richtung die den Geist in den *Dienst* politischer Direktiven stellen wollte mit dem Streben nicht vereinbar, politische Direktiven geistig zu durchdringen und zu beherrschen. Was sehr ähnlich aussah, war sich doch innerlich unverwandt [...]."[50]

Der Kontakt zu v. Gleichen riß zunächst ab, doch ist zu vermuten, daß Borchardt über Gustav Steinbömer über dessen weitere Aktivitäten unterrichtet blieb.[51] Gleichen wurde 1919 zusammen mit Arthur Moeller van den Bruck, Max Hildebert Boehm u. a. zum Initiator des Berliner ‚Juni-Klubs', der Keimzelle des jungkonservativen ‚Ring'-Kreises, dem auch Steinbömer verbunden war. Die Grundannahmen des Kreises, der zunächst überwiegend von Intellektuellen getragen wurde, und der die Traditionslinien der national und ästhetisch orientierten Intellektuellenopposition des Kaiserreichs modifiziert in die Republik hinein fortsetzte, berührten sich vielfach mit Borchardts Positionen.

Wenn Borchardt als Ursache der Kriegsniederlage befand: „Wir waren keine *Nation*"[52], so teilte der Kreis diese Diagnose. Wie dessen Analyse der historischen Lage folgte auch das Selbstverständnis der ‚Ring'-Akteure einem verfallsgeschichtlichen Muster. Ebenfalls im ‚Ring' beheimatet war demgegenüber das Leitbild eines ideal gedachten Mittelalters. Dem von Borchardt behaupteten „Niedergange Europas um die Mitte des neunzehnten Jahrhunderts"[53] entsprach die Datierung eines einschneidenden Traditionsbruchs in der deutschen Entwicklung aus den Reihen des ‚Rings'.[54] Analog

---

49 Aus dem Entwurf eines Arbeitsprogramms, zitiert nach Borchardt – Heymel – Schröder, S. 280.
50 Borchardt an Eberhard Freiherr v. Bodenhausen-Degener, 21.04.1917, in: Briefe 1914–1923, S. 155.
51 Borchardt und Steinbömer lernten sich während des Ersten Weltkriegs kennen, vgl. Gustav Hillard (d. i. Steinbömer), Herren und Narren der Welt, München 1954, S. 251.
52 Rudolf Borchardt: Führung, in: Reden, S. 397–429, hier S. 409.
53 Rudolf Borchardt: Der Krieg und die deutsche Selbsteinkehr, in: Prosa V, S. 217–264, hier S. 252.
54 Siehe z. B. Gustav Steinbömer: Ueber das Prinzip der Dauer. Rede, gehalten im Jungkon-

zu Borchardts Zielsetzung der Restitution kultureller Kontinuität dekretierte Moeller van den Bruck: „Der Ring soll unsere Geschichte dort geistig aufnehmen, wo sie geistig abbrach."55 Wie es Borchardt vor dem Ersten Weltkrieg mit dem Insel-Verlag verbunden hatte, verstand sich der ‚Ring' als Keimzelle einer nationalen Führungsschicht; einer deutschen ‚Gesellschaft', deren Modell der Dichter und die ‚Ring'-Protagonisten im westlichen Ausland gefunden hatten.56

Ein weiterer inhaltlicher Schwerpunkt der ‚Ring'-Ideologie, die Heroisierung des sogenannten „Grenzdeutschtums", wie sie insbesondere von Max Hildebert Boehm betrieben wurde,57 mag eine zusätzliche Affinität zu Borchardt gestiftet haben, dessen Selbstbild diese Züge wesentlich waren. Über sein ostpreußisches Herkunftsmilieu aus konvertierter jüdischer Kaufmannschaft schrieb er: „Alles trug die Farbe und das Pathos des äussersten Grenzbewohners, der geistig immer gespannt und immer in Waffen steht, sich und das seine zu verteidigen, und in einem besondern Sinne zu verteidigen hat, wenn er sich erst jung zur Ehre dieser kämpfenden Kulturgemeinschaft mit berufen weiss."58 Die Orientierung auf die junge Generation nebst einem nationalerzieherischen Impetus waren der ‚Ring'-Programmatik und Borchardts Gedankenwelt ebenfalls gemein.

Bei Borchardts erstem Kontakt mit dem ‚Ring' hatte der Kreis eine Transformationskrise hinter sich. Dem Zerfall des ‚Juni-Klubs' in der beginnenden Stabilitätsphase der Republik ließ Heinrich v. Gleichen mit der Bildung des Berliner ‚Herrenklubs', dem sich nach und nach Filialen im Reichsgebiet anschlossen, eine strategische Umorientierung folgen. Das lose Netzwerk des ‚Rings' verlor jedoch seine Bandbreite, in der Varianten des antiparlamentarischen Konservatismus spannungsvoll koexistierten, hierdurch nicht. Der neu gegründete ‚Volksdeutsche Klub' bot neben Volkstumspolitikern auch den Spitzen des Deutschnationalen Handlungsgehilfenverbandes (DHV) ein Forum. Der ‚Herrenklub' hingegen wurde von vermögendem Großbürgertum, Aristokratie und pensionierter höherer Be-

---

servativen Klub am Gründungstage des Juni-Klubs, Juni 1931, in: Der Ring, 31/1931.
55 Der Ring. Entworfen von Moeller van den Bruck, Volkstumsarchiv Lüneburg.
56 Vgl. z. B. die Englandorientierung Borchardts mit dem Aufsatz Wilhelm von Kries', Der englische Klub, in: Der Ring 39/1932. Zu Borchardts Annahme eines Kontinuitätsvorsprungs der romanischen Völker gegenüber Deutschland vgl. Breuer, Rudolf Borchardt und die „Konservative Revolution", a. a. O., S. 374.
57 Siehe hierzu Petzinna, Erziehung zum deutschen Lebensstil, S. 108 ff.
58 Borchardt an Josef Nadler, September 1925 (nicht abgesandt), in: Briefe 1924–1930, S. 108. Siehe auch Borchardt an Karoline Ehrmann, 20.01.1905, in: Briefe 1895–1906, S. 258 f. Das Szenario des bedrohten Grenzdeutschtums wird auch heraufbeschworen in: Der Deutsche an seinen Grenzen, in: Prosa V, S. 265–283, hier S. 280 f.

amtenschaft dominiert.[59] Ein Profil, das Borchardts Zielgruppenorientierung ebenso entgegenkam wie die als Organ des Herrenklubs gegründete, gediegen gestaltete Wochenzeitschrift ‚Der Ring'. Hinzu traten die der Systemopposition widrigen Zeitumstände der Stabilisierungsphase, die auch Borchardts Perspektive verdüsterten.[60]

Neben diesen programmatischen Übereinstimmungen und intellektuellen Affinitäten wirkte auch in Borchardts Fall der ‚Ring' als Alternative zur DNVP in der Ära Hugenberg:

> „Mich [...] hatte eine Gruppe lebhafter und feingebildeter junger und nicht ganz junger Leute seit einiger Zeit für sich zu interessieren gesucht, die eine ganz vortrefflich gedachte und geschriebene Wochenschrift ‚Der Ring' angezettelt hatten, und dem völlig verödeten und obsoleten Blähleib der alten konservativen, nun anders genannten Partei zwar eine unmögliche Verjüngung durch Geist und Form abzuringen versuchten, aber darin mit mir ganz übereinstimmten, daß ohne Humanismus nie wieder konservativ eine andere Partei als die zum Tode verurteilte borniertet Landwirte und banausischer Arbeitgeber auferstehen könne."[61]

In das Netz des ‚Rings' von Beginn an eingebunden war Rudolf Pechel mit seiner Zeitschrift ‚Deutsche Rundschau', die er ganz in den Dienst des Kreises stellte.[62] Pechel, Mitglied des ‚Juni-Klubs', gehörte nach dessen Zerfall zu den Initiatoren des ‚Volksdeutschen Klubs' und war einer der entschiedensten Vertreter der grenzdeutschen Thematik. Wie im Fall des ‚Herrenklubs' verband Borchardt auch mit Pechel eine Identität der Zielgruppen: „Die Schicht, die in Deutschland die wertvollsten Kräfte schöpferischer Art und auch willensmäßig erfaßt, ist die Schicht der Geistigen, die auf der einen Seite nicht von Hugenberg, auf der anderen nicht von Ullstein ergriffen werden. Sie zu erfassen ist die Aufgabe."[63]

Durch Pechel, der Borchardt 1927 kontaktierte und als Autor gewann, kam Borchardt in Berührung mit dessen Protegé Edgar Jung.[64] Jung, der für das kollektiv entstandene und von Borchardt zunächst heftig abgelehnte Programmwerk *Die Herrschaft der Minderwertigen* als Verfasser zeichnete, ge-

---

59 Siehe zur Ausdifferenzierung des Klubsystems die entsprechenden Kapitel bei Petzinna, Erziehung zum deutschen Lebensstil.
60 Vgl. Borchardt an Julie Baronin Wendelstadt, 20.11.1926, in: Briefe 1924–1930, S. 150.
61 Rudolf Borchardt: Der verlorene Posten. Rechenschaftsbericht, in: Prosa VI, S. 203–210, hier S. 206 f.
62 Siehe zu Pechel Volker Mauersberger, Rudolf Pechel und die Deutsche Rundschau. Eine Studie zur konservativ-revolutionären Publizistik in der Weimarer Republik 1918–1933, Bremen 1971, und Petzinna, Erziehung zum deutschen Lebensstil.
63 Pechel an Jung, 01.05.1928, Bundesarchiv Koblenz Nl Pechel I/76. Soziologisch bedeutet dies Teile des höheren Mittelstands, auf die hin auch Borchardt schrieb.
64 Siehe zu dieser Verbindung auch Breuer, Rudolf Borchardt und die „Konservative Revolution", a. a. O., S. 381 ff.

hörte sowohl dem ‚Herrenklub' als auch dem ‚Volksdeutschen Klub' an. Im Spektrum des ‚Rings' nahm der bewegliche Jung ein Sonderrolle ein, sein Einfluß in Teilen der Jugend war aus den Reihen des Kreises der bedeutendste. Mit Jung verband Borchardt die intensivste persönliche Beziehung, die auch durch politische Divergenzen nicht beendet wurde. Es war wohl neben der gleichgerichteten Zeitkritik der umfassende Anspruch von Jungs politischem Gestaltungswillen, der Borchardt Verwandtes fühlen ließ. Für die zweite Auflage seines Buches erwog Jung die Titelvariante: „Der neue Stil als Ablösung der Herrschaft der Minderwertigen"[65]. Ganz ähnlich räsonnierte bald darauf der Dichter:

„Bitter arm, wie die Nation ist, will sie die Schlichtheit vornehmer Armut, nicht die Surrogatwirtschaft eines noch immer sich vorgebenden Reichtums. Sie hat heute in sich alle Voraussetzungen zu Stil, einem Stil, der den entehrten Namen wirklich verdient, zu eigener Hoheit und Tiefe, zu Größe."[66]

Gleichfalls dem ‚Volksdeutschen Klub' zugehörig war der Herausgeber des ‚Deutschen Volkstums', Wilhelm Stapel.[67] Stapel, ein aus dem Umkreis des ‚Dürer-Bundes' hervorgegangenes ehemaliges Mitglied des ‚Juni-Klubs', verteidigte Borchardt in der ‚Hanseatischen Verlagsanstalt', obwohl selbst einer antisemitischen Linie verpflichtet, gegen Anwürfe wegen dessen jüdischen Familienhintergrunds.[68] Borchardt, den Stapel als Stilisten über Thomas Mann stellte, erwiderte diese Wertschätzung. Der Publizist sei „einer der klügsten und folgestrengsten politischen Autoren Deutschlands".[69] Daß sich Stapel 1931 mit Borchardt nachhaltig zerstritt, hatte einen eher beiläufigen Grund. Der Dichter hatte das ‚Deutsche Volkstum' als Organ des DHV bezeichnet,[70] eine Zuschreibung, die Stapel unbedingt vermeiden wollte. Wenngleich Borchardt dem DHV grundsätzlich gewogen war und und dessen volksgemeinschaftlich-nationale Orientierung lobte,[71] blieb dieses Engagement nicht ungebrochen.

---

65 Edgar Jung an den Verlag der Deutschen Rundschau, 06.07.1929, Bundesarchiv Koblenz, Nachlass Pechel I/77.
66 Rudolf Borchardt: Deutsche Literatur im Kampfe um ihr Recht, München 1931, S. 47.
67 Zu Stapel siehe Heinrich Keßler, Wilhelm Stapel als politischer Publizist. Ein Beitrag zur Geschichte des konservativen Nationalismus zwischen den beiden Weltkriegen, Nürnberg 1967, und Siegfried Lokatis, Hanseatische Verlagsanstalt. Politisches Buchmarketing im „Dritten Reich", Frankfurt/M. 1992.
68 Lokatis, Hanseatische Verlagsanstalt, S. 18.
69 Rudolf Borchardt, Offene Worte nach allen Seiten, zitiert nach Breuer: Rudolf Borchardt und die „Konservative Revolution", a. a. O., S. 384.
70 Rudolf Borchardt, Deutsche Literatur im Kampf um ihr Recht, S. 8.
71 Ebd., S. 40.

„Von der parteipolitischen Betätigung des Deutschnationalen Handlungsgehilfenverbandes, seiner parlamentarischen Vertreter wie derjenigen seiner volkskonservativen Parteifreunde trennen mich grundsätzliche Gesinnungen", so Borchardt, und: „Ich würde als Mitglied der konservativen Partei [...] Herrn Abgeordneten Lambach die schwarze Kugel gegeben haben."[72] Walter Lambach hatte als DHV-Vertreter in der DNVP auf die Niederlage der Partei bei den Reichstagswahlen 1928 reagiert, indem er deren Öffnung für Anhänger der republikanischen Staatsform anmahnte.[73] Lambachs Vorpreschen erwies sich als erster Höhepunkt eines Erosionsprozesses in der DNVP, der im Januar 1930 zur Sezession einer Reihe von Reichstagsabgeordneten führte, die sich zunächst als ‚Volkskonservative Vereinigung', im Juli schließlich als ‚Konservative Volkspartei' konstituierten. Das Programm der Gruppe, die deutlich von den Ideen des ‚Juni-Klubs' geprägt war, sich auf Personal und Netzwerk des ‚Volksdeutschen Klubs' stützte und zeitweilig auch von Edgar Jung befördert wurde, kollidierte mit Borchardts monarchistischer Ausrichtung.

Heinrich v. Gleichen verfolgte die volkskonservativen Bestrebungen ebenfalls reserviert. Es entsprach seiner mit dem ‚Herrenklub' verfolgten Strategie einer breiten Sammlung konservativer Prominenz, daß er Borchardt an die Peripherie des Kreises heranzuführen suchte.[74] Wenngleich Borchardt dem Organ des Herrenklubs gewogen war und den ‚Ring' als beste politische Wochenschrift Deutschlands rühmte,[75] bedeutete dies keine Identifikation mit ihrer Politik. Die vom ‚Ring' unterstützten Reichsreformpläne Reichskanzler a. D. Hans Luthers lehnte er als seinen monarchistischen Zielen widerstreitend ab.[76] Den Bruch Borchardts mit Heinrich v. Gleichens Zeitschrift führte ein finanzielles Arrangement herbei. Gleichen hatte sich, um die Dauermisere des ‚Rings' zu bewältigen, gezwungen gesehen, dem Kali-Industriellen Arnold Rechberg, dem „dummen und eitlen reichen Manne",[77] im ‚Ring' eine publizistische Plattform zu eröffnen.

Borchardt, dessen Attachement an die Zeitschrift ‚Der Ring' wie im Fall seiner ersten Zusammenarbeit mit Heinrich v. Gleichen an den Realitäten zerschellte und Episode blieb, war ein seltener Gast der Zeitschrift und über die Interna der komplex konstruierten ‚Ring'-Bewegung allem Anschein

---

72 Ebd., S. 7.
73 Siehe zu diesem Komplex Petzinna, Erziehung zum deutschen Lebensstil, S. 241 ff.
74 Gleichen hatte Borchardt ein Freiabonnement der Zeitschrift ‚Der Ring' zugehen lassen, vgl. Rudolf Borchardt an Heinrich v. Gleichen, 05.01.1930 (nicht abgesandt), in: ders., Briefe 1924–1930, S. 408.
75 Ebd.
76 Rudolf Borchardt an Karl Ludwig Freiherr v. Guttenberg, 24.11.1930 (nicht abgesandt), in: ders., Briefe 1924–1930, S. 554.
77 Borchardt: Der verlorene Posten in: ders., Prosa VI, S. 207.

nach wenig bis gar nicht informiert. Man unterhielt zeitweilig eine Beziehung aus der Ferne, die durch einen Fundus geteilter übergreifender Ideale und Aversionen getragen wurde.

RICHARD HERZINGER

Kulturautoritarismus.
Von Novalis über Borchardt bis Botho Strauß:
Zyklische Wiederkehr des deutschen Antimodernismus?

In seinem 1993 erschienenen Essay *Anschwellender Bocksgesang* bezeichnete Botho Strauß die „Gegenaufklärung" als „Hüterin des Unbefragbaren, des Tabus und der Scheu".¹ Dies war eine der Formulierungen in seinem – zuerst im Nachrichtenmagazin ‚Der Spiegel' veröffentlichten – kulturkritischen Traktat, die in der deutschen intellektuellen Öffentlichkeit für nachhaltige Erregung sorgten. In einer Stellungnahme zu der Kontroverse über seinen Text rief Strauß als Kronzeugen für seine Interpretation der Gegenaufklärung als der Verteidigerin unverfälschter Humanität – als Verkörperung dessen, was er im Anschwellenden Bocksgesang „das Rechte (oder auch den Rechten) in der Richte" genannt hatte – neben Novalis, dem großen Anreger der Romantik, auch Rudolf Borchardt und dessen Vorstellungen von einer „schöpferischen Restauration" auf.²
   Stellt sich Strauß zu Recht in diese Traditionslinie kulturphilosophischer Aufklärungs- und Rationalismuskritik vom Ende des 18. bis zur Mitte des 20. Jahrhunderts? Existiert ein solcher Traditionszusammenhang überhaupt; kann man Novalis und Borchardt in einem Atemzug als Repräsentanten einer gemeinsamen gegenaufklärerischen Strömung nennen, und läßt sich eine so rekonstruierte Denkbewegung in der von Strauß intendierten Weise aktualisieren? Das nämlich ist der Hintergrund für seinen emphatischen Rekurs auf Borchardt: Strauß möchte seine eigenen ästhetischen und politischen Auffassungen auf ein geistiges Erbe stützen, das er im Meinungsstreit der Gegenwart gegen ein kunstfeindliches Modernitätsdogma angeblich herrschender „Linkskonformisten" ins Feld führen kann, für das er ein verabsolutiertes aufklärerisches Fortschrittsdenken verantwortlich macht.³ In Rudolf

---

1   Botho Strauß: „Anschwellender Bocksgesang", in: Heimo Schwilk und Ulrich Schacht (Hrsg.): Die selbstbewußte Nation. „Anschwellender Bocksgesang" und weitere Beiträge zu einer deutschen Debatte, Frankfurt a. M. und Berlin 1994, S. 19–40, hier S. 35 f. (Zuerst, in gekürzter Fassung, erschienen in: Der Spiegel, 8. 2. 1993.)
2   Vgl. Der eigentliche Skandal, in: Der Spiegel, 18. 4. 1994.
3   Vgl. Botho Strauß: „Refrain einer tieferen Aufklärung", in: Günter Figal und Heimo Schwilk (Hrsg.): „Magie der Heiterkeit". Ernst Jünger zum Hundertsten, Stuttgart 1995,

Borchardt glaubt er den dafür geeigneten Gewährsmann gefunden zu haben, hat sich dessen heftiger modernefeindlicher Affekt trotz seiner dezidert deutschnationalen Stoßrichtung doch von der nationalsozialistischen Perversion aufklärungsfeindlichen Denkens nicht infizieren lassen.

Um die Frage, wie weit der Versuch einer solchen Reaktivierung des antimodernistischen Furors Borchardts für die Neubegründung einer intellektuell anspruchsvollen Fundamentalkritik an der aufklärerischen Moderne trägt – und nicht etwa um eine umfassende Analyse von dessen kulturphilosophischen Theorien – geht es in den folgenden Überlegungen.

Bei einem direkten Vergleich des *Anschwellenden Bocksgesang* mit Borchardts Rede *Schöpferische Restauration* von 1927 fallen zunächst weitgehende Übereinstimmungen zwischen den Argumentationsfiguren beider Autoren auf. Wie einst Borchardt gibt heute Strauß ein verheerendes Urteil über den kulturellen Zustand der zeitgenössischen demokratischen Massengesellschaft ab. Wie jener sieht er die spirituelle Ordnung des Abendlandes zerstört und den Zugang zu seinen kulturellen Quellen von einem Ungeist abgeschnitten, der Bildung durch die Allgegenwart „der halbwissenschaftlichen Technik, des halbtechnischen Unterhaltungswesens, des halbunterhaltenden Meinungsmachens und Meinungsverbreitens"[4] ersetzt habe. Die siegreiche Aufklärung, meint Botho Strauß, sei zur oberflächlichen Bescheidwisserei, zur geschichts- und traditionsvergessenen, die Schätze der kulturellen Überlieferung verleugnenden und verleumdenden Fixierung auf sekundäre Bewußtseinsreize verkommen. „Die Intelligenz der Massen hat ihren Sättigungsgrad erreicht [...]. Hellesein ist die Borniertheit unserer Tage [...]. Was einmal die dumpfe Masse war, ist heute die dumpfe aufgeklärte Masse", erklärt Strauß.[5] Wie Rudolf Borchardt will sich aber auch Botho Strauß mit dem niederschmetternden Befund nicht abfinden, die von der Entfesselung materialistischer Instinkte und von den Verlockungen der Massenkultur abgestumpfte Öffentlichkeit sei für die authentische Überlieferung eines wahrhaft wertvollen Kulturguts nicht mehr zugänglich. So wird der Kulturpessimist zum Seher, der dem verhaßten Unheilszusammenhang seinen unausweichlichen Zusammenbruch voraussagt. „Irgendwann wird es zu einem gewaltigen Ausbruch gegen den Sinnenbetrug kommen"[6], prophezeit Strauß; es werde eines Tages einen „tiefgreifenden, unter den Gefahren geborenen Wechsel

---

S. 321 f. Vgl. dazu: Richard Herzinger: Werden wir alle Jünger? Über die Renaissance konservativer Modernekritik und die post-postmoderne Sehnsucht nach der organischen Moderne, in: Kursbuch 122: "Die Zukunft der Moderne", 1995, S. 93–118.

4   Rudolf Borchardt: „Schöpferische Restauration", in: Reden, S. 242.
5   Botho Strauß: „Anschwellender Bocksgesang", a. a. O., S. 31.
6   Ebd., S. 30.

der Mentalität"[7] geben, eine Abkehr von jenem ‚devotionsfeindlichen Kulturbegriff', der „unseren geistigen Lebensraum mit unzähligen Spöttern, Atheisten und frivolen Insurgenten übervölkert und seine eigene bigotte Frömmigkeit des Politischen, der Kritischen und All-Bestreitbaren geschaffen" habe.[8] Ähnlich wie Borchardt setzt aber auch Strauß seine Hoffnungen nicht auf Überzeugungsarbeit gegenüber breiteren Schichten der Bevölkerung oder auch nur den politischen und intellektuellen Eliten, sondern auf das Beharrungsvermögen der abgesonderten Wenigen, die den reinen Geist der Überlieferung in sich bewahren, vor den Anfechtungen eines durch und durch korrumpierten Meinungsmarktes schützen und über die Zeiten der Herrschaft „finsterster Aufklärung" retten sollen. „Die Minderheit! Ha!", ruft er aus. „Das sind bei weitem schon zu viele! Es gibt nur das Häuflein der versprengten Einzelnen. Ihr einziges Medium ist der Ausschluß der vielen."[9] Auch läßt Strauß durchblicken, daß jene Wenigen, die keinen Zweifel daran hegten, „daß Autorität, Meistertum eine höhere Entfaltung des Individuums befördert", und die sich daher von den verderblichen Moden des Zeitgeistes konsequent abkoppeln könnten, vor allem, wenn nicht ausschließlich, unter den Poeten zu suchen seien: „Dies hat es immer gegeben", konstatiert er, „daß sich der Poet vornehmlich in Verständigung mit vorausgegangenen Geistern befindet – aber vielleicht nie in solcher Ausschließlichkeit, in solcher Publikumsferne."[10]

All dies sind durchaus Borchardtsche Gedankengänge. Auch Borchardt zieht aus seiner Suada gegen den triumphierenden Ungeist der Gegenwart die Konsequenz, auf jeden Versuch einer praktischen Veränderung, auf jegliche Bestrebung nach einer aktiven politischen Reform oder Revolution zu verzichten, um sich nicht an den Unsitten des Zeitgeistes zu infizieren. Für ihn muß der realgeschichtlichen Veränderung eine innere, geistige Rundumerneuerung des deutschen Volkes vorausgehen, eine Rekonstituierung der Nation durch Rückbesinnung auf ihre authentischen Werte und Ideale. Sie zu befördern und zu entfalten, habe „die deutsche Literatur" – in deren Namen Borchardt zu sprechen behauptet –, ein „Mandat" von der deutschen Romantik übernommen. „Die deutsche Poesie", die aus der Stimme Borchardts spricht, wolle „die Restauration Deutschlands [...] nicht durch Massen und Mengen"[11] bewirken, sondern aus der Substanz von „Minoritäten" heraus, die „in Wahrheit die Führer der Nation von jeher

---

7 Ebd., S. 27.
8 Ebd., S. 30.
9 Ebd., S. 33.
10 Ebd.
11 Rudolf Borchardt: „Schöpferische Restauration", in: Reden, S. 250.

gewesen sind"¹²; aber sie – „die deutsche Poesie" – sei sich zugleich „bewußt, mit dieser Forderung [...] das größte Programm aufzustellen, das seit den Anfängen der Romantik in Deutschland je an eine Fahnenstange gebunden worden" sei.¹³

Diese Berufung auf das romantische Erbe fällt bei Borchardt weitaus direkter und emphatischer aus als bei Strauß – in seinem *Anschwellenden Bocksgesang* erwähnt dieser das romantische Vorbild explizit gar nicht –, wie auch die Betonung der national-völkischen Komponente des romantischen Vermächtnisses bei Borchardt ungleich ausgeprägter ist. Strauß spricht nur etwas nebulös von „Unserem", das es sich wiederanzueignen gelte, wobei letztlich unklar bleibt, ob er damit jeweils speziell die Substanz einer verschütteten deutschen Kultur oder ganz allgemein das angeblich verleugnete „Weistum" großer Dichter und Denker der Vergangenheit, ihr Wissen um „das Heilige" meint. Auch betont Strauß, unser beklagenswerter geistiger Zustand sei uns nicht von äußeren Mächten aufgezwungen, sondern Ergebnis einer inneren Krise der Deutschen selbst, die vor allem aus der unverwundenen Katastrophe des Nationalsozialismus resultiere, während Borchardt einen Schuldigen benennt, der an der innerer Schwäche und Haltlosigkeit der Deutschen, an „fortschreitender Depravation unseres Volkes" wirtschaftlich interessiert sei: nämlich ein „Unternehmertum", das seinen Profit aus dem Massenkonsum per Warenhaus, Kino und Massenzeitung ziehe und daher bestrebt sei, sein Publikum ständig zu vergrößern, indem es per „Reklame" die „tragenden Stände" geistig „so tief abwärts wie möglich in das Proletariat zu staffeln" versuche.¹⁴

Borchardt erblickt mit bekennendem Pathos in der deutschen Romantik eine epochale Erneuerungsbewegung des deutschen Geistes, sieht in ihrem Aufkommen und Wirken ein Erweckungsereignis, das zu einer fundamentalen geistigen, kulturellen und politischen Regeneration nicht nur Deutschlands, sondern ganz Europas geführt habe. Als die Vorboten dieser einzigartigen Umwälzung nennt er Hamann und Herder, als seine Stifter und Verkünder vor allem August Wilhelm und Friedrich Schlegel, Schelling und – Novalis. Explizit bezieht er sich auf Novalis' Schrift *Die Christenheit oder Europa* von 1799, wenn er in der *Schöpferischen Restauration* schreibt: „Sie [die Romantik, R. H.] wagte durch den prophezeienden Mund Friedrich von Hardenbergs den Begriff Europas, der hundert Jahre lang nur in gestickten Röcken gegangen und ein ironisches Gesicht gegen die nichteuropäische Welt aufgesetzt hatte, mit dem Begriff der Christenheit zu einer heiligen Ureinheit zu

12 Ebd., S. 253.
13 Ebd., S. 250.
14 Ebd., S. 241 f.

verschmelzen, in der selbst die religiöse Spaltung der Reformation versöhnt war, und aus protestantischem Munde der Stellvertreter Christi dafür gepriesen werden konnte, wieder und wieder im Namen der Seelenruhe und Seeleneinheit des Menschengeschlechtes, unzeitigen und vorlauten Erfindungen und Entdeckungen die Anerkennung verweigert zu haben."[15]

In seiner Schrift *Die Christenheit oder Europa* zeichnet Friedrich von Hardenberg, bekannt unter seinem Pseudonym Novalis, in der Tat das Idealbild eines goldenen Zeitalters harmonischer christlicher Gemeinschaft im Hochmittelalter. Diese ideale Gemeinschaft wird in der Vorstellung Novalis' vor allem durch das spirituelle Band einer einzigen Religion zusammengehalten. Der gemeinsame Glaube steht nicht nur vermittelnd über nationalen und gesellschaftlichen Gegensätzen, er transzendiert insgesamt irdische Interessen und Leidenschaften und bändigt somit den Eigennutz, die Habgier und den Machtmißbrauch.

Diese Vision von Novalis ist zugleich Mythos und Utopie, sie stellt so etwas wie das Novum einer konservative Utopie dar: Für Novalis steht das Ziel einer befriedeten menschlichen Gesellschaft nicht am Ende, sondern am Anfang der geschichtlichen Dynamik, die von der Moderne entfesselt wurde. Während die aufklärerische Geschichtsauffassung die Verbesserung des Menschengeschlechts als eine Entwicklung von der Unwissenheit und Amoralität zum Licht rationaler Erkenntnis und sittlicher Einsicht betrachtet, meint Novalis, der Zustand geistiger und sittlicher Vollkommenheit der Menschheit sei schon einmal verwirklicht gewesen – und zwar nicht im Zustand des aufgeklärten Verstandes, sondern des voraussetzungslosen Glaubens. Die Entwicklung einer sich verselbständigenden Rationalität habe zur politischen und moralischen Zerstörung jener vollkommenen Gemeinschaft geführt. Der Weg der Moderne sei nicht der Fortschritt zu immer größerem Wissen, sondern ein Weg der Entfernung von dem höchsten Wissen, das schon da gewesen, aber immer mehr in Vergessenheit geraten sei.

Freilich glaubt Novalis nicht – und das, unter anderem, unterscheidet seine Position grundsätzlich von einem plumpen, reaktionären Antimodernismus –, daß dieser Glückszustand der Menschheit historisch aufrechtzuerhalten gewesen wäre. Die Menschheit sei vielmehr dafür noch nicht reif gewesen. So habe sie ihn durch Selbstsucht und hybride Verabsolutierung der Ratio selbst zerstört. An die Stelle des Vertrauens in eine vorgegebene harmonische Ordnung, die durch den christlichen Glauben verbürgt werde, sei der kritische analytische Verstand getreten, der die lebendige göttliche Offenbarung durch die toten Buchstaben, den abstrakten, mechanischen

---

[15] Ebd., S. 236 f.

Begriff ersetzt habe. „Der anfängliche Personalhaß gegen den katholischen Glauben ging allmählig in Haß gegen die Bibel, gegen den christlichen Glauben und endlich gegen die Religion über."[16] Mit der Diffamierung des religiösen Gefühls sei zugleich auch die Kraft künstlerischer Imagination verächtlich gemacht worden. Religion und Kunst stehen, als Ausdrucksformen eines übersinnlichen, schöpferischen „Enthusiasmus", bei Novalis in engster Beziehung zueinander: „Noch mehr – der Religions-Haß dehnte sich […] auf alle Gegenstände des Enthusiasmus aus, verketzerte Fantasie und Gefühl, Sittlichkeit und Kunstliebe, Zukunft und Vorzeit […], und machte die unendlich schöpferische Musik des Weltalls zum einförmigen Klappern einer ungeheuren Mühle, […] eine Mühle an sich, ohne Baumeister und Müller und eigentlich ein ächtes Perpetuum mobile, eine sich selbst mahlende Mühle."[17]

Der aufklärerische Rationalismus, so der Vorwurf von Novalis, habe nicht nur die Vergangenheit, die Tradition ausgelöscht, sondern – ungeachtet ihres Fortschrittsoptimismus – mit der Diskreditierung visionärer Fantasie auch die „Zukunft" vernichtet. Der visionäre Rückgriff auf die „Vorzeit" ist bei Novalis somit zugleich Vorgriff auf die sich anbahnende Verjüngung der Menschheit in einer besseren Zukunft. Die moderne europäische Geschichte mit ihren herausragenden Einschnitten – der Spaltung der christlichen Kirche, der Reformation und Gegenreformation und schließlich der Französischen Revolution – deutet Novalis als einen Prozeß fortschreitenden Abfalls von dieser vollkommenen irdischen Ordnung der „Vorzeit". Die Zerstörung des gemeinschaftstiftenden Bandes des authentischen Glaubens habe Europa in eine lange Periode zerstörerischer Konflikte gestürzt. Freilich sei in dieser Bewegung der Gegensätze auch immer die Sehnsucht nach der Wiederherstellung eines vollendeten Ganzen zum Ausdruck gekommen. Reformation und Revolution seien Ausdruck des Verlangens gewesen, die Krise durch eine fundamentale Verjüngung und Erneuerung des menschlichen Geistes zu überwinden. Aber beide hätten die Vervollkommnung fälschlicherweise in der Verabsolutierung der Rationalität gesucht statt in der Hingabe an eine ewige, metaphysische Realität jenseits allen menschlichen Vermögens, und sie hätten die Krise damit nur noch vertieft. Mit den Schrecken der Revolution und der folgenden Revolutionskriege sei nun der Wendepunkt erreicht worden: Die Religion habe erst ganz und gar verleugnet werden müssen, um ihre ursprüngliche wundertätige Kraft zurückzugewinnen. „Die Christenheit muß wieder lebendig und wirksam werden", schreibt er, „und sich wieder ein[e] sichtbare Kirche ohne Rücksicht auf

---

16 Novalis: „Die Christenheit oder Europa", in: Ders.: Schriften. Dritter Band: Das philosophische Werk II, hrsg. von Richard Samuel, Darmstadt 1968, S. 507–524, hier S. 515.
17 Ebd.

Landesgränzen bilden, die alle nach dem Ueberirdischen durstige Seelen in ihren Schooß aufnimmt und gern Vermittlerin, der alten und neuen Welt wird."[18]

Das ersehnte Wiedererstehen der organischen Gemeinschaft bedeutet also bei Novalis nicht ein Rückgängigmachen der Moderne. Sie ist vielmehr Wiederherstellung auf einer höheren Ebene historischer Erfahrung und Reifung, Einlösung der modernen Ideale im Modus der Erlösung von ihren krisenhaften Symptomen. Die Wiederherstellung der organischen Gemeinschaft soll die Gegensätze und Widersprüche der modernen Gesellschaft ebenso „positiv" aufheben, wie sie die besten Elemente der Erbschaft von Altertum, Mittelalter und Moderne miteinander versöhnen soll. Mit der politischen Romantik des Novalis entsteht ein „utopischer Konservatismus"[19], der die Moderne nicht als solche negiert, sondern auf die als zersetzend gefürchtete westlich-rationalistischen Moderne mit dem Gegenentwurf einer organisch vollendeten „Übermoderne" – verstanden im Sinne einer positiven Überwindung falscher Modernität[20] – antworten will.

Auch Rudolf Borchardt räumt ein, daß die Restitution einer geistig-politischen Einheit nicht durch bloßen Rückgriff auf das Vergangene zu erreichen ist. Bei ihm fehlen jedoch jene Vermittlungsschritte, mit denen Novalis' Geschichtsphilosophie die Entwicklung zu neuer Einheit als Bewegung des Geistes in der Historie deutlich zu machen versteht. Bei Borchardt gibt es nur eine Zyklik von Verfall und Wiedererweckung einer unveränderbar wertvollen Substanz, die im Stadium höchster historischer Not wiederaufrufbar ist. Für ihn ist die Periode zwischen 1820 und 1848, die im Zeichen der romantischen Restauration gestanden habe, ein solches Zeitalter der Unterbrechung des Verfalls – er beschreibt sie in ähnlich glänzenden Farben wie Novalis sein idealisiertes Mittelalter. Angesichts der politisch-gesellschaftlichen Realität der Restaurationszeit erscheint diese Borchardtsche Beschreibung abwegig – doch schon bei Novalis ging es ja nicht um die Darstellung historischer Faktizität, sondern um die Herstellung eines modernen Mythos, eines suggestiven poetischen Bildes, das – getreu seiner Idee des magischen Realismus – die historische Faktizität als realitäterschaffende Kraft übertreffen soll.

---

18 Ebd., S. 524.
19 So der Terminus bei Hermann Kurzke: „Romantik und Konservatismus. Das ‚politische' Werk Friedrich von Hardenbergs (Novalis) im Horizont seiner Wirkungsgeschichte", München 1983.
20 Vgl. zu diesem Begriff: Richard Herzinger: „Die Überbietung als ästhetische und politische Grundfigur der ‚rechten Avantgarde'. Der revolutionäre Nationalismus in der Weimarer Republik und seine Herkunft aus der politischen Romantik", in: Rolf Grimminger (Hrsg.): Kunst Macht Gewalt, München 2000, S. 105–125.

Zutiefst romantisch ist auch der Borchardtsche Gedanke, die Poesie sei die authentische Trägerin des zu erneuernden Volksgeistes. Bereits das von Friedrich Schlegel 1800 formulierte Programm einer „neuen Mythologie" zielte darauf, vom avancierten Stand moderner Subjektivität aus die Vorstellung von einer neuen, verbindlichen, objektiven Einheit herzustellen. Dieses Ideal einer neuen Ganzheit gilt als identitätstiftendes Prinzip für die Dichtung ebenso wie für die Entwicklung der ganzen modernen Gesellschaft. Das Programm der romantischen „progressiven Universalpoesie", wie es Schlegel nennt, will die Herstellung einer neuen, „organischen" gesellschaftlichen und geistigen Ordnung, vermittelt durch die Poesie. „Die romantische Posie", schreibt Schlegel in seinen Athenäumsfragmenten, „ist eine progressive Universalpoesie. Ihre Bestimmung ist nicht bloß, alle getrennten Gattungen der Poesie wieder zu vereinigen, und die Poesie mit der Philosophie und Rhetorik in Berührung zu setzen. Sie will, und soll auch Poesie und Prosa, Genialität und Kritik, Kunstpoesie und Naturpoesie bald mischen, bald verschmelzen, die Poesie lebendig und gesellig, und das Leben und die Gesellschaft poetisch machen [...]."[21] Als Medium der Synthese des Geistes zielt die „progressive Universalpoesie" auf die Aufhebung der Trennung der Sphären von Wissenschaft, Philosophie und Kunst in der modernen Gesellschaft und in letzter Konsequenz auf die Aufhebung der als entfremdet und fragmentiert empfundenen modernen Gesellschaft im Ganzen durch eine geistige und politische Elite: „Die vollkommne Republik müßte nicht bloß demokratisch, sondern zugleich auch aristokratisch und monarchisch sein; innerhalb der Gesetzgebung der Freiheit und Gleichheit müßte das Gebildete das Ungebildete überwiegen und leiten, und alles sich zu einem absoluten Ganzen organisieren", heißt es bei Schlegel.[22]

Ähnlich meint auch Novalis in seiner Schrift Glaube und Liebe von 1798: „Der ächte König wird Republik, die ächte Republik König seyn."[23] Schlegel und Novalis zielen mit dieser Denkfigur auf eine Überbietung des republikanischen, demokratischen Ideals der Französischen Revolution: Die revolutionären Errungenschaften der Freiheit und Gleichheit werden wohlweislich nicht als solche zurückgewiesen; vielmehr will die politische Romantik diese Errungenschaften in einer übergreifenden organischen Ordnung aufheben und damit erst zu ihrer wirklichen Entfaltung bringen. Das Mittel dazu ist die Ästhetisierung des Gesellschaftlichen: Der romantische

---

21 Friedrich Schlegel: „Athenäums-Fragmente", in: Kritische Friedrich-Schlegel-Ausgabe, a. a. O., S. 165–255, hier S. 182 (Fragment Nr. 116).
22 Ebd., S. 198 (Fragment Nr. 214).
23 Novalis: „Glauben und Liebe oder Der König und die Königin", in: Ders.: Schriften, hrsg. von Richard Samuel, Bd. 2: Das philosophische Werk I, Darmstadt 1965, S. 485–498, hier S. 490.

Staatstheoretiker Adam Müller nennt den idealen Staatsmann einen „Staatskünstler", der den Staat als „Kunstwerk" formt, darin dem romantischen Poeten und Künstler gleichend.[24] Und Novalis sagt in seinen Fragmenten Blüthenstaub (1797/98): „Der poetische Staat – ist der wahrhafte, vollkommne Staat."[25]

Ebenfalls schon bei Novalis angelegt ist die Verknüpfung des romantischen Gemeinschaftsmythos mit der Idee von einer weltgeschichtlichen Führungsrolle des deutschen Volkes. „Das Volk ist eine Idee. Wir sollen ein Volk werden", schrieb Novalis 1797/98 über die Deutschen.[26] Diese deutsche Volkwerdung sei aber nicht nur eine Aufgabe für Deutschland, sondern für die ganze Menschheit. „Deutsche giebt es überall", meint Novalis an anderer Stelle. „Germanitaet ist so wenig, wie Romanitaet, Graecität oder Brittannitaet auf einen besondern Staat eingeschränkt – Es sind allgemeine Menschencaractere – die nur hie und da vorzüglich allgemein geworden sind. Deutschheit ist ächte Popularität und darum ein Ideal."[27]

Novalis' Idee der Deutschheit steht auf der Scheidelinie zwischen einem dem aufklärerischen Universalismus verpflichteten Perfektibilitätsdenken und einem chiliastischen nationalen Gegenuniversalismus, wie er später in der politischen Romantik zum Durchbruch gekommen ist. Novalis „Deutschheit" ist noch nicht an einen nationalen Volksgeist gebunden und somit kein nationalistisches Konzept. Aber es ist in ihr bereits die Figur einer Überbietung des romanischen Nachbarn angelegt, der in der Sicht seiner geschichtsphilosophisch erregten deutschen Zeitgenossen mit seiner Revolution den Aufbruch in ein neues Menschheitszeitalter ausgelöst hatte – eine Überbietungsfigur, die bei Fichte, Ernst Moritz Arndt oder Friedrich Schlegel später zum Kern der geschichtseschatologischen Idee von einer durch den „deutschen Geist" zu erlösenden Menschheit wird. „Die Instinktartige, Universalpolitik und Tendenz der Römer", schreibt Novalis, „liegt auch im Deutschen Volk. Das Beste, was die Franzosen in der Revolution gewonnen haben, ist eine Portion Deutschheit".[28] Das französische rationalistische Denken könne den Sinn seiner eigenen Ideale nicht wirklich verstehen. In seinen besten Momenten treibt es allenfalls „eine Portion Deutschheit", also einen Vorschein „echter Popularität" hervor: Diese ist für Novalis die Wiederherstellung organischer Ganzheit von Individuum und Volk unter den Bedingungen einer Moderne, die sich wie in einem Pendelschlag jene

---

24 Vgl. dazu Adam Müller: Die Elemente der Staatskunst, Berlin 1968.
25 Novalis: „Vermischte Bemerkungen und Blüthenstaub", in: Ders.: Schriften, hrsg. von Richard Samuel, Bd. 2: Das philosophische Werk I, a. a. O., S. 399–470, hier S. 468.
26 Ebd., S. 433.
27 Ebd., S. 437.
28 Ebd.

Fülle gewachsener Gemeinschaftsbindungen, von denen sie sich abgeschnitten hatte, auf der Stufe historischer Vervollkommnung wieder aneignen könne.

Das Volk ist eine Idee – wir sollen ein Volk werden. Novalis formuliert damit bereits jenes Spannungsverhältnis zwischen Mythos und Utopie, das für den antiwestlichen Überbietungsnationalismus der politischen Romantik charakteristisch ist. Die Formulierung besagt, daß das deutsche Volk eine Idee ohne Realität ist; weil die Idee aber den Ursprung einer zukünftigen Verwirklichung darstellt, nimmt sie in der Gegenwart den Rang einer höheren Realität ein. Sie ist gleichsam realer als die unvollkommene Realität. Der Gedanke läßt sich aber auch so verstehen: Die Deutschen werden erst ein Volk sein, wenn „Deutschheit" zu einer universalen Menschheitsidee geworden ist. Die „Volkwerdung" der Deutschen fällt mit der Verwirklichung ihrer Berufung zusammen, die Menschheit auf eine neue, höhere Stufe zu führen. „[I]n Deutschland", schreibt Novalis in *Die Christenheit oder Europa*, „[...] kann man schon mit voller Gewißheit die Spuren einer neuen Welt aufzeigen. Deutschland geht einen langsamen aber sichern Gang vor den übrigen europäischen Ländern voraus. Während diese durch Krieg, Spekulation und Parthey-Geist beschäftigt sind, bildet sich der Deutsche mit allem Fleiß zum Genossen einer höhern Epoche der Cultur, und dieser Vorschritt muß ihm ein großes Uebergewicht über die Andere[n] im Lauf der Zeit geben."[29]

Dieser Missionsgedanke des deutschen Geistes findet sich bei Borchardt wieder, freilich mit einem zum Nationalen hin verändertem Zungenschlag, wenn er sagt: „Nur wo es am deutschesten gewesen ist, und immer wo es am deutschesten ist, ist Deutschland europäisch gewesen".[30] Aus der romantischen Kulturphilosophie übernimmt Borchardt auch die Begründung für die Führungsrolle des deutschen Geistes: Er sei fähig, das Erbe der Antike und des Mittelalters zu einer synthetischen Einheit zu verbinden und somit eine neuzeitliche Rennovation des Volksgeistes zu begründen. „Wir erkennen uns als die Kinder des deutschen Mittelalters, die die Antike in Generation nach Generation jedesmal von neuem zu erleben und in uns aufzunehmen haben, weil die Antike wie das Mittelalter zur Bildung der deutschen Nation gleichteilig beigetragen hat, und das Volkstum weder historisch noch als eine Form ohne sie denkbar ist."[31] Aus diesem organischen Zusammenhang zwischen „deutscher Antike" und Mittelalter, aus dieser Synthese von

---

29 Novalis: „Die Christenheit oder Europa", a. a. O., S. 519.
30 Rudolf Borchardt: „Schöpferische Restauration", in: Reden, S. 253.
31 Ebd., S. 251.

„alten und neuem Glauben" erwachse auch das Christentum als „Schicksal" und als die ‚einzige transzendente Möglichkeit des deutschen Volkes'.³²

Ungeachtet – oder vielleicht gerade wegen ihres – immens hohen Anspruchs blieben die politischen Romantiker jedoch, ähnlich wie einhundert Jahre später Rudolf Borchardt, stets in einer skeptischen bis verachtungsvollen Distanz zu den realen politischen Akteuren der Gegenwart. Die politische Romantik behält – obwohl sie sich aus Angst vor dem Liberalismus mit ihr verbündet – auch in der Zeit der nachnapoleonischen Restauration ihre chiliastische Perspektive auf eine fundamentale Erneuerung der Menschheit bei. Friedrich Schlegels Vorlesungen über *Die Signatur des Zeitalters* (1820–23) formulieren eine grundsätzliche Abgrenzung gegen den Liberalismus einerseits, gegen restaurativ-legitimistischen Monarchismus andererseits. Schlegel verknüpft jetzt explizit die Vorstellung einer „organischen" Staatsverfassung mit der Voraussetzung ihrer Verwurzelung in der ethnisch-nationalen Eigenart. Der Gegensatz zwischen der abstrakt verrechtlichen Gesellschaft und der organisch gebildeten Gemeinschaft erscheint jetzt im geschichtlichen Wesen eines jeweiligen Volksgeistes gegründet. Während mit dem römisch-westeuropäischen Rechtsprinzip „ein neuer, herber, streitsüchtiger und in mancher Beziehung wohl heidnischer Geist wie im politischen Verhältnis rege geworden" sei, sieht Schlegel das „germanische Recht" als im höchsten Maße mit den christlichen Lehren vereinbar an, „daher es leicht zu begreifen ist, daß der christliche Staat sich auf germanischem Grund und Boden so vorzüglich entwickelt hat, da er hier ein schon von Natur gleichartiges und verwandtes Element, als materielle Grundlage und äußern Träger vor sich fand, indem auch die christliche Rechtsansicht jederzeit zu dem System der Billigkeit und friedlichen Ausgleichung überwiegend hinneigte."³³

Aus dem Gesagten geht hervor, wie eng sich Borchardt an die Ideen der politischen Romantik anlehnt. Es fallen aber auch ebenso deutlich gravierende Unterschiede ins Auge: Sowohl Novalis als auch Schlegel ist jeder ästhetische, religiöse und politische Extremismus fremd. Ihre Ideen von einer Fundamentalerneuerung des christlichen Abendlandes, ihre Vorstellungen von einer „schöpferischen Restauration" also, sind zwar radikal im Sinne des Wunsches nach der Rückkehr zu den vermeintlichen geistigen Wurzeln Europas, der deutschen Nation und seiner Volksidentität. Aber dieses Programm basiert in seinem innersten Kern auf dem Prinzip der Vermittlung, der „Ausgleichung" von Widersprüchen, von Alt und Neu, und es fehlt ihnen daher jener haßerfüllte Affekt gegen das vermeintlich „Entar-

---

32 Ebd.
33 Friedrich Schlegel: „Die Signatur des Zeitalters", in: Kritische Friedrich-Schlegel-Ausgabe. Siebter Band, erste Abteilung, a. a. O., 1966, S. 483–596, hier: S. 582.

tete" der modernen Gesellschaft, der Borchardt zu seinen Säuberungsphantasien gegen das von sich selbst entfremdete Volk treibt (ein Haßaffekt, der während der napoleonischen Besetzung freilich auch schon in der Rhetorik einzelner Romantiker wie Ernst Moritz Arndt, aber auch bei Heinrich von Kleist zu vernehmen war). Borchardt bezeichnet in *Schöpferische Restauration* präzise den Punkt, von dem aus er über das Erbe romantischen Regenerationsdenkens hinausgehen will. „Das Volk der Romantik besteht nicht mehr",[34] stellt er fest. Die Industrialisierung und Urbanisierung hätten es zerstört, und an seine Stelle sei ‚degenerierter Stadtpöbel' getreten. Borchardt will deshalb den Begriff „Volk" ersetzen durch den Begriff „Nation", wobei er rhetorisch jeden aus der „Nation" ausschließt, der sich seiner Verachtung für den von den Demokraten fälschlicherweise als „Volk" titulierten „Pöbel" nicht anschließen will. Er betont, „daß wir niemandem die Zugehörigkeit zur Nation konzedieren, der nicht wie in Urzeiten und allen Zeiten mit seinesgleichen eins ist, im Gebete zu den allgemeinen Volksahnen, Volksgöttern, Volksheiligen".[35] Die Nation also als ein von einer selbst ernannten geistigen Elite gesetzter völkischer Glaube, dem sich zu unterwerfen laut Forderung „der deutschen Poesie" – also Borchardts – jeder verpflichtet sei, der nicht als artfremd aus der Gemeinschaft ausgesondert werden will. Immerhin habe sich der „Menschentypus der Großstädte Deutschlands" unter dem Einfluß der „Individual- und Massenentartung" bereits derartig „bestialisiert", daß „es nicht befremden sollte, ihn halbnackt nach der Trommel des Niggers tanzen zu sehen".[36]

In der *Schöpferischen Restauration* zeigt sich Borchardt noch zuversichtlich, daß „zur Mitarbeit" bei dieser großen Sache „die gewaltigen Kräfte im Volksgeiste nicht fehlen" würden, „durch die allein eine so entschlossene Ideologie wie die unsere sich der ganzen Nation bemächtigen wird".[37] In seiner Rede *Führung* von 1931 zeigt er sich bereits weitaus verbitterter. Er verlangt eine „Wiederumstürzung des Umsturzes", eine „Revolution gegen die Revolution".[38] Er fragt jetzt rhetorisch, wie die „Bezwingung eines aus dem Rahmen gegangenen, durcheinandergeratenden, durcheinanderrasenden Volksganzen" denn anders zu bewerkstelligen sei als „durch ein Heer, durch eine Ordnung, ohne andere Rechte als Kriegsrechte und ohne anderen Aufbau als den von Unterordnung und Überordnung", in dem es auch „gewiß nicht ohne furchtbare und selbst unverdiente Härte im Einzelfalle" abgehen

---

34 Rudolf Borchardt: „Schöpferische Restauration", S. 247.
35 Ebd., S. 249.
36 Ebd., S. 243.
37 Ebd., S. 253.
38 Rudolf Borchardt: „Führung", in: Reden, S. 397–439, hier S. 428.

werde.³⁹ Für Borchardt bleibt jetzt nur noch die Wahl, „ob der Deutsche oder der Fremde uns erobert und beherrscht, ob wir dem Feinde gehorchen wollen oder uns selber in uns selber".⁴⁰ Seine Distanz zur Führeridee des Nationalsozialismus bringt er freilich dadurch zu Ausdruck, daß er betont, „Führung" setze eine innere Disposition der Geführten zum Geführtwerden, ein aus innerster Affinität „führbares Volk" voraus – eine Voraussetzung, die er bei den Deutschen noch längst nicht erfüllt sieht.⁴¹

In einer Fragment gebliebenen Selbstrechtfertigung von 1932 stilisiert sich Borchardt zum mißverstandenen Einzelnen, der seinen Stolz daraus zieht, auf „verlorenem Posten" zu stehen: „Die Sache der ich diene, und die Politik, wenn es ein Mal Politik sein muß, innerhalb dieser Sache, ist kein Laden. Sie will weder sich vor Kreditoren bücken noch Kunden schmeicheln. Wenn die Literatur und die Poesie nicht eine nationale Instanz wäre, schien sie mir besser sofort unterzugehen. Mit solchen Gesinnungen war ich kein Politiker und beiden Teilen" – Borchardt meint hier Kommunisten und Nationalsozialisten – „so fremd und unlieb, wie es sich für Naturen schickt, deren erarbeitete höhere Substanz in Parteisprachen nicht ausdrückbar ist."⁴² Borchardts Einsatz für die „deutsche Literatur im Kampfe um ihr Recht" fühlt sich über „Tagesvorgänge" erhaben – jene Vorgänge jedenfalls „von der widerlichen Vulgarität, die dem Meinungskampfe in Ländern zuchtloser Demokratien das Gepräge gibt".⁴³

„Politisch" im engeren Sinne des Wortes ist Borchardts Haltung also nicht – sie ist vielmehr aggressiv antipolitisch, ist von Verachtung und Abscheu gegenüber dem politischen Geschäft gekennzeichnet. Gerade darin aber liegt ihre politisch verheerende Konsequenz. Wenn nämlich einer, der sich als eine „Natur mit höherer Substanz" fühlt, gegen das niedrige politische Interessengerangel zu Felde zieht, schlägt sein Poeta-vates-Gehabe fast zwangsläufig in die Verherrlichung autoritärer Macht um. Die „Kultur" verwandelt sich im Prozeß der Brutalisierung des romantischen Regenerationsmythos in eine terroristische Parole, in eine Drohgebärde, es werde der fehlenden Zucht des „Pöbels" notfalls mit der Rute nachgeholfen werden. Als Borchardt von Mussolini empfangen wird, glaubt er in dem Diktator, jenem „schöne[n] vollkommene[n] Mann", die Züge des „reifen Goethe" zu erkennen. Vor Bewunderung und Dankbarkeit darüber, daß Mussolini ihn zwischen zwei wichtigen Staatsterminen empfängt und mit ihm kompetent

---

39 Ebd., S. 427.
40 Ebd., S. 428.
41 Ebd., S. 414 ff.
42 Rudolf Borchardt: „Der verlorene Posten. Rechenschaftsbericht", in: Prosa VI, S. 203–210, hier S. 207 f.
43 Rudolf Borchardt: „Deutsche Literatur im Kampfe um ihr Recht", in: Prosa IV, S. 299.

über seine Dante-Übersetzung plaudert, kann sich Borchardt kaum fassen. Auf den Diktator projiziert er seinen Traum von der Verschmelzung von Poesie und Macht, von der Autorität kultureller Überlieferung und gebieterischer Herrschaft in einem das Ganze symbolisierenden – wie es einst bei Novalis über den idealen König hieß – „liebenswürdigen, trefflichen Menschen", unter dessen genialisch-autokratischer Herrschaft das Volk, namentlich der Bauer, zu ‚neuem Ehrgefühl' und ‚allgemeinem Selbstbewußtsein' aufgeblüht sei.[44] Der selbstherrliche Prophet einer „schöpferischen Restauration" regrediert im Angesicht des eher furchterregenden starken Mannes zum Sänger einer wahrhaft schöpferischen Servilität.[45]

Auch wenn Borchardts Kulturautoritarismus mit Hitlers Nationalsozialismus letztlich inkompatibel war, so kann doch der Versuch von Botho Strauß, Borchardt zum Kronzeugen für die verdrängte Existenz einer ästhetisch-poetischen, politisch unbefleckten „Rechten in der Richte" auszurufen, nicht gelingen. Strauß versucht, zentrale Topoi der deutschen organologischen Gegenmoderne seit der Romantik zu beerben, um seinem poetischen Programm einer Wiedereinsetzung der Poesie in die Dignität einer privilegierten Hüterin des kollektiven nationalen Gedächtnisses die Autorität einer Tradition zu verleihen, doch er erntet davon gleichsam nur eine leere Hülle. Seine „kulturkonservative Wende" hat sich schon Mitte der achtziger Jahre abgezeichnet. So enthält die Einleitung zu der von Strauß als „RomantischerReflexionsRoman" bezeichneten Erzählung *Der junge Mann* von 1984 bereits wesentliche Gedanken, die später im *Bocksgesang* spektakulär ausgestellt werden. So die Anklage gegen das „Regime des totalen öffentlichen Bewußtseins", der alle „Heimlichkeiten" in den „hellen Schein der Öffentlichkeit" zerre. Nach 1989 folgt das Bekenntnis zur Idee der nationalen Gemeinschaft, gar zur „Volksgemeinschaft" – diesen Terminus benutzt Strauß im *Anschwellenden Bocksgesang*. Zwar hatte er schon in seinem Gedicht *Erinnerung an einen, der nur einen Tag zu Gast war* eindringlich die Frage nach der deutschen Identität gestellt, und 1986 hatte er sich im Gespräch mit Volker Hage ausdrücklich als einen nationalen Schriftsteller bezeichnet. Doch erst die deutsche Vereinigung und die mit ihr verbundene eschatologische Erwartung einer Epochenwende lösten bei Strauß die Hinwendung zum nationalen Kollektiv als dem idealen Fluchtpunkt seiner romantischen Rückwendung aus. Heute bilde „das Volk der Deutschen keinen geheimen Schatz in der Seele der einzelnen mehr", beklagt sich 1992 in *Beginnlosigkeit*.

---

44 Rudolf Borchardt: Besuch bei Mussolini, in: Reden VI, S. 211–218, hier S. 215 u. S. 217.
45 Ein Phänomen, das freilich nicht auf eine Seite des politischen Spektrums beschränkt ist. Ähnliche hymnische Unterwürfigkeitsgesten finden sich bei bedeutenden deutschen Schriftstellern und Philosophen wie Bertolt Brecht und Ernst Bloch gegenüber kommunistischen „Führern" wie Lenin und Stalin.

Die Amerikanisierung wird als die Ursache der Auslöschung nationaler Identität identifiziert: Das deutsche Volk „spricht nur noch aus Faulheit deutsch, die meisten seiner Regungen und Interessen ließen sich besser auf amerikanisch ausdrücken". Und Strauß kommt zu dem Schluß: „Der Widerstand gegen die moderne Gesellschaft ist zuletzt kein Widerstand gegen das Kollektiv, sondern gegen einen Mangel an kollektiver Substanz."[46]

An der Entwicklung von Botho Strauß zeigt sich paradigmatisch die Sackgasse einer modernistischen Poetik, die aus den Aporien der Moderne ausbrechen will, indem sie zum romantischen Ursprungsmythos zurückkehrt und dabei übersieht, daß dieser Mythos selbst schon Produkt moderner Subjektivität ist, daß seine Schöpfung der eigentliche Startschuß für den Siegeszug der ästhetischen Moderne war. Diese romantisch inspirierte Moderne ist aber an ihrem Ursprung zugleich auch schon Gegen-Moderne: Der Kern der romantischen Universalpoesie ist die Abwehr einer als substantiell entleert empfundenen, gesellschaftlichen liberalen Moderne oder, um in der provokativen Sprache des englischen Literaturwissenschaftlers John Carey zu reden: der „Haß auf die Massen".[47] Der Kampf der romantisch inspirierten literarischen Moderne war der Kampf gegen die Infektion durch die „Auflösung", die sich in einer durch die Liberalisierung der Gesellschaft herbeigeführten „Vermassung" niederschlage. Das Feindbild „Masse" war die Negativprojektion dieser Moderne, an der sie ihre Angst und ihre Wut angesichts der Tatsache abarbeitete, daß die liberale Gesellschaft Poesie und Kunst als sinnstiftende Instanzen einer Gesellschaft überflüssig machen. Diese Furcht vor dem Verlust der eigenen privilegierten Position war die Quelle des modernistischen Dogmas, echte Kunst müsse sich den unheilvollen Vorlieben der Massen verweigern. Ihr Widerstandsgestus erweist sich heute erst recht als unangemessen gegenüber der Realität einer pluralistischen Massengesellschaft, die eben nicht totalitär ist und keine Gralshüter eines unverfälschten Daseins braucht. Der Preis für die programmatische Massenverachtung der Neo-Romantik ist der Verlust der Wahrnehmungsfähigkeit dieser Realität. Und damit bleibt am Ende paradoxerweise nicht der Massengeschmack, sondern die Kunst auf der Strecke.

---

46 Botho Strauß: „Beginnlosigkeit. Reflexionen über Fleck und Linie", München; Wien 1992, S. 122.
47 Vgl. John Carey: Haß auf die Massen. Intellektuelle 1890–1939, Göttingen 1996.

GREGOR STREIM

Evolution, Kosmogonie und Eschatologie in
Rudolf Borchardts ‚Theorie des Konservatismus',
mit besonderer Berücksichtigung von „Der Fürst"

I.

Nicht erst seit Odo Marquard weiß man um die Gegenläufigkeit von geschichtlichem und anthropologischem Denken. Wenn geschichtliche Orientierungen verlorengehen, in Krisenzeiten, dann tritt ‚der Mensch' ins Zentrum der kulturellen Selbstreflexion und auch des politischen Denkens. Die Geschichte der krisengeschüttelten Weimarer Republik bietet für diese These zahlreiche Beispiele. In dieser gesellschaftlichen und politischen Umbruchsituation erfährt die Anthropologie in den Kulturtheorien eine Konjunktur. Scheler und Plessner entwickeln ihre Philosophische Anthropologie als Gegenentwurf zur fragwürdig gewordenen Geschichtsphilosophie. Und Carl Schmitt reagiert auf die Legitimitätskrise der staatlichen Macht mit einer Rückbesinnung auf die anthropologische Begründung des Politischen bei den Staatsphilosophen des 17. Jahrhunderts und kommt dabei zu dem Schluß, „daß alle echten politischen Theorien den Menschen als »böse« voraussetzen".[1]

Das publizistische Werk Borchardts zeigt auf den ersten Blick keinerlei Gemeinsamkeiten mit dieser Strömung zeitgenössischen Denkens, ja es scheint ihr als Monument eines auch in diesem Sinne unzeitgemäßen Konservatismus gerade entgegenzustehen. Denn wie kaum ein anderer konservativer Schriftsteller seiner Zeit, Hofmannsthal ausgenommen, verstand Borchardt sich als Bewahrer, richtiger gesagt, als visionärer Gestalter geschichtlicher Räume und geschichtlicher Bindungen. Nicht die Unveränderlichkeit der menschlichen Natur, sondern die prägende Kraft der symbolischen Systeme steht als Grundgedanke im Hintergrund der Reden und Aufsätze, in denen er sich um eine historische und ideele Ausgestaltung der Begriffe von deutschem Geist und Volkstum bemüht. Sein Programm der ‚Schöpferi-

---

[1] Carl Schmitt, Der Begriff des Politischen. Mit einer Rede über das Zeitalter der Neutralisierungen und Entpolitisierungen neu herausgegeben von Carl Schmitt, München; Leipzig 1932, S. 49.

schen Restauration' beruft sich auf die „Mächte der alten und der neuen deutschen Poesie".[2] Um so mehr überrascht es, daß einem in Borchardts Briefen und Aufsätzen vom Beginn der dreißiger Jahre immer wieder Überlegungen begegnen, die sich mit den anthropologischen Aspekten der Geschichte und den anthropologischen Grundlagen politischen Handelns befassen. Sie finden sich vor allem dort, wo Borchardt sich dem Problem von Führung und Führbarkeit der liberalen Massengesellschaft zuwendet, in seiner umstrittenen Bremer Rede *Führung* von 1931 und in dem unveröffentlicht gebliebenen Aufsatz *Der Fürst* von 1932.

Der Fürst gehört in eine Serie von sechs geplanten Artikeln für die ‚Münchner Neuesten Nachrichten', in denen Borchardt nach eigenem Bekunden seine „Theorie des Conservatismus"[3] entwickeln wollte und deren erster Teil, *Konservatismus und Monarchismus*, Ende 1930 erschien. Offensichtlich sah Borchardt sich in dieser Zeit – unter dem Eindruck der sich verschärfenden Regierungs- und Verfassungskrise, der rapiden Zunahme der politischen Gewalt und der sich verstärkenden Anzeichen für einen politischen Umsturz in Deutschland – veranlaßt, seinen Begriff des Konservatismus in eine genauere Relation zu den Problemen der aktuellen Politik – zu gegenwärtigen Machtkonstellationen, Modellen staatlicher Ordnung und Fragen politischer Strategie – zu setzen. *Der Fürst*, dessen erste Fassung im Oktober 1932 den ‚Münchner Neuesten Nachrichten' zuging, dort aber nie erschien, nimmt in diesem Zusammenhang eine herausgehobene Stellung ein und wurde vom Verfasser selbst als „besonders wichtiges Teilstück",[4] ja als „Hauptstück"[5] der Aufsatzreihe angesehen. Denn Borchardt griff darin – wie sonst nur in der *Führungs*-Rede – direkt die in der politischen Auseinandersetzung am Ende der Weimarer Republik immer lauter werdende Forderung nach Errichtung einer Diktatur auf und versuchte diese in seine ‚konservative Theorie' zu integrieren.

Mit seinem Entwurf einer ‚konservativen Theorie' reagierte Borchardt aber nicht allein auf die aktuelle Staatskrise, er suchte zugleich nach einer Lösung für das Grundproblem des Konservatismus in der Moderne, von dem alle Programme eines ‚revolutionären Konservatismus' in den zwanziger Jahren ausgingen und das er selbst erstmals in *Schöpferische Restauration*

---

2 Rudolf Borchardt, Schöpferische Restauration, in: Reden, S. 230–253, hier S. 244.
3 Brief an die Feuilletonredation der ‚Münchner Neuesten Nachrichten' v. 17.10.32, in: Briefe 1931–1935, S. 185. Vgl. a. den Entwurf zu einem Brief an Freiherrn v. Guttenberg und die ‚Arbeitsstelle für Konservatives Schrifttum' v. 22.9.1930, in: Briefe 1923–1930, S. 492.
4 Brief v. 17.10.32, in: Briefe 1931–1935, S. 185.
5 Brief an Peter Voigt vom 6.12.1934 (nicht abgesandt), in: ebd., S. 392.

benannte. Dort konstatierte er die vollkommene Zerstörung aller geschichtlichen Begriffe von Volk und Vaterland im naturwissenschaftlich-industriellen Zeitalter, wodurch auch der romantische Konservatismus seine Grundlage verloren habe: „Das Volk der Romantik besteht nicht mehr."[6] Die Frage, wie die funktional-differenzierte Gesellschaft in organische Gliederung überführt werden und die strukturellen Vorraussetzungen traditionaler Herrschaft neu hergestellt werden könnten, blieb in der Rede von 1927 allerdings noch unbeantwortet. Borchardt beschränkte sich dort auf die für die ‚Konservative Revolution' charakteristische Forderung, daß die Restauration von einer Elite vorbereitet werden müsse, vom ‚kleinsten Kreis' ausgehen müsse. In den Aufsätzen zu seiner ‚konservativen Theorie' griff er diese Frage dann wieder auf und versuchte sie einer konkreteren Klärung zuzuführen. Dabei verschob sich das Interesse notwendigerweise von der Bestimmung geschichtlicher Begriffe auf die Erörterung staatlich-administrativer Maßnahmen und die Person dessen, der diese Maßnahmen trifft, den Staatslenker oder Führer.[7] Diesen neuen, staatlich-dezisionistisch orientierten Konservatismus bezeichnete Borchardt in *Konservatismus und Humanismus* in Abgrenzung zum älteren romantischen, aber auch zum neueren völkischen Konservatismus als „totalitäre[n] Konservatismus".[8] Dieser sei der „strenge [...] Verwalter des nationalen Gesamteigentums" und ein „herber Erzieher [...] seines Volkes",[9] keine auf vorhandenen Strukturen aufbauende, sondern eine strukturbildende Kraft, eine „volksbestimmende Staatstendenz", mit dem Anspruch, die Nation zu „führen".[10]

In diesem Kontext wurden anthropologische Fragen für Borchardt in zweifacher Weise wichtig. Zum einen zwang ihn die Erkenntnis, daß der romantische Volksbegriff illusionär geworden ist, zu einer grundsätzlichen Reflexion der anthropologischen Grundlagen geschichtlicher Prozesse bzw. des Verhältnisses von anthropologischen und kulturellen Faktoren. Zum

---

6 Borchardt, Schöpferische Restauration, S. 247.
7 Stefan Breuer beschreibt diese Erkenntnis des Fehlens von materiellen Grundlagen konservativer Politik als Ausgangspunkt für Borchardts Vertauschung von Volks- und Nationenbegriff und dessen alleinige Herleitung aus der ‚sakramentalen Instanz' der Dichtung. (Vgl. Stefan Breuer, Rudolf Borchardt und die „Konservative Revolution", in: Rudolf Borchardt und seine Zeitgenossen, hrsg. v. Ernst Osterkamp, Berlin; New York 1997 [Quellen und Forschungen zur Literatur- und Kulturgeschichte Bd. 10], S. 370–385, bes. S. 374 ff.) Die Herleitung geschichtlicher Begriffe aus der Dichtung begründet allerdings noch keine politische Strategie, denn wo Volk und Nation fehlen, können die geschichtlichen Begriffe auch keine Wirkung entfalten. An diesem Punkt der Reflexion wendet Borchardt sich dann anthropologischen Fragen zu.
8 Rudolf Borchardt, Konservatismus und Humanismus, in: Prosa V, S. 431–441, hier S. 439.
9 Ebd.
10 Ebd., S. 440 f.

anderen mußte er die von ihm geforderte autoritäre Führung anthropologisch legitimieren. Man kann auch sagen: im einen Fall ging es um die menschheitsgeschichtliche Perspektive des ‚revolutionären' oder ‚totalitären' Konservatismus und im anderen Fall um die machtpolitische Perspektive.

II.

Borchardts briefliche und publizistische Stellungnahmen zu den Chancen und Strategien konservativer Politik vom Beginn der dreißiger Jahre zeigen ihn zunächst als luziden Anwalt der Geschichte und scharfen Kritiker der Übertragung biologisch-naturwissenschaftlicher Vorstellungen auf geschichtliche Prozesse, gegen die er sich „als Historiker, als Dichter und als Christ" verwahrt.[11] Den konkreten Anlaß zu dieser Kritik bot wohl die rassenideologische Propaganda der Nationalsozialisten, für Borchardt eine aus den „Irrtümern naturwissenschaftlicher Verkürzung des Menschenbegriffs"[12] entstandene Überbewertung von biologischen gegenüber geistigen Faktoren. An anderer Stelle spricht er in demselben Zusammenhang vom „Sieg des billigen naturwissenschaftlichen Schlagwortes über die geschichtliche Kategorie".[13] Gegen den Determinismus erbbiologischer Theorien behauptet er die prinzipielle Entwicklungsoffenheit des Menschen: „Der Mensch" sei „keine zoologische sondern eine geschichtlich-metaphysische Kategorie, in der »alles möglich«" ist.[14] Gleichzeitig finden sich jedoch anthropologische Relativierungen des geschichtlichen Menschenbildes. Borchardt räumt ein, daß die natürlichen Anlagen dieselbe Bedeutung hätten wie die kulturellen Faktoren und wehrt sich nur gegen die Verabsolutierung ersterer. Die Geschichte selbst bestehe „durchaus aus dem Widerstreite der Freiheit gegen die Notwendigkeit, der Unsterblichkeit gegen die Determination".[15] Und die Auffassung, daß der Mensch ein „Raubtier" sei, nennt er einen Gemeinplatz, der heute niemanden mehr erschrecken könne.[16]

Offensichtlich bemüht Borchardt sich in dieser Zeit – angesichts des Erosion der traditionellen Basis des Konservatismus und der Konjunktur völkisch-reaktionärer Argumente – geschichtliches und anthropologisches Menschenbild miteinander zu vermitteln und auf dieser Grundlage zu einer

---

11 Brief v. 19.11.31 an Max Brod, in: Briefe 1931–1935, S. 94.
12 Ebd.
13 Brief an Max Brod vom März 1932, ebd., S. 152.
14 Ebd., S. 158.
15 Brief an Martin Bodmer v. Ende Oktober 1933, ebd., S. 282.
16 Ebd.

strategischen Neubestimmung des Konservatismus zu gelangen. In *Konservatismus und Humanismus* wirft er dem politischen Konservatismus seiner Zeit vor, ganz unter die „Herrschaft biologischer Zeitmächte" geraten und selbst zu einem „Faktor des stimmenwerbenden Massenzeitalters" geworden zu sein. Indem dieser den „bäuerlichen Menschen" einseitig zum „Träger der nationalen Art" erhebe, argumentiere er „antigeschichtlich, naturwissenschaftlich" und opfere „den Zusammenhang der nationalen *Überlieferung*" zugunsten taktischer Vorteile im politischen Kampf.[17] Anders als die völkisch-nationalistischen Kräfte, die sich am „Mythus des Artserbes" und am illusionären „Ideal autochthoner Nationalkulturen" orientierten, bestimmt Borchardt den Gehalt der Nation als „Spannungsverhältnis" von ‚Art' und ‚Tradition' und als „schöpferische" Aneignung von der „Art gemäß[en]" Ideen und Formen.[18]

Obwohl Borchardt sich so eindeutig von völkischer und rassistischer Ideologie und der auf ihnen fussenden politischen Strategie distanziert, bleibt seine ‚Theorie des Konservatismus' von den kritisierten biologischen Zeitmächten und dem naturwissenschaftlichen Determinismus doch nicht unberührt. Und zwar gewinnen diese da Einfluß auf sein Denken, wo er sich mit der modernen Massengesellschaft befaßt und zu erklären versucht, wie es dazu kommen konnte, daß sich ‚Volk' in ‚Pöbel' verwandelt habe. An diesem Punkt greift er auf die naturwissenschaftliche Anthropologie als Beschreibungsmuster zurück: Der Massenmensch der Gegenwart kann nur noch als natürliches Phänomen erklärt werden. So bezeichnet er in *Schöpferische Restauration* den „Menschentypus der Großstädte" als eine „bestialisiert[e]" und zum „Nigger" degenerierte Menschenart, als entseelte, geschichtslose Spezies, die ganz auf die Befriedigung der Triebe und Bedürfnisse, also eine tierische Natürlichkeit, reduziert sei und die man nicht mehr mit dem Titel ‚Mensch', sondern allenfalls als „Abfallsmenscheit" oder „Menschheitsabfall" bezeichnen könne.[19] Dabei impliziert der Terminus des Abfalls – neben einer theologischen Bedeutung, auf die noch näher eingegangen werden wird – den Gedanken eines evolutionären Prozesses. Trotz seiner häufig vorgebrachten Invektiven gegen die Evolutionslehre bezieht Borchardt sich mit seiner Theorie einer Bestialisierung des Menschen in der Moderne affirmativ auf eine Idee Darwins, und zwar auf die von der zunehmenden Umweltanpassung der Lebewesen im ‚struggle for life':

---

17 Borchardt, Konservatismus und Humanismus, S. 437.
18 Ebd., S. 436, 438.
19 Borchardt, Schöpferische Restauration, S. 243, 247.

„Der Mensch ist ja nicht von Gott und der Natur dazu geschaffen, in den Formen des heutigen Lebens die Arbeitervorstädte von Berlin und die Prostitutionsvorstädte des Berliner Westens, den prostituten Kurfürstendamm und seine Anhänge zu bewohnen. Wird er dennoch dazu gezwungen, so muß seine Entartung, die Anpassungsform, zu anderen Entartungen und Anpassungsformen des Menschengeschlechtes in aufweisbaren Beziehungen stehen, sie muß endlich in der Nähe derjenigen enden, die keineswegs, wie Ihnen vorgelogen wird, jemals ein hoffnungsvoller Urzustand des Menschengeschlechts gewesen ist, mit Urariern, Urinkas, Urasiaten auf gleicher Stufe, sondern vielmehr die hoffnungslose und geschichtsunfähige Degeneration des Menschengeschlechts durch jahrtausendlange Anpassung an unmenschliche Lebensbedingungen [...]."[20]

Borchardt erkennt also die Gültigkeit naturwissenschaftlicher Erklärungsmodelle für gesellschaftlich-kulturelle Prozesse an, aber als negativen Faktor und eingeschränkt auf die Zeit der Industrialisierung und Verstädterung – auf eine nach seinem Verständnis nicht-geschichtliche Epoche. Der moderne Mensch ist in seinen Augen tatsächlich das Ergebnis eines Evolutionsprozesses und wird durch die naturwissenschaftliche Anthropologie treffend beschrieben. Es ist dies ein Gedanke, der dann in der Frage nach der politischen Strategie des Konservatismus in der Moderne und der konkreten Entscheidung zwischen Monarchie und Diktatur wichtig wird. Die partielle Anerkennung der Evolutionslehre geht bei Borchardt jedoch mit einer Verneinung der vom Liberalismus mit ihr verknüpften Geschichtsphilosophie, der Idee des Fortschritts, einher, da er Evolution nur als Degeneration gelten läßt.

III.

Zu Beginn des *Fürsten*-Aufsatzes nimmt Borchardt den Gedanken von der biologischen Determination des ‚heutigen Menschen' wieder auf, kontrastiert diesen aber mit dem Konzept des ‚geschichtlichen Menschen' und entwickelt in dieser Gegenüberstellung ein eigenes, dem evolutionsgeschichtlichen Modell entgegenstehendes Konzept der Menschheitsentwicklung:

„Der heutige Mensch existiert bekanntlich in den unzähligen Typus-Variationen, die man gewöhnlich Individuen nennt. Der von der Naturwissenschaft auf Grund ihrer Mythologie konstruierte Mensch soll das Individuations-Prinzip bereits von seinen vegetabilischen und zoologischen Ahnen, die es angeblich besitzen, in seiner Masse mitgebracht haben, so daß es »von der Wurzel bis zum Wipfel«, vom Kohlkopf bis zum Leser Emil Ludwigs und Emil Ludwig selber ungebrochen verliefe. Diese paradiesische Immanenztheorie durchbricht nur eben ein der Naturwissenschaft nicht bekanntes, unberechenbares Subjekt, der *geschichtliche Mensch*, indem er die Erde nicht als das Wesen betritt, das in Individuen, sondern das in

---

20 Ebd., S. 243.

Varietäten existiert; nicht in Variationen von Typen, sondern als offene Summe der unendlichen Varietäten-Reihe mit dem Funktionszeichen der ungefähren Stufe »Mensch«".[21]

Wie schon in *Schöpferische Restauration* bezeichnet der Begriff des Typus hier einen Zustand naturalistischer Reduktion, in dem der einzelne Mensch als ununterscheidbarer Teil einer denselben Determinanten unterliegenden Gruppe erscheint. Gleichzeitig umfaßt die Semantik von Typus aber auch die moderne Vorstellung vom Individuum, was erst dann verständlich wird, wenn man sich vor Augen hält, daß Borchardt ‚das Individuum' als eine ‚Doktrin' des Liberalismus gilt, mit der Ideologie der Wahlfreiheit behaftet und in seinen Augen darum selbst eine wesentliche Ursache der beklagten Primitivierung ist. Die geschichtsphilosophische Denkform einer fortschreitenden, als Befreiung verstandenen Individualisierung wendet nur ins Positive, was er selbst als Typisierung negiert: daß nämlich der die Moderne bestimmende Prozeß funktionaler Differenzierung zu einer Auflösung des geschichtlichen Volkstums in sozioökonomische Charaktere, beispielsweise den Proletarier, geführt hat. Mit dem Bild der degenerativen Menschheitsentwicklung negiert Borchardt somit zugleich den menschheitsgeschichtlichen Deutungsanspruch der Evolutionslehre, die er hier in einer – durchaus zeittypischen – wissenschaftskritischen Wendung als ‚Mythologie' charakterisiert. Die Vorstellung, daß sich der Mensch in geradliniger Progression vom primitiven Kollektivwesen zum modernen Individuum entwickelt habe, daß die Menschheitsgeschichte als eine Entwicklung „von der Wurzel bis zum Wipfel" vorzustellen sei, deutet er als eine Rückprojektion des Individualismus in die Menschheitsgeschichte und als naturwissenschaftliche Legitimation der Moderne.

Die Anerkennung der biologischen Signatur der Moderne einerseits und die Ablehnung des geschichtlichen Entwicklungsdenkens andererseits haben weitreichende Konsequenzen für Borchardts eigene Überlegungen zum Verhältnis von Geschichte und Anthropologie. Indem er die Idee einer progressiven Menschheitsgeschichte als liberale Mythologie verwirft, negiert er auch die Idee von einer universell gültigen Anthropologie. ‚Der Mensch' als Naturwesen existiert in der Gegenwart und existierte am Beginn der Geschichte und ist in seinem Aufsatz eine eindeutig negativ besetzte Kategorie; er ist eine Degenerationsstufe bzw. primitive Vorform höherer Daseinsformen, allenfalls Material für Formungen, aber kein Wert an sich. In dieser Überzeugung gründen auch die Züchtigungs- und Vernichtungsphantasien, mit denen er im Duktus eines alttestamentarischen Propheten die moderne Menschheit

---

21 Rudolf Borchardt, Der Fürst, in: Prosa V, S. 490–502, hier S. 491. (Alle im Text folgenden nicht weiter ausgewiesenen Zitierungen nach dieser Quelle.)

bedroht.²² Eine weitere Konsequenz aus der Ablehnung der Menscheitsgeschichte ist aber die, daß dann auch der ‚geschichtliche Mensch', als Antithese des ‚heutigen Menschen', selbst nicht als Resultat eines geschichtlichen Prozesses, sondern nur als wesenhafte Urform des Menschen begriffen werden kann – daß er also paradoxerweise ungeschichtlich ist.

Anders, als man zunächst annehmen möchte, zielt die Bezeichnung ‚geschichtlicher Mensch' im *Fürsten* nicht auf das durch die Geschichte geprägte, mit Geschichtsbewußtsein ausgestattete Subjekt. Sie meint vielmehr den ursprünglichen Menschen, eine vorgeschichtlich existente, dem Schöpfungsursprung nahestehende Menschenart mit feststehenden, unveränderlichen Wesensmerkmalen. Und sie meint auch den geschichtsschaffenden Menschen, der aufgrund seiner Urspungsnähe dazu befähigt und berufen ist, die übrige Menschheit zu formen. Im Unterschied zu dem als Individuum und Typus auftretenden ‚heutigen Menschen' existiert bzw. existierte diese Spezies Borchardt zufolge in verschiedenen „Varietäten", d. h. in nicht individualisierter und nicht funktional-differenzierter Form, als unveränderliche, entwicklungslose Wesensheit – als ‚Dichter' ‚Seher', ‚Heiliger', ‚Amazone', ‚Spielmann', ‚Gaukler', ‚Gewalttäter' oder eben als ‚Fürst'.

Borchardt greift also in seiner Konzeption des geschichtlichen Menschen als einer geschichtsbildenden Naturkraft ebenfalls auf eine anthropologische Denkform zurück, allerdings nicht auf eine naturwissenschaftliche, sondern auf eine metaphysische Anthropologie und mythische Kosmogonie. Als Erklärung für das zufällige und transitorische Erscheinen des geschichtlichen Menschen dient ihm der Mythos von der unvollendeten Schöpfung, den er in seinem Aufsatz als Gegenentwurf zum historischen und naturwissenschaftlichen Fortschrittsdenken andeutend skizziert. Dieser mythischen Weltdeutung zufolge, stand nicht ‚der Mensch' als Krone der Schöpfung am Beginn der Menschheitsgeschichte; vielmehr existierten mehrere Varietäten des geschichtlichen Menschen, die jedoch selbst keine vollendeten Verkörperungen des Schöpfungswillens gewesen seien, sondern nur Rudimente eines Entwurfes:

22 Beispielsweise in der Rede *Führung*, wo er nach „Feuer" und „Rohrstock" verlangt, um gegen die gedruckten Meinungen von demokratischen „Lumpenhunden" vorgehen zu können, und ein zukünftiges strenges Regiment gegenüber dem „Pöbel" und der zur „Bestialität" verkommenen modernen Massengesellschaft ankündigt: „wer glaubt, man könne gleichzeitig eine Pflanze aufziehen und pflegen und den Drahtwurm an ihrer Wurzel, den Pilz auf ihren Blättern und die Raupe an ihrem Stiele, um des Lebensrechtes aller Kreatur und um der Freiheit willen, der blicke in die Geschichte der Jahrhunderte zurück, deren harter Manneszucht und deren furchtloser Ausrodung des Wüsten wir es verdanken, wenn Schwert und Beil die Frechheit und den Frevel so ferne gescheucht haben [...]." (Rudolf Borchardt, Führung, in: Reden, S. 397–429, hier S. 421.)

„Varietäten die sich am einhaltenden Entwicklungsgipfel der Form, statt von ihr aufgetrunken zu werden vielmehr in radialer Häufung von ihr abspalten, jede für sich schon ein Kompendium neuer Stufen, die den »Menschen« überschreiten und verlassen wollen. In diesem Hinausrollen des Schöpfungswillens über den ersten Entwurf seines Zieles hinweg, steht der »Mensch« der Weltenfrühe im Schatten aller ihn mächtig überbietenden Großbildungen, die Geschlecht und Art, Genus und Spezies zu werden trachten, noch tief an den Boden gedrückt – mit ihnen verbunden nur dadurch, daß jener Wille, den »Menschen« nur als Voraussetzung gelten zu lassen und aus dieser Voraussetzung eine neue Schöpfung zu entfalten, schon seiner eigenen Mengung uranfänglich mitgegeben ist und frei über der Kausalität der Zeugungskette schwebt. *Das* heißt es daß der Mensch ursprünglich nur in Varietäten existiert. Sie sind nicht Varietäten *des* Menschen, sondern Rudimente einer nicht mehr völlig zustande gekommenen Schöpfung [...]."

Die Varietäten des geschichtlichen Menschen, als Splitter des göttlichen Entwurfs, beherrschen Borchardt zufolge die vorgeschichtliche Zeit, deren Erinnerung die Mythen bewahren. Der natürliche Mensch, der Urmensch der Naturwissenschaften, stellt in dieser Sicht nur eine Degenerationsform dieser ursprünglichen Vielfalt, einen „herabgestimmte[n] Liquidationsrest", und in seiner Unvollkommenheit zugleich den eigentlichen Grund und Antrieb der Menschheitsgeschichte dar: „Damit, daß der »Mensch« nicht genügt, *beginnt* überall die Menschheitsgeschichte."

Diese schöpfungsgeschichtlichen Spekulationen nehmen in Borchardts Werk eine singuläre Stellung ein, sie sind vor dem Hintergrund der in den zwanziger und frühen dreißiger Jahre zu beobachtenden Annäherungen von Geistes- und Naturwissenschaften aber keineswegs originell. Verschiedene Autoren aus beiderlei Lagern wandten sich in dieser Zeit entschieden gegen die Evolutionslehre Darwins und griffen dabei auf die Idee einer metaphysischen Ursprünglichkeit des Menschen zurück. Insofern kann man den *Fürsten* als Dokument einer zeittypischen Abkehr vom historistischen und naturwissenschaftlichen Paradigma und einer Hinwendung zu naturphilosophischen, mythologischen und theologischen Deutungsmustern verstehen. Borchardt bezog sich schon in seinem Programm einer ‚Schöpferischen Restauration' auf die durch Herder eingeleitete Vor- und Frühgeschichtsforschung der Romantik und machte die erhoffte ‚restitutio in integrum' davon abhängig, daß es gelinge auf wissenschaftlichem Weg zu einer Erkenntnis der „verleugneten und verlorenen Geschichte des Menschengeschlechtes"[23] bis in „den Schöpfungstag hinein und den Lebenshauch aus Gottes Mund" zu gelangen.[24] Auch wenn er sich im *Fürsten* nirgends direkt auf wissenschaftliche bzw. naturphilosophische Quellen bezieht, läßt sich durch eine

---

23 Borchardt, Schöpferische Restauration, S. 235.
24 Rudolf Borchardt, Die geistesgeschichtliche Bedeutung des 19. Jahrhunderts, in: Reden, S. 324–344, hier S. 339.

vergleichende Untersuchung doch mit relativer Sicherheit feststellen, von wem er die referierte mythische Kosmogonie übernommen hat. Es handelt sich um den Paläontologen und Mythenforscher Edgar Dacqué, von dessen Schriften Borchardt wohl spätestens 1924 Kenntnis hatte und den er 1927 in Zürich als Vortragenden kennenlernte.[25]

Dacqué, der vor allem durch seine Werke *Urwelt, Sage und Menschheit. Eine naturhistorisch-metaphysische Studie* (1924) und *Leben als Symbol. Metaphysik einer Entwicklungslehre* (1928) bekannt wurde, entwickelte eine vollkommen neue Sicht auf die Mythologie, indem er Mythen nicht als Phantasmagorien, sondern als Tatsachenerzählungen, als Berichte von einer ganz anders gearteten vorgeschichtlichen Menschheit interpretierte. Sein besonderes Interesse galt dabei dem Schöpfungsmythos und der Erzählung vom verlorenen Paradies, die in seiner Lesart vom Verlust eines „urbildhaften Lebens und Seins" – eines Zustandes, in dem eine Vielheit von „urbildhaften Kreaturen" als Verkörperungen unterschiedlicher „metaphysischer Potenzen" existierten – berichtet.[26] Der Sturz aus dem Paradies bedeute die Verbindung dieser Potenzen mit der Materie, den „Eintritt in den diesseitigen physischen Naturzustand" und den Beginn einer Abfallsentwicklung, die sich bis zum „kör-

---

25 Ein indirekter Hinweis auf Dacqué findet sich bei Borchardt 1924 in dem zuerst unter dem Titel *Gefahren für die deutsche Wissenschaft. Eine Entgegnung* publizierten Aufsatz, worin er Dacqué und mit ihm die ganze neuere Naturphilosophie gegen die Angriffe von naturwissenschaftlich-empiristischer Seite in Schutz nimmt. (Vgl. Rudolf Borchardt, Ansprüche der Betriebstechnik auf Revision der Geschichte der deutschen Philosophie, in: Prosa I, S. 385–400, hier S. 398.) In einem Brief an Herbert Steiner vom 8.3.1928 berichtet Borchardt, daß er während seines Zürich-Aufenthalts einen Vortrag Dacqués besucht habe, und von seiner Lektüre eines Aufsatzes des Biologen Adolf Koelsch über Dacqué. (Vgl. Briefe 1924–1930, S. 248 f.) Weiterhin findet Dacqué in der nachgelassenen *Aufzeichnung Stefan George betreffend*" Erwähnung, worin Borchardt ihn zusammen mit Werner Jaeger, Josef Nadler, Rudolf Unger, Martin Heidegger, Karl Barth, Friedrich Gogarten und Hans Heinrich Schaeder zu den Vertretern einer ‚schöpferischen' Erneuerung der deutschen Wissenschaft nach dem Ersten Weltkrieg zählt. (Vgl. Rudolf Borchardt, Aufzeichnung Stefan George betreffen. Aus dem Nachlaß hrsg. u. erläutert v. Ernst Osterkamp. [Schriften der Rudolf-Borchardt-Gesellschaft Bd. 6/7]. München 1998, S. 70.) Eine Kenntnis von Dacqués Ideen und eine gewisse intellektuelle Nähe zu ihm läßt sich auch daraus schließen, daß die ‚Corona' zwei längere Aufsätze Dacqués publizierte, in denen dieser die zentralen Gedanken seines Werkes *Urwelt, Sage und Menschheit* zusammenfaßte: Vom Sinn der Naturerkenntnis (3. Jg., H. 2 v. Dez. 1932, S. 173–191, und H. 3 v. Feb. 1933, S. 326–358), und: Der Geist im Gericht (4. Jg., H. 1 v. Okt. 1933, S. 51–71, und H. 2 v. Dez. 1933, S. 167–195). Darüber hinaus erschien als vierter Band in der Reihe ‚Schriften der Corona' 1933 eine Sammlung mehrerer Aufsätze Dacqués unter dem Titel: Natur und Erlösung, München; Berlin; Zürich 1933.

26 Edgar Dacqué, Religiöser Mythos und Abstammungslehre, in: Natur und Erlösung, S. 122, 118.

perliche[n] Mensch[en] der Jetztzeit" erstrecke, als dem vorläufigen Endpunkt einer immer weiter getriebenen Entfernung vom „Urbild".[27]

Dieses Deutungsmuster kehrt in Borchardts Unterscheidung von ‚geschichtlichem' und ‚heutigem Menschen' wieder, und wie Dacqués Urbild-Theorie kann man Borchardts Idee der unvollendeten Schöpfung als Neufassung des gnostischen Mythos vom Menschen als dem gefallenen Gott lesen. Trotz seiner gelegentlichen Polemiken gegen die „pseudognostische Geschichtsschreibung"[28] des George-Kreises und den „sterilen Dünkel der Georgischen Gnosis"[29], greift Borchardt hier selbst auf gnostisches Denken zurück, um dem evolutionären Verfallsprozeß eine metaphysisch-anthropologisch begründete Utopie entgegensetzen zu können.[30] Wie Dacqué geht er von den Vorstellungen eines ewigen Dualismus von Geist und Materie und eines demiurgischen Menschen aus und leitet daraus die eschatologische Hoffnung ab, daß dem pneumatischen Funken in der Geschichte gegen die Natur zum Durchbruch verholfen werden und der verlorene Urzustand wieder hergestellt werden kann.[31]

Der gnostische Schöpfungsmythos erfüllt im *Fürsten*-Aufsatz eine doppelte Funktion. Er dient zur Erklärung für die Wesensverschiedenheit von ‚natürlichem' und ‚geschichtlichem' Menschen sowie die diskontinuierliche Abfolge geschichtlicher und natürlicher Epochen in der Menschheitsgeschichte. Und er erlaubt es, den Fürsten – ebenso wie den Dichter und den Seher – als anthropologisch-metaphysisch legitimierte Gestalter und Vollender des Schöpfungsentwurfs in der Geschichte vorzustellen. Anders als Dacqué geht Borchardt dabei davon aus, daß die ‚urbildhaften Potenzen' nicht in den Prozeß der naturhaften Degeneration miteinbezogen sind, sondern vereinzelt in der Geschichte wieder auftreten. In Analogie zu seiner Kritik an der liberalen Anthropologie könnte man sagen, daß er damit selbst geschichtlich entstandene Rollen als anthropologische Konstanten an den Ursprung der Geschichte zurückprojiziert, also eine konservative, mehr noch, künstlerische Anthropologie entwirft. Er beschreibt den Fürsten als eine archetypische Variante menschlicher Existenz, bezeichnet ihn explizit als „Naturform" und verleiht ihm an anderer Stelle die terminologische

---

27 Ebd., S. 122, 131.
28 Vgl. Rudolf Borchardt, Pseudognostische Geschichtsschreibung, in: Prosa IV, S. 292–298.
29 Borchardt, Aufzeichnung Stefan George betreffend, S. 76.
30 Er dürfte dabei für sich den Anspruch auf ein richtiges, von den ideologischen Entstellungen der George-Schule befreites Verständnis der Gnosis vertreten haben. Vgl. etwa seinen lobenden Hinweis auf Hans Heinrich Schaeders „Durchdringung der echten geschichtlichen Voraussetzungen der Gnosis". (Ebd., S. 70.)
31 Vgl. Hans Jonas, Gnosis und spätantiker Geist. 1. Teil: Die mythologische Gnosis, Göttingen 1964 [E. 1934], bes. S. 211 f., 286 f.

Dignität einer paläanthropologischen Spezies: „»Der Fürst, homo sapiens, var. princeps (Palaeanthropus solivagus var.)«".[32] Dementsprechend gibt er der Wesenbestimmung des fürstlichen Menschen in seinem Artikel äußerlich die Form empirischer Deskription, indem er sie in die Abschnitte ‚Lebensform', ‚Lebensraum', ‚Sozialraum' und ‚Mittel des Handelns' untergliedert – ohne damit verdecken zu können, daß es sich um eine dichterische Vision handelt, die auf synkretistische Weise naturphilosophische und theologische Konzepte der Zeit verarbeitet.

IV.

Auf dem Hintergrund der skizzierten mythischen Kosmogonie gewinnen auch die politischen Aussagen Borchardts eine neue Bedeutung. Dies soll abschließend an zwei zentralen Punkten aufgezeigt werden: der Legitimation des Herrschers und der Legitimation der politischen Gewalt. Oberflächlich betrachtet läßt sich Borchardts Entwurf des *Fürsten* im Zusammenhang mit dem von der ‚konservativen Revolution' verfolgten Programm einer Neubegründung des alteuropäischen Begriffs von Herrschaft sehen, d.h. einer persönlichen, den Maßstäben des Alltagslebens entzogenen, charismatischen Herrschaft.[33] Durch die ursprungsmythische Herleitung rückt der Fürst aber aus dem Feld der Tradition in das der Anthropologie. Als durch die Mythen prähistorisch verbürgte Spezies paßt er nicht mehr in das romantisch-organologische Denkmodell von ständischer Ordnung und wechselseitiger Treue zwischen Volk und Monarch, auf das Borchardt noch in seinem Geburtstagsartikel für Kronprinz Rupprecht rekurriert,[34] sondern erscheint als

---

32 Brief an Peter Voigt v. 6.12.1934 (nicht abgesandt), in: Briefe 1931–1935, S. 392.
33 Zum Herrschafts- und Führerverständnis der Konservativen Revolution vgl. Martin Greiffenhagen, Das Dilemma des Konservatismus in Deutschland, Frankfurt/M. 1986: „Die frühere Verteidigung des monarchischen Prinzips erfährt in der Konservativen Revolution eine gewisse Veränderung zum Führerprinzip hin." „Das von der Konservativen Revolution geforderte Führertum erscheint somit als Ersatz für das untergegangene monarchische Regiment." (S. 267, 269) Vgl. a. Stefan Breuer, Anatomie der konservativen Revolution, Darmstadt 1993: „Der alteuropäische Begriff der Herrschaft, der die Repräsentation des Ganzen durch einen priveligierten Teil prätendiert, war in der Tat eine der wichtigsten Achsen, um die sich die konservative Revolution gruppierte." (S. 96)
34 Vgl. a. seinen Brief an Edgar J. Jung v. Mitte Juni 1930 (nicht abgesandt), in dem er dem deutschen Volk vorwirft, seine Dynastien verraten und die Schicksalsgemeinschaft mit seinem monarchischen Führer zerstört zu haben, diese Gemeinschaft zugleich aber als unaufhebbare beschreibt: „Ich kann des Treueides gegen meinen Herrscher von niemandem entbunden werden, auch von meinem Herrscher nicht." (Briefe 1924–1930, S. 421 f.) Dieselbe Ansicht vertritt er auch in *Konservatismus und Monarchismus* (1930).

naturhafte Wesensform. Ganz ähnlich wie zur gleichen Zeit der faschistische Theoretiker Giulio Evola versucht Borchardt im *Fürsten*, traditionelle und anthropologische Bestimmungen des Herrschers in einem Idealbild von ‚Königsgottestum' zu verbinden.[35] So zieht er Prädikate traditionalpersönlicher Herrschaft wie ‚Hoheit' und ‚Souveränität' zur Charakterisierung des Fürsten heran, gibt ihnen aber eine neue, gleichzeitig archaische und moderne Bedeutung. Die dem Fürsten eigene Macht über die Menschen, die er ‚unterwirft' und ‚verwandelt', gründet in seiner Teilhabe am Schöpfungsprinzip, wobei Borchardts Typologie keine strenge Trennung zwischen Fürst, Dichter und Seher kennt. Auch der Fürst verfügt über seherische und schöpferische Fähigkeiten. Er bezwingt die Menschen kraft seines Blickes und kraft des inneren Bildes, das er sich von Volk und Nation geschaffen hat, wobei seine Erscheinung einen deutlich ästhetizistischen Anstrich erhält. Auf diese Bedeutungsebene und den literarischen Kontext der Jahrhundertwende verweisen die zahlreich verwandten Metaphern des Auges und des Blickes, die einem vor allem aus dem Werk Hofmannsthals und dessen Künstlerphysiognomien bekannt sind.[36] Hofmannsthal deutet den Künstler als Herrscher und Weltschöpfer, der kraft seiner visionären Begabung die Wirklichkeit erschafft. Borchardt spricht vom „bildschaffende[n] Auge", das die Wirklichkeit erzeugt, und von den „schaffenden Bilder[n]" als den „wirklichen Realitäten der Weltgeschichte" und verbindet so die ästhetizistische Vorstellung des Künstlergottes mit der Idee vom ‚geschichtlichen Menschen' als dem Träger des Schöpfungswillens. Diese anthropologische, metaphysische und ästhetizistische Bestimmung des fürstlichen Wesens beantwortet allerdings noch nicht die den konservativen Theoretiker Anfang der dreißiger Jahre bedrängende Frage, welche politische Strategie und vor allem welche konkrete Person geeignet ist, die restaurative Wende einzuleiten.

Die politischen Tendenzen, in deren Spannungsfeld Borchardt seine konservative Theorie entwickelte, sind bekannt und in der Forschungsliteratur dargestellt: auf der einen Seite italienischer Faschismus und National-

---

35 Vgl. Julius Evola, Erhebung wider die moderne Welt (Übers. v. Friedrich Bauer), Stuttgart; Berlin 1935 [E: Rivolta contra il mondo moderno, 1934.]: „Jede traditionelle Kulturform ist durch das Vorhandensein von Wesen gekennzeichnet, die durch ihre »Göttlichkeit«, d. h. durch eine angeborene oder erworbene Überlegenheit über die menschlichen und naturbedingten Gegebenheiten befähigt sind, die lebendige und wirksame Gegenwart des metaphysischen Prinzips im Schoße der zeitlosen Ordnung zu vertreten." (S. 18)

36 Auf die besondere Blicksymbolik im *Fürsten* und Parallelen zum Werk Hofmannsthals verweist auch Hartmut Zelinsky, Das Reich, der Posteritätsblick und die Erzwingung des Feindes. Rudolf Borchardts Aufsatz *Der Kaiser* aus dem Jahr 1908 und seine Wende zur Politik, in: Rudolf Borchardt und seine Zeitgenossen, S. 281–333, hier S. 329, Anm. 112.

sozialismus — den Borchardt in seiner *Führungs*-Rede, trotz der Beteuerung, keine „Parteipolitik" betreiben zu wollen, in kaum versteckter Weise unterstützte[37] —, auf der anderen Seite der Monarchismus des ‚Ring'-Kreises um Heinrich von Gleichen und die Bestrebungen zur Reaktivierung der Wittelsbacher Dynastie in Bayern in Person von Kronprinz Rupprecht, dem Borchardt in seinen in den ‚Münchner Neuesten Nachrichten' publizierten Artikeln *Welfisches Kaisertum* (1931) und *Rupprecht von Bayern* (1932) huldigte.[38] Am *Fürsten* zeigt sich jedoch, daß Borchardt Monarchie und Diktatur nicht grundsätzlich voneinander unterschied. Zu Recht hat Jens-Malte Fischer den Monarchen und den diktatorischen Führer bei Borchardt als „ineinander verschwimmende Phantasmagorien" bezeichnet,[39] ohne allerdings die ideologischen Gründe dieser Vermischung zu benennen. Tatsächlich schließt die metaphysisch-anthropologische Begründung von Herrschaft eine historischdynastische Legitimation aus, zumindest für den Zeitraum, in dem die gewaltsame strukturelle Umformung der Gesellschaft vollzogen wird.

Für Borchardt ergab sich daraus das Problem der Erkennbarkeit des Herrschers. Diese war problematisch geworden, weil es aufgrund des degenerierten Charakters der liberalen Massengesellschaft kein organisches Verhältnis von Volk und Fürsten mehr gab. Borchardt geht darauf in seiner *Führungs*-Rede ausführlich ein und kommt dort zu dem Schluß, daß den ‚heutigen' Deutschen, den individualisierten Menschen der Großstädte, strukturell die Eigenschaft der Führbarkeit fehlte und sie folglich gar nicht in der Lage seien, sich einem überlegenen Herrscher freiwillig unterzuordnen. Aus diesem Grund bleibt für ihn als Merkmal des Herrschers in der Moderne nur die faktische Gewaltausübung übrig.[40] Die Gewalt ist darüber hinaus metaphysisch legitimiert, und dies erklärt, warum Borchardts Beschreibungen gewaltsamen Handelns oft apologetischen Charakter haben. Gewalt ist das einzige Mittel zur Zerstörung des Degenerationszustandes der Mensch-

---

37 Borchardt, Führung, S. 399.
38 Zu den konservativ-monarchistischen, gegen die Nationalsozialisten gerichteten Bestrebungen in Bayern, ihrem Scheitern und der daraus resultierenden Abwendung Borchardts von der NSDAP vgl. Jens Malte Fischer, „Deutschland ist Kain". Rudolf Borchardt und der Nationalsozialismus, in: Rudolf Borchardt und seine Zeitgenossen, S. 386–398; zu Borchardts enger Verbindung mit den bayerischen Monarchisten vgl. a. Zelinsky, Das Reich, der Posteritätsblick und die Erzwingung des Feindes.
39 Fischer, „Deutschland ist Kain", S. 390.
40 In *Führung* heißt es: „Der heut Erflehte, wenn er wirklich käme, hätte nicht ein freies Volk aus den Sackgassen einer etwas übereilten Entwicklung in die freien Bahnen des berühmten Tüchtigen zurückzuführen, sondern ein ordnungsflüchtiges und ordnungsbrüchiges zu *unterjochen*. Deutschland ist heut nicht zu führen, sondern nur zu erobern." (Borchardt, Führung, S. 424.)

heit in der Gegenwart und im gnostisch-eschatologischen Kontext ein ummittelbar schöpferisches Element. Sie steht im Dienste der Erlösung des Geistes aus den Fesseln der Natur und einer künftigen ‚restitutio in integrum'.[41] Die zu Individuen degenerierten Menschen müssen „einzeln gebrochen und gewandelt" werden, um überhaupt erst wieder eine geschichtliche Einheit, eine Nation oder ein Volk, werden zu können.

Da es zuerst allein um die Zerstörung der modernen Gesellschaft, um ihre Brechung, Disziplinierung und zwangsweise Zusammenbindung geht, ist es für Borchardt nicht entscheidend, *wer* diese Aufgabe erfüllt, entscheidend ist, *daß* sie erfüllt wird. Von daher erklärt sich die eigentümliche Ambivalenz von archaischem Fürsten und diktatorischen Führer in seinen Herrscherbildern vom Beginn der dreißiger Jahre. So wenn er im *Fürsten* die reine Entscheidungsgewalt und die Fähigkeit, „nacktes Recht" zu sprechen, zum „Widerschein der Hoheit" erklärt, oder wenn er „Souveränität" als Unaufhaltbarkeit von Herrschaftsmaßnahmen definiert, einem „elementarischen Walten" gleichsetzt, und vom „unwiderstehliche[n] Naturcharakter des fürstlichen Menschen" spricht. ‚Fürst', so muß man folgern, ist letztlich derjenige, der entscheidet.

In diesem Punkt weist Borchardts Herrscherbild deutlich dezisionistische Züge auf. In keiner seiner anderen Schriften, die *Führungs*-Rede ausgenommen, läßt sich eine so große Nähe zur politischen Anthropologie Carl Schmitts mit ihrer radikalen Verachtung des Verfassungsstaates und ihrem Rückgriff auf ein vermeintliches Naturgesetz der Macht beobachten wie in diesem Aufsatz. Mit Schmitt – und seinem Gewährsmann Donoso Cortes – teilt Borchardt die Überzeugung, daß traditionale Herrschaft ein für allemal verloren gegangen ist und also nur noch die Herrschaft des durch Entscheidungsmacht legitimierten Führers bleibt.[42] Augenfällig wird der dezisionistische Charakter des Fürsten in den von Borchardt aufgelisteten ‚Mitteln seines Handelns'. Kennzeichen fürstlichen Handelns sei „der *Schlag* aus der *Verschlossenheit*", der „Stoß aus dem Dunkeln", eine plötzliche, unkalkulierbare Entscheidung, die sich rationalen Erklärungen entzieht und aufgrund ihrer ‚dämonischen' Herkunft schöpferische Wirkungen zeitigt. In ganz ähnlichem Sinne spricht er in *Führung* von den „Funken des Führerblitzes in der begnadeten Seele" als dem Urgrund aller geschichtlichen Gestaltung.[43] Spätestens hier wird deutlich, daß *Führung* und *Fürst* in engem Zusammen-

---

41 Zur eschatologischen Rechtfertigung der politischen Gewalt vgl. a. Eric Vogelin, Gnostische Politik, in: Merkur 4 (1952), S. 301–317.
42 Vgl. Carl Schmitt, Politische Theologie. Vier Kapitel zur Lehre von der Souveränität, 3. Aufl., Berlin 1979, S. 65 f.
43 Borchardt, Führung, S. 402.

hang gesehen werden müssen. Trotz der unterschiedlichen Konnotationen, die ihre Titel auslösen, stellt der Fürst keinen aristokratischen Gegenentwurf zum diktatorischen Führer dar, sondern ist in den ihm zugeschriebenen Wesensmerkmalen – Willenskraft, Phantasie und dezisionistische Gewaltausübung – mit diesem identisch.

Die Parallelen zum politischen Dezisionismus finden sich allerdings nur in der Beschreibung der aktuellen politischen Aufgabe und sollten nicht den Blick darauf verstellen, daß zwischen Borchardt und Schmitt eine tiefgreifende Differenz in der theoretischen Begründung von Herrschaft bestand. Während Schmitt seine politische Theorie nämlich aus einem universellen anthropologischen Skeptizismus herleitete, ging Borchardt von einer wesensmäßigen Ungleichheit des natürlichen und des geschichtlichen Menschen aus. Schmitt begründete seine Herrschaftslehre auf dieser Grundlage rein-funktional. Mit Hobbes und den Staatstheoretikern des 17. Jahrhunderts teilte er die Ansicht, daß der Souverän die Macht an sich nimmt – oder übertragen bekommt –, um den Bürgerkrieg, den Krieg aller gegen alle, zu verhindern. Das heißt, er erfüllt eine praktische, gesellschaftlich notwendige Regelungsfunktion. Borchardt dagegen sah den Herrscher als metaphysisches Zentrum der Gemeinschaft und anthropologisch legitimierten Schöpfer und Gestalter des Volkes. Aus diesem Grund wäre es falsch, von einer politischen Anthropologie Borchardts zu sprechen, wie überhaupt seine Charakterisierung als politischer Denker problematisch erscheint. Im *Fürsten* befaßte er sich nicht mit Politik im engeren Sinn, d. h. mit der Frage des Machterwerbs, sondern ausschließlich mit Wesen und Phänomenologie der Herrschaft.

Betrachtet man den *Fürsten*-Aufsatz im Kontext von Borchardts anderen in dieser Zeit verfaßten Beiträgen zur konservativen Theorie, dann läßt sich beobachten, wie der Begriff des Monarchen dort immer mehr an Substanz verliert und im *Fürsten* schließlich ganz in dem des diktatorischen Führers aufgeht. In dem Maße, in dem Borchardt sich auf die virulenten politischen Probleme der Zeit, die Debatte um einen Führer und die staatsrechtliche Legitimation autoritärer Herrschaft, einließ und den geschichtlich-traditonalen Konservatismus in den ‚totalitären Konservatismus' transformierte, näherte er sich daher zwangsläufig der politischen Bewegung an, die sich am entschiedensten zum Führerprinzip und zur gewaltsamen Umformung der modernen Gesellschaft bekannte, nämlich dem Faschismus. Es überrascht daher auch nicht, daß einem viele Wesenszüge des ‚Fürsten' in seinem wenig später entstandenen Porträt des italienischen ‚Duce' wiederbegegnen.[44]

44 Vgl. Rudolf Borchardt, Besuch bei Mussolini (1933), in: Prosa VI, S. 211–218. In der stilisierten Erinnerung an seine persönliche Begegnung mit dem ‚Duce' beschreibt

Borchardt diesen mit eben den Attributen, mit denen er im *Fürsten* den echten Führer versehen hatte, wie ‚Willenskraft', ‚Hoheit', ‚Entschlossenheit' und ‚Künstlertum': „Gesammelte Willenskraft und unbedingte Festigkeit im Guten beherrschen die großen Flächen dieser in allen Übergängen gerundeten und schönen Züge, die auch einen gewaltigen Kirchenfürsten und einen fürstlichen Dichter bezeichnen könnten, und mit manchen Bildnissen des reifen Goethe nicht zufällig übereinstimmen, weil die höchste aller Möglichkeiten männlicher Liebe im Geistigen, die *plastische*, sie zu ihrem Gefäße gemacht zu haben scheint." (S. 214 f.)

MARKUS BERNAUER

Rudolf Borchardt und Ezra Pound im faschistischen Italien

Im April 1945 wird der amerikanische Dichter Ezra Pound im Haus seiner Geliebten Olga Rudge in Sant Ambrogio bei Rapallo verhaftet, zuerst in das amerikanische Disciplinary Training Center bei Pisa überführt, wo er unter freiem Himmel in einen Gorillakäfig gesperrt wird, und später, im November, in die USA gebracht, wo ihm wegen Hochverrats der Prozeß gemacht werden soll. Die Anklage war 1943 wegen seiner antiamerikanischen Sendungen für den italienischen Rundfunk erhoben worden; die amerikanischen Strafverfolgungsbehörden setzten danach eine hohe Belohnung auf seine Ergreifung aus. Zum Prozeß kam es aber nicht, er wurde für unzurechnungsfähig erklärt und in eine psychiatrische Station verbracht. Auf ‚Unzurechnungsfähigkeit' zu plädieren, hatte Pound gleich nach seiner Verhaftung als Strategie zur Rettung seines Kopfes geplant. So endete sein Engagement für den Faschismus in einer halb gespielten geistigen Verwirrung, die Pound noch in den fünfziger Jahren Interviews geben ließ, in denen er unverhohlen seine Bewunderung für Mussolini wie Hitler äußerte.

Als Pound 1924 von Paris nach dem ligurischen Rapallo umzog, war dieses Ende in menschlicher und politischer Abseitigkeit nicht absehbar. Zunächst war es gar nicht der Faschismus, der ihn zur Übersiedlung bewog, sondern die Flucht vor dem Pariser Literatenmilieu, wo er sich – wie Ernest Hemingway später schrieb – damit erschöpft hatte, „das materielle wie das künstlerische Los seiner Freunde zu bessern"[1]; bekannt ist, daß er James Joyce' *Ulysses* oder T. S. Eliots *The Waste Land* zu Fertigstellung und Druck verhalf, während seine *Cantos* unbearbeitet liegen blieben. Bei der Wahl seines Exilortes mag jene diffuse Sehnsucht nach dem hellen mediterranen Licht, nach dem leichten mediterranen Leben eine Rolle gespielt haben, die viele Pariser Künstler und Autoren nach dem Krieg in sich trugen; für André Gide, für Pablo Picasso oder Henri Matisse etwa war der Traum vom mittelmeerischen Arkadien während einiger Jahre ein ästhetisches Stimulans. Andere, die in den zwanziger Jahren nach Italien übersiedelten, zum Beispiel der irische Dichter William Butler Yeats oder der amerikanische Philosoph

1 Ernest Hemingway: Huldigung an Ezra, in: Ezra Pound. 22 Versuche über einen Dichter, hrsg. von Eva Hesse. Frankfurt a.M./Bonn 1967, S. 399.

George Santayana, taten dies bewußt aus politischen Gründen; Yeats und Santayana gaben vor, dem angeblichen Chaos in den westlichen Demokratien und der sogenannten bolschewistischen Gefahr entkommen zu wollen; anders als Pound glaubten sie schon früh an den Faschismus als neue politische Ordnung. Mit ihrem Glauben in den Duce und mit ihrer Ablehnung der parlamentarischen Demokratie waren sie keine politischen und intellektuellen Paradiesvögel; bis zum Ausbruch des Zweiten Weltkrieges war Mussolini eine von vielen europäischen Intellektuellen bewunderte politische Führergestalt, die auch beste Presse in den westlichen Hauptstädten hatte. „Mussolini ist der moderne Cäsar, der Napoleon des Jahres 1926", konnte man in der New York Herald Tribune lesen. Und im Londoner Daily Mail im selben Jahr: „Es wird immer deutlicher, daß wir in unseren Lebtagen Zeugen einer weiteren Revolution im globalen Denken sind, einer Revolution, die von dem unermüdlichen und fruchtbaren Genie Mussolinis ausgelöst wurde." 1930 bekannte sich Igor Strawinsky, der das Land allerdings nur von seinen Reisen kannte, in einem Interview zu Mussolini: „Ich glaube nicht, daß irgend jemand Mussolini mehr verehrt, als ich es tue. Für mich ist er der einzige Mann, auf den es ankommt in der ganzen Welt von heutzutage. [...] Er ist der Retter Italiens und – hoffentlich – Europas."[2]

Der Kontext, in den die kleine Auswahl zitierter verbaler Verbeugungen vor Mussolini gehört, die Diktatorenverehrung in den zwanziger und dreißiger Jahren, ist nach 1989 vielfach Gegenstand von Untersuchungen gewesen. Konnten die Geisteswissenschaften und konnte die kleine kulturell interessierte Öffentlichkeit noch bis in die frühen achtziger Jahren ‚richtige' und ‚falsche' ideologische und ästhetische Gesinnung klar unterscheiden – je nach Standort mit leichten Nuancen: avantgardistisch gegen klassizistisch-konservativ, links gegen rechts, modern gegen antimodern –, so begann sich in den achtziger Jahren dieses bipolare Weltbild aufzulösen, um zuletzt ganz wegzubrechen. Hatten sich zunächst diktatorische oder ‚faschistische' Momente bei einzelnen Vertretern der kulturellen Eliten entlarven und mit Empörung kommentieren lassen, so geriet in den neunziger Jahren die ganze Klasse unter Verdacht: Nicht nur die Konservativen, auch die Avantgarden der ersten Jahrhunderthälfte hatten diktatorische, geradezu totalitäre Neigungen. John Careys Buch *Haß auf die Massen* von 1992 hat in der polemischen Entlarvung der Avantgarden Maßstäbe gesetzt, nicht nur im angelsächsischen Raum. Carey stellt die ästhetische Hermetik englischer Autoren der avantgardistischen Moderne in den Zusammenhang ihrer elitistischen politischen Vorstellungen und ihres Hasses auf die Massen. Was er dabei entdeckt, ist fraglos ein ideologisches Horrorkabinett: Das Virginia Woolfs

---

2   Eva Hesse: Die Achse Avantgarde-Faschismus. Reflexionen über Filippo Tommaso Marinetti und Ezra Pound. Zürich o. J. [1992], S. 304 und 225.

etwa, deren politische Ordnungsliebe mit Haß auf alles einherging, was nicht Elite, sondern ‚Masse' war. Oder jenes William Butler Yeats', der 1939 in hohem Alter einen Bürgerkrieg der Begabten gegen die Massen geradezu ersehnte und dabei die nazistischen Eugenikgesetze vor Augen hatte.[3] Wenn Carey jedoch den Erfinder von Sherlock Holmes als Gegenbeispiel ins Feld führt, als gleichsam auf allen Ebenen demokratischen Autor, wird das Problem seines Verfahrens deutlich: Der ästhetische Elitismus der Moderne erscheint hier als Kehrseite des politischen, womit die Avantgarden bis zum Beweis des Gegenteils unter Faschismusverdacht stehen. Arthur Conan Doyle bietet jedoch keine ästhetische Alternative zu Virginia Woolf, was Carey auch gar nicht zu formulieren wagt; an ihm läßt sich nur ablesen, was hätte sein müssen, nämlich eine dem demokratischen Zeitalter angemessene demokratische, d. h. für die ‚Massen' offene Literatur (und Kunst). Dieser geschichtsphilosophische Wunschtraum geht bei Carey einher mit einer geschichtsphilosophischen Erklärung der Misere, die den modernen Intellektuellen, insbesondere den schaffenden Künstler, als weltloses Individuum geradezu in die ästhetische Abseitigkeit und damit in den gesellschaftspolitischen Elitismus gedrängt sieht.

Komplementär zu Carey argumentiert Eva Hesse in ihrem ebenfalls 1992 erschienenen Buch *Die Achse Avantgarde – Faschismus. Reflexionen über Filippo Tommaso Marinetti und Ezra Pound*; für sie ist es weniger die anarchische avantgardistische Intention als vielmehr die aus ihr erwachsende klassizistische Versuchung, die Sehnsucht nach Ordnung im ästhetischen wie im politischen Feld, die viele Literaten in die Nähe des Faschismus führte. Nicht nur des Faschismus übrigens: Hesse hat verbale Verbeugungen vor Mussolini, Hitler oder Lenin gesammelt, die eine oder andere davon im selben Satz vor Mussolini und Lenin, nicht den Ideologen geltend, sondern den ordnungstiftenden Diktatoren. Pounds Wendung zum Faschismus geht für sie einher mit einem in die Poetik übertragenen Männlichkeitswahn, den sie auf die Begriffe Härte und Klarheit bezieht (die bei Pound tatsächlich schon früh eine Rolle spielen); der Traum einer männlich bestimmten Ordnung führt für sie gleichermaßen zum modernen Klassizismus und zu faschistischer Gesinnung, da beide Ausdruck ein- und derselben Ordnungssehnsucht seien. So kommentiert Hesse Strawinskys Hoffnungen in Mussolini so: „Wie so viele andere ‚Klassiker der Moderne' erlag er einer zwanghaften Ordnungsliebe, die ihn für starke Männer und autoritäre Regierungsformen einnahm." Damit müßten *Pulcinella* oder *Oedipus Rex* als ästhetischer Ausdruck derselben verdeckt faschistischen Gesinnung gesehen werden, so, als stehe hinter dem spielerischen Umgang mit Elementen der

---

[3] John Carey: Haß auf die Massen. Intellektuelle 1880–1939. Göttingen 1996, S. 25 f.

‚commedia dell'arte' im Ballett von 1917 wie hinter dem Versuch, das lateinische Oratorium wiederzubeleben, gleichermaßen vor allem ‚Ordnungssehnsucht'.

Nimmt Hesse also anders als Carey statt des avantgardistischen Elitismus die klassizistische Moderne als Ausdruck einer ästhetischen Haltung der modernen Intelligenz, die politische und künstlerische Ordnungsmuster vertauschbar werden läßt, so trifft sie sich mit ihm in der Erklärung dieses Phänomens: „Gesellschaftlich ging der Siegeszug von Wissenschaft und Technik überein mit dem Niedergang von Kirche und Feudaladel, womit auch das Mäzenatentum, das die Künste einst in Brot gesetzt hatte, verfiel, denn die materialistisch kalkulierende Bourgeoisie sah in der Förderung der Künste keine Gewinnsparte. Das war die Entwicklung, in der kreative Künstler a) soziales Prestige, b) gesellschaftliche Funktion und Legitimation und c) wirtschaftliche Existenzgrundlagen dahinschwinden sahen. Der schöpferische Mensch wurde zum schrulligen Außenseiter in der Gesellschaft, voll nostalgischer Sehnsucht nach den aristokratischen und klerikalen Gönnern früherer Zeiten, geplagt vom schmerzenden Bewußtsein der verlorenen Zuständigkeit für die Sinndeutung der gesamten Existenz, die er dennoch, und jetzt in übersteigerter Form, zu behaupten suchte: ‚Dichter sind die heimlichen Gesetzgeber der Welt.' (Shelley)"[4]

Es fällt schwer zu glauben, daß der schöpferische Mensch eine Zuständigkeit für die Sinndeutung der gesamten Existenz verlieren konnte, die er vor der Romantik weder hatte noch sich anmaßte. Vielmehr scheint Hesse hier geschichtsphilosophischen Spekulationen Raum zu geben, die der Vision von Geschichte jener ästhetischen Moderne, die zu entlarven sie ansetzt, verblüffend ähnlich sind. Zu den Grundmustern der politischen Argumentation im ästhetischen Kontext gehört seit den Romantikern die Klage, die Welt sei durch Rationalität des gesellschaftlichen Getriebes bestimmt, und der Künstler könne in ihr deswegen keinen Platz finden. Um an ein Beispiel aus dem 19. Jahrhundert zu erinnern, bei dem ästhetische Avantgarde und konservative Kulturkritik noch offenkundig ineinander verfließen: Richard Wagner hat sowohl in den frühen Revolutionsschriften wie in den späten Regenerationspamphleten den Kapitalismus als Grundübel der bürgerlichen Moderne beklagt und ihn für die Randständigkeit der künstlerischen Existenz in der Moderne verantwortlich gemacht. Wagners Kulturkritik, und hier nicht zuletzt seine antisemitischen Ausfälle gegen Meyerbeer, hat eine Pointe darin, daß er nichts mehr verachtete denn den Künstler als Geschäftsmann, den erfolgreichen, von der bürgerlichen Gesellschaft integrierten Meister. Dieser galt ihm als korrumpiert durch die ökonomische

---

4 Eva Hesse: Die Achse Avantgarde-Faschismus.Reflexionen über Filippo Tommaso Marinetti und Ezra Pound. Zürich o. J. [1992], S. 215.

Rationalität der bürgerlichen Welt, die vom Künstler verlangte, sich dem Zerstreuungsbedürfnis des Publikums unterzuordnen, statt das Publikum dem ästhetischen Erleben zu unterwerfen. Wenn Wagner in Bayreuth aber die Verdunkelung des Saales während der Aufführungen durchsetzt, so manifestiert sich darin ein ästhetischer Wandel, den das bürgerliche Publikum, das den Künstler angeblich aus der Gesellschaft ausgeschlossen habe, durchaus (bis heute) mitträgt: die Pflege des ästhetischen Erlebnisses außerhalb der Zweckrationalität des Alltagslebens.

Hingegen bringt Eva Hesses kunstsoziologisch formulierte These vom Außenseitertum des Künstlers in der bürgerlichen Gesellschaft die ästhetische Modernekritik seit der Romantik auf den Punkt, wenn man ihr anfügt, daß zum künstlerischen Selbstverständnis dabei gehörte, ja geradezu zum Klischeebild der künstlerischen Existenz, sich abseits zu halten, nicht zuletzt, um die eigene Schöpfungskraft vor den diffundierenden Kräften der Gesellschaft zu schützen und sich eine geistige Integrität zu bewahren, deren Fehlen als die Krankheit der modernen bürgerlichen Gesellschaft diagnostiziert wurde. Was Eva Hesse wie John Carey bei ihren Autoren zutage bringen, zeigt bei allen Unterschieden im einzelnen einen Grundzug, nämlich die Ablehnung der modernen Gesellschaft als unstrukturiert chaotisch und die Sehnsucht nach einer die moderne Welt ordnenden Kraft. Carey deckt diesen Zug in der klassischen Avantgarde auf, insbesondere in der Londoner Bloomsbury Group, Hesse glaubt ihn als Auslöser der klassizistischen Moderne in den zwanziger Jahren ausmachen zu können. Die Krankheitsdiagnose, die moderne Gesellschaft sei unhierarchisch und unstrukturiert, sei dekadent, weil sich in ihr die einzelnen aus dem sozialen Zusammenhang lösten und nur ihren Egoismen nachlebten, sei chaotisch, weil die Ordnungsmuster nur ökonomisch bestimmt seien und sogenannte höhere geistige Werte vermissen ließen, jene sehr pauschale Modernekritik, die Carey wie Hesse bei den von ihnen jeweils untersuchten Autoren ausmachen, gilt gemeinhin als kulturkonservativ. Wie man sie auch immer etikettieren mag – sie wirkt bei den vielen avantgardistischen Bewegungen als konzeptionelles Stimulans ebenso im Hintergrund wie bei den im engeren Sinne kulturkonservativen Eliten seit dem späten 19. Jahrhundert. Mögen sich Vertreter der Avantgarden und Konservative auf dem ästhetischen Feld noch so sehr befehdet haben, so ist die Ablehnung der Jetztzeit von allem Anfang an ein entscheidender Impuls für die meisten künstlerischen Strömungen seit dem späten 19. Jahrhundert gewesen. Und mögen auch die Avantgarden die Moderne, mit Koselleck das Bewußtsein, daß die eigene Jetztzeit der Anfang der Zukunft sei, allemal auf sich, und zwar fast jede Bewegung auf sich alleine bezogen und je ihre eigene Moderne als ästhetische creatio ex nihilo konzipiert haben, so treffen sie sich mit der konservativen Kulturkritik darin, daß der chaotischen Gesellschaft der Jetztzeit eine neue Ordnung überzustülpen sei. Selbst eine so anarchische Gruppe wie die Pariser Surrealisten suchte nach jenem kollektiven Unbewußten, aus dem sich dann eine quasi surrealistische, aber kollektive Gesellschaftsordnung entwickeln ließe. Genau diese avantgardistische Intention aber machte viele ihrer Vertreter anfällig für politische Diktaturen, wobei – dies wird in Hesses Untersuchung an Marinetti deutlich – selbst in dieser Anfälligkeit noch ein anarchisches Residuum der Verweigerung gegenüber der Gesellschaft steckt.

Hesse und Carey Schelte ist freilich nicht allein deswegen fragwürdig, weil sie bei einzelnen Gruppen faschistische Ideologie entlarvt, wo nach Mustern der ästhetischen Moderne gefragt werden müßte, sondern weil sie letztlich aus biographisch-psychologischen Beobachtungen, aus Einzeläußerungen und politischen Bekenntnissen ein Gesamtbild der ästhetischen Konzeptionen entwerfen will. Das Gegenmodell hat Walter Benjamin schon in den dreißiger Jahren entworfen: Es könne, wo von Kunst die Rede sei, nicht darum gehen, die ideologische Ausrichtung eines Kunstwerks aus der Gesinnung seines Autors abzuleiten; diese müsse vielmehr dem Werk und seiner Konzeption selbst eingeschrieben sein. Wenn Benjamin mit dem Gedanken an die linientreue Organisation von Material zu einem Werk spielte und damit insbesondere der marxistischen Kunstkritik ein verheerendes Mittel, Künstler zu diffamieren, an die Hand gab, so steckt doch darin die Einsicht, daß ästhetische Konzeptionen ihre eigene Systematik haben, die nicht mit der politischen Ideologie ihres Autors gleichgesetzt werden kann. Das gilt auch für die hier zu verhandelnden Autoren: Rudolf Borchardt und Ezra Pound, deren Verhalten im faschistischen Italien nicht im Hinblick auf ihre politischen Positionen für sich genommen, sondern im Kontext ihrer ästhetischen Konzeptionen untersucht werden sollen.

Als Ezra Pound Anfang der dreißiger Jahre mit seinen ersten Äußerungen zu Mussolini hervortrat, tat er dies mit dem Gestus, er habe den Duce für die Öffentlichkeit erst „entdeckt", entdeckt als Herr eines eigenen politischen Programms und einer eigenen Staatserfindung, dem korporativen Staat. Dieser Gestus provozierte mehr Widerspruch als die ‚Entdeckung' selbst: Gertrude Stein etwa, mit der Pound in Paris als Mentor junger Autoren in einem Konkurrenzverhältnis gestanden hatte, hielt seiner Entdeckung ihre eigene entgegen: Hitler. So erklärte sie 1937, Hitler verdiene den Friedensnobelpreis. Und zwei Jahre später, kurz vor Kriegsausbruch, stellte sie den deutschen in Gegensatz zum italienischen Diktator: „Hitler wird niemals einen Krieg entfachen. *Er* ist nicht der Gefährliche. Wissen Sie, er ist deutscher Romantiker. Er will die Illusion des Sieges und der Macht, den Glanz und die Glorie des Krieges, aber das Blut und die Kämpfe, die notwendig sind, um den Krieg zu gewinnen, würde er nicht ertragen können."[5] Zwei betuchte Amerikaner, die sich um die Entdeckung europäischer Diktatoren streiten, haben gewiß etwas Komisches; aber die grotesken Fehlurteile lassen sich nur dadurch erklären, daß sie in einer von der politischen völlig verschiedenen Sphäre entstanden sind und im Zusammenhang mit einem teils ästhetischen teils persönlichen Disput, außerhalb dessen die Welt nicht war. Gertrude Stein meinte einen Sack zu schlagen und einen Esel zu treffen, der es in diesem Gleichnis nicht sein kann. Der leicht ironische Tonfall ihres Interviews, die allzu großsprecherischen Huldigungen an den Friedensstifter Hitler, lassen diese Verdrehung durchscheinen; aber wie leicht die Ironie in Ernst umschlagen konnte, zeigte sich während des Krieges: Gertrude Stein pflegte gute Beziehungen zur französischen Rechten, die sie, die jüdischer Herkunft war, während der Besetzung Frankreichs in gefährliche Nähe zur Kollaboration brachte; immerhin übersetzte sie Pétains *Paroles aux Français* ins Amerikanische und stellte den Marschall in ihrem Vorwort als Retter Frankreichs dar. Daß die amerikanische Jüdin Stein sich als Verehrerin des antisemitischen Führers noch nach der Reichskristallnacht bekannte, kann nur bedeuten, daß ihre ästhetische Extravaganz die Welt in sich aufgehen ließ und die Wirklichkeit außerhalb der vier Wände des Stein-Toklasschen ästhetischen Haushaltes negierte.

Wann Pound Mussolini ‚entdeckte', ist schwer einzuschätzen; auf jeden Fall handelt es sich bei seiner Zuwendung zum Faschismus um einen schleichenden Prozeß. Zu einer ersten indirekten Begegnung kam es 1927, und zwar anläßlich eines Konzertes, das Pounds Geliebte Olga Rudge, der amerikanische Komponist George Antheil und der Pianist Daniel Amfiteatrow vor dem Duce gaben. Mussolini erklärte dabei, er spiele selber Geige, was Pound besonders für ihn eingenommen zu haben scheint; bekannt war, daß des Duces Lieblingskomponist Vivaldi war, um dessen Wiederbelebung sich Olga Rudge und Pound in den zwanziger Jahren bemühten. Interessant ist das Muster, das sich hier herauskristallisiert: Nicht wegen seiner politischen Handlungen, sondern um seiner künstlerischen Interessen willen wird der Duce gelobt und verehrt; Pound (und auch Rudolf Borchardt) werden ihm später nach ihren Audienzen gerade eine ungewöhnliche ästhetische Sensibilität bescheinigen. In diesen ersten Jahren in Rapallo aber ist der Dichter im wesentlichen noch mit seinen in Paris liegen gebliebenen poetischen Entwürfen beschäftigt: 1925 erscheint endlich *A Draft of XVI Cantos*, 1926 und 1928 zwei Auswahlausgaben früherer Gedichte, 1930 schließlich *A Draft of XXX Cantos*. Die Arbeit an den *Cantos* scheint ihn von direktem politischen

---

5   Eva Hesse: Ezra Pound. Von Sinn und Wahnsinn. München 1978, S. 156.

Engagement vorerst abgehalten zu haben; immerhin heißt es in einem Brief an Harriet Weaver vom 30. November 1926:

> I personally think extremely well of Mussolini. If one compares him to American presidents (the last three) or British premiers, etc., in fact one *can not* without insulting him. If the intelligentsia don't think well of him, it is because they know nothing about 'the state,' and governement and have no particularly large sense of values. Anyhow, *what* intelligentsia?
> What do the intelligentsia think of Henry Ford? He has given people a five day week, without tying it up in a lot of theoretical bunk. I can't imagine *any* labour party consenting to the results; it puts such a lot of 'secretaries' out of a job.
> Re your question is it any better abroad for authors: England gives small pensions; France provides jobs. A ninth rate slob like Claudel gets a job as ambassador. Giraudoux, Morand, Cros, etc., etc., get quite comfortable posts. Italy is full of ancient libraries ; the jobs are quite comfortable, not very highly paid, but are respectable, and can't much interfere with the librarians' time.
> As to 'betterness,', if I were a citizen of any of these countries I wd. have some sort of appui, which is unthinkable in America. As for professorships??? I have not been overwhelmed with offers ... I reckon the danger is not imminent.[6]

Auch wenn Besucher dieser Jahre, bezeichnenderweise aus dem Rückblick, eine zunehmende geistige Verwirrung Pounds festgestellt haben wollen, der Brief an Harriet Weaver gibt kein Zeugnis dafür ab. Zwar behauptet Pound, *im Gegensatz* zur ‚intelligentsia‘ gut von Mussolini zu denken, aber diese ‚intelligentsia‘ hatte den Duce ja wie erwähnt zu einem guten Teil als Lichtgestalt von den regierenden ‚Funktionären‘ westlicher Demokratien abgehoben. Was bei Pound hier durchschimmert, ist ein antiintellektualistischer Zug in der Einschätzung des Faschismus, der diesen als Gegenbewegung zu einer bei ihm sehr vage umrissenen intellektuellen Elite versteht, ein Zug, der in den folgenden Jahren sich in dem Maße verstärken wird, in dem er selber Distanz zur ‚intelligentsia‘ sucht und sich immer mehr als künstlerischer Außenseiter begreift will. Es sind indes in seiner späteren Einschätzung des Faschismus noch andere Motive treibend als nur diese zunächst langsam aufgebauten und nach und nach immer heftiger aufgeputschten Ressentiments. Zum einen entwickelt Pound anhand Italiens ein Gegenbild zu amerikanischen Verhältnissen in seiner Imagination der europäischen Welt; während er in diesem Brief Frankreich, England und Italien in der Behandlung ihrer Autoren noch in einem Atemzug erwähnt, wird er später das faschistische Italien gegen das plutokratische Amerika ausspielen. Das andere wird erkennbar mit der Nennung Henry Fords als eines ‚Sozialreformers‘: Hier macht sich die Überzeugung Luft, daß Reformen, gerade soziale Reformen, nur von oben, diktatorisch, verordnet werden könnten, eine

---

6   Ezra Pound: Selected Letters 1907–1941. Ed. by D. D. Paige. New York 1950, p. 205.

Überzeugung, die er mit vielen Zeitgenossen teilt. Nicht vom politischen Programm oder vom politischen System versprach man sich die Modernisierung, sondern vom Diktator, und so konnte Pound wie viele andere auch auf Lenin ebenso hoffen wie auf Mussolini. Es ist aber nicht allein die Auswechselbarkeit von Diktatoren oder Industrieführern, die hier verblüfft; vielmehr hat Pound hier auch schon angedeutet, was ihn in den dreißiger Jahren beschäftigen wird, nämlich die (in seinen Augen) dem Faschismus vergleichbaren Elemente in der jüngeren und jüngsten amerikanischen Geschichte. Nicht, daß er sich ein faschistisches Amerika wünschte, noch nicht einmal, daß er sich die USA unter einer Diktatur vorstellen konnte und wollte: Vielmehr sah sich Pound als Vorreiter einer demokratischen Wende in den USA (und zwar bis zuletzt), die nicht Italien imitieren, sondern die quasi historisch angebrachten Reformen aus eigenen Voraussetzungen durchführen müsse, wie dies Mussolini für Italien tue oder getan habe.

So paradox dies zunächst klingen mag: Die Entdeckung Mussolinis ist für ihn also nicht die eines universalen Heilbringers. Diese Einsicht ist wichtig, um sein geradezu naives Verhalten in den dreißiger und vierziger Jahren zu verstehen, seine eigene Ratlosigkeit gegenüber der amerikanischen Politik und seine Verständnislosigkeit gegenüber der Behandlung, die ihm widerfuhr. Die vielleicht gewollte politische Naivität hat ihn seine unsäglich wirren Reden am italienischen Rundfunk halten lassen, die im wesentlichen von der Zerstörung Amerikas durch die ‚Usura‘, den Wucher handelten. ‚Usura‘ ist für Pound nach 1930 ein Grundbegriff seines Denkens; man kann ihn vielleicht als Metapher für die Verselbständigung des ökonomischen Systems innerhalb der modernen Gesellschaft verstehen; in einer eigenen Anmerkung zu Canto XLV heißt es dazu: „Usury: A charge for the use of purchasing power, levied without regard to production; often without regard to the possibilities of production. (Hence the failure of the Medici bank.)"[7] ‚Usura‘, das ist das sich selber vermehrende Geld, ohne Rücksicht auf die Produktion, ‚Usura‘, das sind die Gewinne aus Kredit- und Zinswirtschaft, aus Aktien natürlich auch. Im Canto selber heißt es:

---

7 The Cantos of Ezra Pound. London 1986, S. 230.

With Usura

With usura hath no man a house of good stone
each block cut smooth and well fitting
that design might cover their face,
with usura
hath no man a painted paradise on his church wall
harpes et luz
or where virgin receiveth message
and halo projects form incision,
with usura
seeth no man Gonzaga his heirs and his concubines
no picture is made to endure nor to live with
but it is made to sell and sell quickly
with usura, sin against nature [...][8]

In Eva Hesse Übertragung:

Bei Usura

Bei Usura hat keiner ein Haus von gutem Werkstein
die Quadern wohlbehauen, fugenrecht,
daß die Stirnfläche sich zum Muster gliedert
Bei Usura
hat keiner ein Paradies auf seine Kirchenwand gemalt
harpes et luz
oder die Kunde, die zur Jungfrau kommt
und Strahlenkranz, der vorkragt von der Kerbe
Bei Usura
kommt keinem Mann zu Augen Gonzaga, Kind, Kegel, Konkubinen,
es ist kein Bild gedacht zu dauern, noch damit zu leben
sondern nur seinen Schnitt zu machen, rasch seinen Schnitt zu machen
bei usura, der Sünde wider die Natur [...][9]

Die Kritik am Wucher, dieser Sünde wider die Natur, hat in der Rezeption Pounds nach dem Krieg eine gewichtige Rolle gespielt; der amerikanische Dichter ließ sich ungebrochen in den antikapitalistischen Aufbruch von 1968 integrieren. So hat Eva Hesse 1969 ein Bändchen *Der Revolution ins Lesebuch* herausgegeben, in dem neben Texten zur freien Sexualität auch Auszüge aus den ‚Usura'-Cantos und andere kritische Lyrik zur Geldwirtschaft enthalten waren. Und noch zum 100. Geburtstag 1985 brachte Arche die ‚Usura'-Cantos in einer Prachtausgabe mit sämtlichen Entwürfen heraus (von deren einem noch zu handeln sein wird), ausgezeichnet kommentiert

---

8 Ebd., S. 229.
9 Ezra Pound: Usura-Cantos XLV und LI. Texte, Entwürfe und Fragmente, hrsg. von Eva Hesse. Zürich 1985, S. 15.

und mit einem umfangreichen Essay Eva Hesses ergänzt: *Wachstum und Wucher. Die Aktualität von Pounds Usura-Begriff*. Dabei ist vollständig aus dem Blick geraten, daß Pounds Kapitalismuskritik nicht neben seiner Hinwendung zum Faschismus herläuft, sondern deren entscheidender Teil ist – und daß Faschismus wie Nationalsozialismus einen kulturkonservativen Antikapitalismus, dessen Rhetorik der Pounds in vielem ähnlich ist, in sich aufgenommen und noch in den dreißiger Jahren reproduziert haben (schließlich kam Mussolini aus dem Sozialismus, eine Herkunft, die in den sozialen Programmen der Republik von Salò bei ihm wieder durchgebrochen ist).

Entscheidender als die „Aktualität" von Pounds ‚Usura'-Begriff, entscheidender als die gesellschaftspolitische oder utopische Relevanz seiner Wucherkritik, die man nicht zu hoch einschätzen sollte, scheint mir die Metaphorik zu sein, mit der sie in Canto XLV präsentiert wird. Von der ‚Usura' heißt es, sie sei „sin against nature", eine Behauptung, die lateinisch und in Versalien zum Schluß des Canto wiederholt wird:

"Contra naturam
They have brought whores for Eleusis
Corpses are set to banquet
at behest of usura."[10]

„Contra naturam
Man brachte Huren nach Eleusis hin
Und setzte Leichen zum Gelag
Auf Geheiß von Usura."[11]

Während dieser Schluß das Widernatürliche theologisch bebildert, „widernatürliches" Verhalten in den heidnischen Tempeldirnen und im Kannibalismus zu entdecken vorgibt, hat der Anfang des Canto einen anderen Ton, der diesen Schluß ad absurdum zu führen scheint. Dort ist gar nicht die Rede von „Natur", nur von Kunst. Keiner habe ein Haus von gutem Werkstein, keiner ein Paradies auf seine Kirchwand gemalt; Bilder seien nicht für die Dauer bestimmt. Im folgenden wird Pound eine Reihe von Malern aufzählen, die unter den Bedingungen der ‚Usura' nicht hätten arbeiten können: Pietro Lombardo, Duccio, Piero della Francesca, Giovanni Bellini oder Fra Angelico. Pound greift hier sein Repertoire der Frührenaissancekunst auf, das ihn mehr faszinierte als die Kunst der hohen Renaissance; diese Welt der frühen Renaissance, zu der auch Figuren wie der Condottiere und Stadtherr von Rimini, Sigismondo Malatesta, zählen, wird im Canto als Vision gegen eine von der ‚Usura' beherrschte Gesellschaft gesetzt. Versündigung gegen

---

10 The Cantos of Ezra Pound. London 1986, S. 230.
11 Ezra Pound: Usura-Cantos XLV und LI. Texte, Entwürfe und Fragmente, hrsg. von Eva Hesse. Zürich 1985, S. 17.

die Natur ist die Entsinnlichung der Welt; ‚Usura' verwandelt die Welt in eine Wirklichkeit ohne Bilder, in der nicht einmal mehr die Quader, aus denen die Hausmauern erbaut sind, ein Muster bilden. Von dieser Einsicht aus ist aber auch der Schluß des Canto neu zu lesen: Eva Hesse weist in ihrem Kommentar zu den ‚Usura'-Cantos darauf hin, daß in Pounds Werke „der Topos *Eleusis* in diametralem Gegensatz zu dem Topos *‚Usura'* und der von ihm bewirkten Verdinglichung, durch die alle die freien Gaben der Natur zu käuflichen Waren reduziert werden", stehe.[12] Bei den eleusinischen Mysterien, den Feiern der Fruchtbarkeitsgöttinnen Demeter und Persephone, sollen orgiastische Riten praktiziert worden sein, was nicht nur Pounds Phantasie angeregt hat; mit Tempelprostitution aber hatten sie nichts zu schaffen. Das wußte auch Pound, wenn er in einem Brief an seinen italienischen Übersetzer, den Eva Hesse zitiert, schrieb: „[Das mit] Eleusis ist *sehr* elliptisch. Es bedeutet, daß man anstelle des sakramentalen Koitierens [‚sacramental fucking'] in den Mysterien die billige [,4 and six penny'] Hure hat. [...] Und das Sakrament, das im Koitus besteht und *nicht* im Kauf einer Lizenz von einem breitarschigen Priester oder vom Standesamt, wurde durch das Christentum, oder durch die falsche Auslegung dieser Ersatzreligion, total entwürdigt."[13] Diese Briefstelle regt ein verschiedenes Verständnis des englischen „sin against nature" und des lateinischen „contra naturam" an: „Contra naturam" kann als Zitat aus Paulus' Römerbrief gelesen werden; darin (1,26) stellt der Apostel einen kausalen Zusammenhang zwischen Heidentum und einer „contra naturam" gelebten Sexualität her. Dieser Zusammenhang wird in Canto XLV evoziert, jedoch umgedreht. Nicht die Tempelprostitution, nicht die heidnischen Mysterien waren „sin against nature", sondern ihre Verurteilung durch Paulus als „contra naturam": Das Christentum vernichtete den Kultus der Natur und der Fruchtbarkeit und verdammte Sinnlichkeit und Sexualität; an ihre Stelle trat die Unnatur, traten die Sexualität als geschäftliche Beziehung und der Verzehr von Leichen, ein drastisches Bild für die Umkehrung des Fruchtbarkeitskultes des Fruchtbarkeitskultes der Antike in ein inhumanes Verhältnis zu menschlichen Leiblichkeit, vielleicht auch eine Anspielung auf den ‚corpus Christi' der Kommunion. Daß das auf „Geheiß von usura" geschehen sei, legt einen Zusammenhang offen, auf dem Pound auch an anderer Stelle bestanden hat: den von Christentum und ‚Usura'.

Der später immer wüster werdende Antisemitismus Pounds hat in diesem Konnex seinen Ursprung; „contra naturam" sei nämlich der christliche Monotheismus, so der Schluß, den er zieht, der Monotheismus, dessen Anfänge freilich nicht in Europa, sondern eben in der „semitischen" Welt des

---

12 Ebd., S. 80.
13 Ebd.

jüdischen Glaubens liegen. Dieser Monotheismus aber impliziert Abstraktion von der Bilderwelt, nicht nur als eines Symbols, sondern geradezu als Ursache für die sinnliche Vielfalt des Lebens. Es sieht also so aus, als könne auch Pound sich der zum plattesten Klischee geronnenen Modernitätskritik der ersten Jahrhunderthälfte nicht entziehen: Moderne bedeutet Geldwirtschaft; diese aber impliziert die Abstraktion von menschlichen Beziehungen, ihren Ersatz durch gesellschaftliche Normen, die nicht durch menschliche Bedürfnisse, sondern durch das System der Geldwirtschaft geprägt sind. Diese modernitätskritische Topologie, die ihre Ahnherrn auch in jüdischen Intellektuellen wie Georg Simmel hat, wurde von den seit der Jahrhundertwende in Deutschland, aber auch in Frankreich zunehmend rabiater auftretenden antisemitischen Bewegungen nur allzu gerne umstandslos auf die „Juden" übertragen, die seit jeher und von ‚Natur' aus mit Geldgeschäften und Wucher befaßt gewesen seien. Zu Anfang der dreißiger Jahre folgt Pound – anders als während des Krieges – diesem antisemitischen Schema allerdings noch nicht. Wie er übrigens auch ein anderen Topos der Modernitätskritik, der seit Ferdinand Tönnies mindestens in Deutschland zum Repertoire gehörte, vermieden hat: den der verlorenen Gemeinschaft und der Vereinsamung des Individuums in der „Gesellschaft". Im Gegenteil impliziert Pounds geschichtsphilosophische Konstruktion gerade die Zerstörung des Individuums durch Geldwirtschaft und Monotheismus.

Pounds Konstruktion, die die Bezeichnung „geschichtsphilosophisch" nicht verdient, weil sie weder systematisch noch historisch konsequent sein will, sondern gerade antimonotheistisch, momentan, aus dem Moment entwickelt, nimmt ihren Ausgangspunkt vom Bild der Antike als einer Welt der sinnlichen Vielheitlichkeit. Ende der zwanziger Jahre war er auf den Anthropologen und Ethnologen Leo Frobenius und dessen Begriff des ‚paideuma' gestoßen. Was bei Frobenius ein divinatorisches Sehen der Gewalten, die eine Kultur prägen, meinte, wurde für ihn zu einem Ausdruck für den archaischen Zustand einer Kultur, in dem deren Kräfte ihre Eigenheit bewahrt haben. Was das ‚paideuma' Europas sei, läßt sich aus einem Essay mit dem Titel *European Paideuma* von 1940 herauslesen. *Herauslesen*, denn Pound verweigert konsequent (und konsequenterweise) jede abstrahierende Definition:

The people of Rapallo rushing down into the sea on Easter morning or bringing their gardens of Adonis to church on the Thursday before have not learned these things in school. Nor did they have them originally from Christian priests. The same thing is true of the silk cocoons which, during Easter Week, the peasent women bringt to church carefully concealed under their aprons.
The whole of romance, the amour courtoius of Provence, the Minnesänger, mediaeval legend, the Venusberg und Tristan are ineradicable of belief. As are feasts of planting and

harvest and feasts for the turn of the sun. Aphrodite, Adonis, Helios. Belief is in the writings of the Ghibelline poets.[14]

Die „unausrottbaren" Gebräuche der Menschen stammen nicht aus dem Christentum, sondern aus der heidnischen Antike, deren Götterwelt, in der Gegenwart im Volk lebendig gehalten, durch das Mittelalter transportiert worden sei von den deutschen Minnesängern und den provenzalischen fahrenden Dichtern. Diese Götterwelt ist für Pound das ‚paideuma' Europas, eine synkretistische, bildhafte Vielheit, die durch das Christentum nur überlagert, nicht aber wirklich zerstört worden sei. ‚Christlich' impliziert für ihn Abstraktion, Bilderfeindlichkeit, semitischer Monotheismus, der auch der ‚Usura' der modernen Geldwirtschaft zugrunde liege. Pound hat diese ‚Geschichtsphilosophie' in Anlehnung an Frobenius seit Anfang der dreißiger Jahre vertreten und entwickelt, mit einer bezeichnenden Nuance freilich; denn während er in den Anfängen das ‚paideuma' in der mediterranen Kultur und ihrer Vielheit begründet sieht, hat er später die nichteuropäischen Kulturen des Mittelmeers gerade für die Zerstörung der alten heidnischen Welt verantwortlich gemacht.

Der schon reichlich krausen Schrift *Jefferson and/or Mussolini. L'Idea statale – Fascism as I Have Seen It*, 1933 geschrieben, aber erst 1935 in den USA erschienen, liegt schon der Gedanke des ‚european paideuma' zugrunde. Zunächst ist das ‚and/or' des Titels nicht als Alternative zu lesen, sondern im Sinne eines ‚sowohl als auch' zu verstehen, sowohl ‚and' als auch ‚or'. Sowohl Jefferson wie Mussolini hätten in einer bestimmten historischen Situation der jeweiligen Eigenart ihrer Nationen in der praktischen Politik zum Durchbruch verholfen.

Jefferson habe dadurch, daß er den Staat nach den Wirren der Revolutionszeit zurückgedrängt habe, durch sein Postulat ‚weniger Staat', die inneren Konflikte der jungen USA beendet und die Eroberung des Westens einleitet. Von Fesseln, jedoch von anderen, habe auch Mussolini Italien befreit, nämlich aus den Fesseln des Klerikalismus. Auf die Verschiedenheit des europäischen ‚paideuma' vom amerikanischen bezieht sich das ‚or' des Titels. Das europäische ‚paideuma' ist für ihn in der heidnischen Antike begründet, einer Antike, die in den Formen, in denen die Italiener ihre Religiosität ausüben, noch lebendig sei; und im Grunde habe das Christentum, dessen Erfahrung für ihn wohl durch den amerikanischen Puritanismus geprägt ist, sich in Italien – Pound erinnert dabei einmal an die vielen unkanonisierten Lokalheiligen – nie durchsetzen können. Mit dem Programm des faschistischen Antiklerikalismus ‚identifiziert' sich Pound direkt:

---

14 Ezra Pound: Machine Art and Other Writings. The Lost Thought of the Italian Years, hrsg. Maria Luisa Ardizzone. Durham u. London 1996, S. 131 f.

> There are early fascist manifestos, or at least one that is highly anti-clerical. I also was anti-clerical. I've seen Christians in England, I've seen French Catholics at Amiens and at Rocamadour, and I don't want to see any more. French bigotry is as displeasing a spectacle as modern man can lay eyes on.
> The Christian corruptions have never been able to infect the Italian, he takes it easy, the Mediterranean sanity substists.[15]

Mussolinis Antiklerikalismus wird von Pound als Teil eines größeren Programms gelesen, das die Repaganisierung Italiens zum Ziel habe, was für ihn eine ökonomische Renaissance jenseits der ‚Usura' einschließt; diese Repaganisierung scheint in Italien möglich, weil das Heidentum nie wirklich verschwunden sei. Pound stellt hier eine Reihe von impliziten Zusammenhängen her: der dem Volk nahe, nicht universitätsverbildete Mussolini, der Versuch, Glauben wieder herzustellen als ein zentrales Moment des ‚paideuma', freilich eines eben in der sinnlichen Unmittelbarkeit verankerten Glaubens usw. Entscheidender ist in diesem Zusammenhang freilich etwas anderes, nämlich daß dieses scheinbar antimoderne Programm einer Repaganisierung in den Kontext von Pounds eigener dichterischer Welt und seiner Poetik gehört. Davon muß nun die Rede sein.

Schon seit seinen Anfängen als Schriftsteller hatte Pound davon geträumt, ein moderner Homer zu werden; die *Cantos*, deren erste Anfänge um 1904 liegen dürften, waren das Ergebnis dieses Lebensplanes. Aber anders als die Homerische *Odyssee* sollte sein Epos die Geschichte nicht in einem linearen Erzählfluß einschließen; vielmehr geht seine Poetik auf einen Sprachrealismus zurück, der schon in einem Brief an Harriet Monroe von 1915 faßbar ist: „Objectivity and again objectivity, and expression: no hindside-before-ness, no straddled adjectives [...], no Tennysonianness of speech [...]. Every literaryism, every book word, fritters avay a scrap of the reader's patience, a scrap of his sense of your sincerity. When one really feels and thinks, one stammers with simple speech." Beim vielzitierten Haß auf die literarische Phrase hat sich Pound immer wieder auf Flaubert berufen, insbesondere auf *Bouvard et Pécuchet*, die Sammlung bewußtseinzerstörender ‚on-dits', in der der mit *Madame Bovary* begonnene Versuch über die durch Sprache verkrümmte Wahrnehmung von Wirklichkeit systematisiert werden sollte. Aber es ist nicht die Wahrnehmung von Wirklichkeit, die Pound mit seiner Kritik der poetischen Sprache im Auge hat, sondern die Wirklichkeit selber, ihre Entstellung durch Sprache nicht in einem symbolischen, sondern in einem realen Sinne. Im selben Brief heißt es dazu:

---

15 Ezra Pound: Jefferson and/or Mussolini. L'Idea statale – Fascism as I Have Seen It (1935). Nachdruck New York o. J., S. 31.

> Language is made out of concrete things. General expressions in non-concrete terms are a laziness; they are talk, not art, not creation. They are the reactions of things on the writer, not a creative act by the writer.[16]

In Andeutungen trifft Pound hier eine doppelte Unterscheidung: zunächst die zwischen einer Phrasensprache und einer realistischen Sprache, die die Konkretionen der Wirklichkeit im Wort in die Dichtung transponiert. In *The ABC of Reading* von 1934 wird er später aus den Ideogrammen der chinesischen Schrift die Idee einer ‚Phanopoiea' entwickeln, eines poetischen Verfahrens, in dem visuelle Vorstellungen durch das sprachliche Zeichen unmittelbar auf den Leser übertragen werden, die neben der Melopoieia (der Entsprechung im Laut) die Konkretion der Dichtung sichert. Die zweite Unterscheidung, die er im Brief an Harriett Monroe trifft, gilt der bloßen Spiegelung von Wirklichkeit im Gegensatz zum schöpferischen poetischen Akt. Dieser begnügt sich damit, Wirklichkeit hinzunehmen und bloß zu spiegeln, er erschafft sie in gleichsam dichterisch-sprachlicher Umarbeitung selber neu, nicht als romantisch-imaginäre, sondern in der Konkretion des realen Daseins, deren Teil die Wörter sind.

Was das für das homerische Epos der *Cantos* bedeutet, läßt sich an einem Detail zeigen; der Anfang des 2. Canto enthält im Keim eine Art von poetischem Schlüssel für das gesamte Unternehmen:

> HANG it all, Robert Browning,
> there can be but the one 'Sordello.'
> But Sordello, and my Sordello?
> Lo Sordels si fo di Mantovana.[17]

Der Troubadour Sordello im romantischen Epos Brownings träumt den Traum eines Neuen Rom, träumt den Traum der Dichterherrschaft, der für kurze Zeit dank seiner Beredsamkeit auch in Erfüllung geht: Sordello überzeugt kraft des Wortes den Condottiere Salinguerra, ihm die kaiserlichen Insignien der Macht zu überlassen. Der hypertrophe Traum einer Dichterherrschaft läßt sich für Browning freilich nicht in die Politik übersetzen; Sordello wird die Insignien zurückgeben. Neben der Browningschen Poetik, auf deren Zusammenhang mit den *Cantos* hier nicht einzugehen ist, muß Pound auch die dichterische Hypertrophie als solche fasziniert haben. Gegen Brownings Sordello fragt er freilich nach dem seinen, um im vierten Vers im Zitat die sprachlich überlieferte historische Figur zu evozieren. Sein Sordello ist nicht der seine, es ist *der* Sordello, der indes in den Kontext des homerischen Epos transponiert zu einem ‚anderen' Sordello wird. Exempla-

---

16 Ezra Pound: Selected Letters 1907–1941. Ed. by D. D. Paige. New York 1971, S. 49.
17 The Cantos of Ezra Pound. London 1986, S. 6.

risch an der Evokation dieser Figur entwickelt er sein Konzept des modernen Epos, die sich nicht aus der romantisch-schwärmerischen Vorstellung eines subjektiven Weltentwurfs speist, sondern im Gegenteil historisches Material, Quellen als einmontierte Zitate, in das Epos integriert. Dabei entwickelt Pound ein System von Überblendungen solchen Materials, die disparate dichterische Kosmen miteinander in Berührung kommen läßt, ohne sie zu verschmelzen. Und verschiedene historische Figuren, die miteinander verschmelzen, ohne ineinander aufzugehen. Dies steht natürlich auch in Beziehung zu Pounds eigener Poetik, die hinter seinen *Cantos*, aber auch hinter verschiedenen, als Übersetzungen mißverstandenen und daher geschmähten Zyklen wie *Homage to Sextus Propertius* (1919) oder *Guido Cavalcanti. Rime* (1912, in neuer Fassung 1931) stehen: dem Dichten in ‚Masken', in ‚personae'. Das moderne Dichtersubjekt sind viele, die es freilich einander anverwandelt, quasi eine multiple Persönlichkeit, die jedoch in jedem einzelnen Bezug sich zu einer festen Identität entwickelt.

Aus dieser poetischen Konstruktion heraus und nicht etwa aus konkreten politischen Zielen entwickelt sich Pounds Neigung zum Faschismus, den er im Grunde immer als Teil seiner eigenen epischen Wirklichkeit begreift, nicht als Realität außerhalb seiner selbst; noch die berüchtigten Römer Rundfunkreden der vierziger Jahre werden deshalb ein scheinbar diffuses Gemisch von ‚Usura'-Polemik, abstrusen politischen Aufrufen und poetologischen Auslassungen versammeln. Man hat in diesem Zusammenhang vom Verlust des Realitätssinns oder von einer paranoiden Persönlichkeitsstruktur gesprochen; das mag für das psychologische Interesse Sinn machen, ist aber schon deswegen wenig erhellend, weil Pound sich mit Willen auch die Maske des Paranoikers aufgesetzt hat. Und es ist wenig erhellend, weil Pound mit seinem hypertrophen ästhetischen Bewußtsein, das sich die Welt einverleibt und nicht einen Platz in ihr sucht, kein historischer Einzelfall ist. Ob man hierbei an Stefan George oder an Gottfried Benn, ob man an einen Architekten wie Le Corbusier oder einen Maler wie Piet Mondrian denkt: Die Vorstellung von der Einverleibung der Wirklichkeit in die ästhetische Konstruktion scheint ein Signum der Moderne zu sein, und beileibe nicht nur bei den sogenannten ‚Avantgarden'.

Pounds Integration des Faschismus in seinen epischen Kosmos findet auf mehreren Ebenen statt. Zunächst ist es die Überzeugung, daß das ‚paideuma' Europa im Faschismus wiederbelebt werde, die seinem eigenen Versuch, dieses ‚paideuma' in den *Cantos* zu gestalten, entspricht. Der Rückgriff auf den Vater der abendländischen Epik ist dabei das äußere Zeichen für den Versuch, eine archaische Kultur wieder zu beleben, die geprägt gewesen sei von einer Vielzahl von Gottheiten, deren Präsenz in Dichtung und Kunst ihre sinnliche Konkretheit verbürgt. Die Repaganisierung Italiens durch Mussolini erscheint in diesem Gedankengang wie eine politische Parallelaktion zu Pounds poetischem Projekt; daß sie die ‚Usura' überwinden werde, die auf den Monotheismus und das von ihm initiierte abstrakte Denken zurückgehe, ist dem Dichter selbstverständlich. Spätestens in diesem Zusammenhang wird deutlich, in welchem Maße Pounds wirtschaftliche Auslassungen sich einer Kulturtheorie verdanken, die wiederum Teil eines poetischen Projekts ist, und mitnichten sozialen oder ökonomischen Theorien, die umgekehrt nach Bedarf in dieses Projekt integriert werden.

Daß Mussolini dabei in die Nähe der anarchischen provenzalischen Sänger rückt, mag heute mehr Staunen als verdient erregen; denn der Duce erscheint in diesem ästhetischen Wahngebilde als ästhetischer Einzelgänger, der eine Kulturevolution begonnen habe. In wahnhaftem Haß hat Pound 1944, nach der Bombardierung Riminis durch die Alliierten, indirekt eine Überblendung vorgenommen, die die historische Position, die er dem Duce zusprechen wollte, auf den Punkt gebracht hat: Mussolini wird mit dem Stadtherrn von Rimini, Sigismondo Malatesta, in Beziehung gesetzt, besser, da er wie dieser ein Kind der Romagna ist, als dessen Reinkarnation gestaltet. Dabei ist es nicht nur, wie Eva Hesse erläutert, die Form des „freidenkerischen Fürsten und genialen Condottiere, der sich, allein auf sich gestellt, heroisch gegen den wucherischen Geist der Zeit erhob (in Sigismondos Fall verkörpert durch das habgierige Papsttum)", in der Pound Mussolini als Kämpfer gegen die Mächte der ‚Usura' seinen *Cantos* einverleibt.[18] Der zweite Malatesta-Canto endet nämlich mit einer Anspielung auf die „Comentarii rerum mobiliarum" des Enea Silvia Piccolomini, als Papst Pius II. Malatestas Gegenspieler:

> "and built a temple so full of pagan works"
>   i.e. Sigismund
> and in the style 'Past ruin'd Latium'
> The filigree hiding the gothic,
>   with a touch of rhetoric in the whole
> And the old sarcophagi,
>   such as lie, smothered in grass, by San Vitale.[19]

> „und baute einen Tempel so voll Abgötterei"
>   [nämlich Sigismund]
> nach Art und Weis der alten Lateiner
> Filigran über das Maßwerk

---

18 Ezra Pound: Die ausgefallenen Cantos LXXII und LXXIII. Aus dem Italienischen und mit Anmerkungen von Eva Hesse. Zürich 1991, S. 40.
19 The Cantos of Ezra Pound. London 1986, S. 41. Zur Anspielung vergl. den ausgezeichneten Kommentar von Carroll F. Terrell: A Companion to the Cantos of Ezra Pound. Berkeley/Los Angeles/London 1993, S. 48.

> und eine Spur von Großart in dem Ganzen
> Und die alten Steinsärge bei San Vitale,
> über die das Gras wächst.[20]

Es ist also nicht einfach der heroische Kämpfer gegen das Papsttum, es nicht der Mäzen Sigismondo Malatesta, der von Pound in seinen *Cantos* besungen wird, es ist mindestens ebenso der Bauherr des ‚Tempio Malatestiano', mit dem Leon Battista Alberti eine antik-heidnische Bauform wiederbelebt haben wollte, fünfzig Jahre vor Bramantes Tempietto und unter den mißtrauischen Augen der Kirche, die in dieser Revitalisierung antiker Architektur Munition im Kampf gegen den gehaßten Condottiere fand. Wie Mussolini im 20. Jahrhundert hatte schon Malatesta zu Beginn der Renaissance eine Repaganisierung Italiens eingeleitet, die zwar nicht zum Sturz des Papsttums, aber doch zu einem gewaltigen ästhetischen Innovationsschub führte – und wie bei Mussolini war bei Malatesta die Repaganisierung verbunden gewesen mit dem Kampf gegen die ‚wucherischen' Mächte der Zeit. So ließen sich ‚Usura', Kirche und Antike, Faschismus und Renaissance in Pounds *epischem* Wahnsystem verbinden, das, und das ist das eigentlich katastrophische, nicht als fiktiv konzipiert war, sondern als real, qua einer Sprache, die aus Realien bestehe. Es gibt für Pound keine Trennung von dichterischem Entwurf und Wirklichkeit außerhalb; vielmehr wird diese als Teil des epischen Kosmos behandelt, womit auch alle Grenzen der ‚Zuständigkeit' des Poeten fallen.

Pound war hierin konsequent. Während der Republik von Salò bombardierte er Mussolini mit eigenen Büchern, mit Bücherlisten, mit ökonomischen und politischen Ratschlägen. Und umgekehrt verleibte er die erste und einzige Begegnung mit dem Duce seinen Cantos ein. Realiter fand die Audienz am 30. Januar 1933 statt, also zwei Monate bevor Borchardt von Mussolini empfangen wurde. Pound hatte 1932 an Mussolinis Privatsekretär Alessandro Chiavolini geschrieben und ihn um eine Unterredung mit dem Duce gebeten; dabei wollte er Einzelheiten, die der Durchsetzung des Faschismus im Wege stünden, bereden und dazu „two pressing problems": die Arbeitsbedingungen in sizilianischen Minen und die Produktivität der italienischen Korkindustrie![21] Bei der Audienz überreichte Pound dem Duce ein Exemplar von *A Draft of XXX Cantos*, die eben erschienen waren. Eine kohärente Erzählung der Begegnung, so wie sie Borchardt gegeben hat, gibt es bei Pound nicht, es sind nur Fragmente verarbeitet. Der Canto XLI beginnt:

---

20 Ezra Pound: Cantos I-XXX. Deutsch von Eva Hesse. Zürich 1964, S. 85.
21 C. David Heymann: Ezra Pound: The Last Rower. A Political Profile. London 1976, S. 57 f.

"Ma questo,"
said the Boss "è divertente".
catching the point before the aesthetes had got there.[22]

Offenbar, so jedenfalls die einvernehmliche und durchaus glaubhafte Darstellung in der biographischen Literatur, war Mussolini von den verwirrenden Gedanken Pounds zur Ökonomie wenig gefesselt; in den Rock-Drill-Cantos, die während seiner Internierung im St. Elisabeth Hospital entstanden und 1955 erschienen sind, findet sich mehrfach Mussolinis Frage wiederholt:

"or ‚Perchè" said the Boss
"vuol mettere le sue idee in ordine?"
"Pel mio poema."[23]

Die Frage hatte schon in *Guide to Kulchur* von 1938 gestanden, ohne die einschränkende Antwort, der wohl 1938 der Satz „for culture" hätte beigegeben werden müssen. Immerhin heißt es hier, in einer typisch Poundschen Wendung: „The Duce and Kung fu Tseu equally perceive that their people need poetry; that prose ist NOT education but the outer courts of the same." Und weiter unten: „Mussolini had told his people that poetry is a necessity **to the state**."[24] Wie Pound seine Begegnung mit dem Duce deutet – und natürlich darf man weder bei ihm noch bei Borchardt außer acht lassen, daß die Evokationen der Begegnung mit Mussolini an bestimmte Intentionen geknüpfte Deutungen sind – wird erahnbar: In der Deutung segnet der Duce sein episches Werk mit dem richtigen Verständnis. Die Vereinnahmung des Duce in das eigene poetische System, Pounds *eigener* Faschismus erscheint beglaubigt. Der Dichter als Gestalter einer epischen Welttotalität überschreitet in diesem Augenblick die Schwelle, die die Räume der (für Pound beschränkten) Ästheten von denen des Lebens trennt; die ökonomischen und politischen Visionen aus dem Geist der Poetik erhalten ‚realpolitische' Relevanz. Pound hat schließlich seine epische Methode auch auf seine Radioreden ausgedehnt, die nicht nur als politische Beiträge, sondern auch als prosaischer Vorhof zu seinem Epos gelesen werden wollen.

Neben Ezra Pounds irrwitziger Integration des Faschismus in seine epische Welt nimmt sich Rudolf Borchardts Umgang mit Mussolini ernsthaft aus. Die beiden Autoren und ihren Umgang mit dem Faschismus miteinander in Beziehung zu setzen scheint zunächst weit hergeholt. Die Voraussetzungen

---

22 The Cantos of Ezra Pound. London 1986, S. 202.
23 Ebd., S. 640 (Canto XCIII).
24 Ezra Pound: Guide to Kulchur. New York 1970, S. 144 und 249.

sind ganz verschieden, der poetische Duktus in der jeweiligen Sprache scheint völlig unvergleichlich. Persönliche Kontakte lassen sich nicht nachweisen, auch wenn sie nicht undenkbar sind.[25] In *ABC of Reading* wird Borchardt immerhin erwähnt, und zwar als Übersetzer und so, als sei Pound mit seiner Lyrik durchaus vertraut:

> Die Deutschen behaupten, die deutsche Dichtung habe sich seit dem Mittelalter entwickelt. Ich selber glaube, daß Goethe und Stefan George, auch wo sie in der Lyrik ihr Bestes geben, nichts vollbringen, was nicht bereits besser oder ebensogut gemacht worden war. Borchardts beste Verse stehen in seinen Übertragungen der Vita Nuova.[26]

Ein gemeinsames Interesse tritt hier zutage, das an Übersetzungen als Transformation einer archaisch-klassischen Dichtung in die Moderne. Aber nicht nur sind die Übertragungen ganz anderer Natur, selbst wenn Pound Borchardt für seine Poetik der ‚personae' in Anspruch nehmen möchte, auch sind die Formen, in denen die archaischen Kulturen gedacht werden, schwer vergleichbar. Während Borchardt von einem Sprachsystem, einer Dichtungsstufe in ihrer Gesamtheit ausgeht, sind die entsprechenden Kulturen für Pound Material, aus dem durch Zerlegung und Neukombination moderne Dichtung entstehen kann, als Poesie von Sprachstufen und Tonfällen ganz verschiedener Provenienz, die miteinander in Beziehung gesetzt werden. Nichts hat Borchardt ferner gelegen als diese das Disparate hervorhebende Konzeption moderner Dichtung, und nichts hat ihm ferner gelegen als Pounds anarchischer Antikapitalismus. Und so sind die Bezugspunkte in der Literaturgeschichte denn auch völlig verschieden: hier Dante und Luther als Klassiker, dort die fahrenden provenzalischen Sänger als Gegenkräfte gegen das theologische System des Mittelalters. Trotzdem legt ein zweiter Blick Analogien frei, auch, aber nicht nur was die Bewunderung für Mussolini angeht.

Wie es auch Pound getan hatte, stellte Borchardt die Verhältnisse in Italien denen seines Heimatlandes entgegen. Wie sehr, wird aus dem Bericht deutlich, den er im April 1933 für die ‚Kölnische Zeitung' über seine Audienz bei Mussolini schrieb. Ähnlichkeiten gibt es hier im Ablauf der Audienz im Palazzo Venezia, Ähnlichkeiten, die vielleicht mit der minutiösen Vorbereitung Mussolinis auf Besucher zu tun haben,[27] die aber auch der

---

25 Vgl. dagegen Hans Christian Kirsch: Ezra Pound mit Selbstzeugnissen und Bilddokumenten dargestellt. Reinbek b. Hamburg 1992 (rm 480), wo S. 94 unter Pounds deutschen Bekannten (ohne genauere Angabe) neben Hauptmann, Emil Ludwig, Fritz von Unruh und Werfel auch Borchardt erwähnt wird. Weder in den veröffentlichten Briefen Pounds noch in denen Borchardts läßt sich eine persönliche Bekanntschaft verifizieren; undenkbar ist sie allerdings nicht.
26 Ezra Pound: ABC des Lesens. Frankfurt a. M. 1960, S. 72.
27 Hinweis von Jens Petersen auf der Tagung.

Stilisierung durch die beiden Besucher geschuldet sein müssen. Brachte Pound ein Exemplar von *A Draft of XXX Cantos* mit und verließ er die Audienz mit dem Eindruck, verstanden worden zu sein, so widmete Borchardt seinerseits Mussolini ein Exemplar seiner eben erschienenen Dante-Übersetzung. Auch der Duce seines Berichts liest, nachdem er aus dem Kopf aus dem italienischen Dante zitiert hatte, verstehend und zustimmend aus dem Buch vor:

> Er hatte den ersten Gesang aufgeschlagen und begann laut zu lesen. ‚Das ist ja ganz wörtlich', sagte er, ‚und ich verstehe es wie heutiges Deutsch; halt, was ist dies?' Er war auf ein ihm fremdes Wort gestoßen und ließ sich darüber belehren, daß auch das entsprechende italienische des Textes vom heutigen Gebrauche leicht abweicht; das überzeugte ihn.[28]

Vor diese konzentrierte, verständnisvolle Lektüre setzt Borchardt ein Gespräch über die Sprache Dantes und die der Übersetzung:

> „Sie haben Dante übersetzt, in ein *historisches* Deutsch – was heißt das? in mittelalterliches Deutsch?" Ich antwortete in so wenigen und einfachen Worten wie möglich, daß Luthers Bibel, zweihundert Jahre jünger als die Commedia, unsere heutige Sprache in ähnlicher Weise wie Dante die italienische bestimmt habe und die Kunst darin bestehe, hinter sie zurückzugreifen, ohne unverständlich zu werden. „Aber die Bibel", sagte er interessiert, mit großen glänzenden Augen, „ist doch für die Deutschen durch Ulfilas übersetzt worden?" Ich konnte mich eines Erstaunens nicht erwehren, als ich den Beherrscher Italiens, von den Sorgen seines Arbeitstages bedrängt, einer zwischen die Geschäfte eingeschobenen Unterhaltung mit einem Fremden die Form einer wirklichen Erörterung geben sah."[29]

Diese Erörterung über klassische und vorklassische Sprachstufen steht in denkbar großem Gegensatz zu Ezra Pounds Beschreibung von Mussolini Desinteresse an literarischem Bildungsgehalt, was für den Amerikaner Voraussetzung des Faschismus ist:

> FIRST SHOCK:
> Fascism is probably the first anti-snob movement that has occured in this peninsula since the days of Cato the younger.
> [...]
> If Mussolini hat committed the error of getting into an Italian university there would have been no fascist decennial.[30]

‚Bildung' lähmt die Handlungsfähigkeit, wogegen es die eigenste Qualität des Faschismus ist, daß er handlungsfähig ist. Pounds Mussolini erscheint als avantgardistischer Erneuerer Italiens, der zwar auch Verfechter eines ‚Urge-

---

28 Rudolf Borchardt: Besuch bei Mussolini, in: Prosa VI, S. 214.
29 Ebd., S. 213.
30 Ezra Pound: Jefferson and/or Mussolini. L'Idea statale – Fascism as I Have Seen It (1935). Nachdruck New York o. J., S. 159 f.

halts', des ‚european paideuma', ist, aber eines anarchischen und antizivilisatorischen ‚Urgehalts'. Borchardts hingegen vermittelt seinem Publikum einen traditionsgebundenen und gebildeten Duce, der die Dichtung seiner Nation auf der Zunge hat. Doch stellen beide, Borchardt wie Pound, nach ihrem Besuch im Palazzo Venezia ihren Mussolini als fürstlich verständnissinnigen Herrn seines Landes in das Bild, das sie von der Begegnung nachzeichnen. Dieses Bild des Einverständnisses von mäzenatischem Landesherrn und Dichter ist als „Kammerdienerperspektive"[31] vielleicht etwas zu drastisch charakterisiert; denn es ist ihm ein heimlicher ästhetischer Hochmut beigegeben, der den Dichter als Schöpfer seines Zeitalters und den Herrn nur als dessen Mäzen sehen will. So hatte Pound Mussolini mit Briefen zur ökonomischen Innovation Italiens bombardiert; und Borchardt schreibt an Martin Bodmer zwei Jahre später:

> Danach [nach der Dante-Lektüre] freilich gab es eine Viertelstunde politischen Gespräches von ernstester und straffster Zusammenfassung von der mein Bericht in der Kölnischen Zeitung natürlich geschwiegen hat. Dieser quadratische Verstand, ganz aus herrschender Höhe und doch fast à brule-pourpoint urteilend, sah und fragte damals, im März 33 bereits alles inzwischen Ereignis gewordene voraus.[32]

Daß Borchardt „natürlich" von dieser Viertelstunde geschwiegen hat, erinnert an seinen Versuch heimlicher politischer Aktivitäten in diesem April 1933, in dem der Bericht entstanden ist. So ist ein Briefentwurf an den deutschen Außenminister Konstantin von Neurath vom 8. April überliefert, in dem er sich nicht allein mit dem Sturz der Weimarer Republik einverstanden erklärt, sondern dem Reich auch seine Dienste als deutsch-italienischer Vermittler anbietet; die Berechtigung zu diesem Angebot wird durch den *Besuch bei Mussolini* suggeriert. In beiden Fällen, bei Pound wie bei Borchardt, ist also der literarische Dialog im Verständnis der Autoren, die ihn führen, der Ausgangspunkt, sich in die Geschäfte der Weltpolitik zu mischen.

Zumindest bei Borchardt ist der Gegenstand genau in die politischen Ambitionen eingepaßt: das Gespräch über Dante und die Dante-Übersetzung, einen literarischen Versuch deutsch-italienischer Vermittlung, bei dessen Vorstellung der Duce seine Kenntnisse deutscher Dichtungs- und Sprachgeschichte und sein Interesse daran preisgibt und Borchardt wiederum seine Vertrautheit mit der italienischen Kultur und mit italienischen Verhältnissen vermittelt. Dabei hatte der Autor selber seine Entwürfe zur italienischen Kulturgeschichte in Gegenbildlichkeit zur deutschen Wirklichkeit begriffen, und was er im Fragment gebliebenen *Brief an den Verleger* von

---

31 Jens Malte Fischer: Rudolf Borchardt und der Nationalsozialismus, in: Ernst Osterkamp (Hrsg.): Rudolf Borchardt und seine Zeitgenossen. Berlin/New York 1997, S. 387.
32 Brief an Martin Bodmer von Ende Mai 1935, in: Prosa VI, S. 581.

1906 schreibt, um das Ausbleiben eines Buches über Deutschland zu begründen, läßt sich vielleicht auf den *Besuch bei Mussolini* übertragen:

> Das aber werden Sie noch in Erinnerung haben, daß ich an Stelle dessen, was Sie von mir wünschten, Ihnen etwas anderes versprach, womit ich wenigstens dem Geistes wenn auch nicht dem Buchstaben nach Ihrem Bedürfnisse dienen zu können glaubte; warum ich dies heut noch meine, warum ich glaubte und heut noch glaube, daß die schicklichste Art von Deutschland zu handeln die sei es an seinem Widerspruche zu messen, und daß also ein Buch wie dies über das heutige Italien – von dem rechten Manne geschrieben – Fragen über das heutige Deutschland in einer edlen Weise müsse beantworten können – – warum also ich geschrieben habe, was ich geschrieben habe, das wissen Sie, denn Sie haben es gedruckt [...].³³

Vor dem Hintergrund dieses offenen Briefes tritt eine zweite Schicht im Artikel der ‚Kölnischen Zeitung', die der Gegenbildlichkeit zu den deutschen Verhältnissen, deutlicher heraus; besonders faßbar wird die Doppelschichtigkeit des *Besuchs* evident, dort nämlich, wo es um das Verhältnis Mussolinis zu seinen Untertanen geht, repräsentiert durch das Personal der Szenerie des Palazzo Venezia. „Auf ein Mal fuhr es in den Saal wie ein Schlag. In einen meinen Blicken entzogenen Durchgang war Bewegung gekommen. Mussolini war im Haus."³⁴ Man braucht diese Sätze nur mit der Vision von *Führung* in der Bremer Rede zu konfrontieren, um ihren Sinn zu verstehen, mit der Unterscheidung zwischen einem Volk, das „bis ins Allerkleinste von [...] der Führbarkeit durchwirkt" ist, und einem, das als „ordnungsflüchtiges und ordnungsbrüchiges zu unterjochen" ist,³⁵ explizit zwischen dem modernen italienischen und dem modernen deutschen Volk. Die Führbarkeit des italienischen Volkes wird gewissermaßen sinnenfällig an dem Schlag, der bei Mussolinis Ankunft im Palazzo Venezia durch die Menschen fährt. Diese Demonstration der Führbarkeit kann aber in Borchardts Gedankenwelt nur den Sinn haben, die Deutschen an ihre Unführbarkeit zu erinnern. In der Bremer Rede hatte die Unterscheidung zwischen Führung und Unterjochung der Behauptung gedient, die Deutschen seien nur zu unterjochen, nicht zu führen. Die Beispiele von Führbarkeit, die er nennt, nimmt er übrigens nicht nur aus dem faschistischen Italien, sondern ebenso aus den westlichen Demokratien Frankreich und England. „Wir waren keine *führerlose* Nation, wir waren keine *Nation*", stellt er den deutschen in Gegensatz zum französischen und zum englischen Zustand. Das erinnert an Hofmannsthals Beschreibung Deutschlands in dessen Rede *Das Schrifttum im geistigen Raum der Nation*, die er vier Jahre vor Borchardt in München gehalten hatte. Hof-

---

33 Prosa VI, S. 13.
34 Ebd., S. 212.
35 Reden, S. 415 und 424.

mannsthal hatte darin die französische Nation als Kultur- und Sprachgemeinschaft der „deutschen Zerfahrenheit" gegenüber gestellt:

> Die Literatur der Franzosen verbürgt ihnen ihre Wirklichkeit. Wo geglaubte Ganzheit des Daseins ist – nicht Zerrissenheit –, dort ist Wirklichkeit. Die Nation, durch ein unzerreißbares Gewebe des Sprachlich-Geistigen zusammengehalten, wird Glaubensgemeinschaft, in der das Ganze des natürlichen und kultürlichen Lebens einbeschlossen ist.[36]

Die Metapher des Gewebes wird Borchardt in Bremen aufnehmen, wenn er vom unzerreißbaren letzten Faden spricht, die eine Nation in einer extremen Krisensituation zusammenhalte. Auch in weiterem Sinn gibt Borchardt eine Antwort auf Hofmannsthals Zeitdiagnose: Dieser hatte nämlich seine Hoffnung in die „Suchenden" gesetzt, Nietzsches Bild des romantischen Einzelgängers aufnehmend und ins zwanzigste Jahrhundert übertragend; anders als die romantischen seien die modernen „Suchenden" nicht mehr auf Freiheit, sondern auf „Bindung" aus; und darin sieht Hofmannsthal Punkte ins moderne Chaos projiziert, die eine Orientierung der Nation vielleicht in ferner Zukunft ermöglichen könnten.[37] Man hat in diesen „Suchenden" nicht nur einen Typus, sondern auch ihm zugrunde liegende Bilder von Autoren identifizieren wollen, darunter Stefan George, Josef Nadler und Rudolf Pannwitz.[38] Borchardt dürfte nicht allein nur den Typus, sondern ebenso konkrete Ausprägungen davon erkannt haben; Stefan Georges „Lösung" der modernen Frage aber hat er entschieden, von allen Einzelheiten einmal abgesehen, schon in der frühen *Rede über Hofmannsthal* verworfen: „Die Welt regeneriert sich nicht an Gedichten."[39] So ist die Lösung für die deutsche Zerrissenheit oder Unführbarkeit nur radikal unpoetisch zu formulieren, nämlich in den militärischen Metaphern der ‚Eroberung' und ‚Unterjochung':

> Der heut Erflehte, wenn er wirklich käme, hätte nicht ein freies Volk aus den Sackgassen einer etwas übereilten Entwicklung in die freien Bahnen des berühmten Tüchtigen zurückzuführen, sondern ein ordnungsflüchtiges und ordnungsbrüchiges zu *unterjochen*. Deutschland ist heut nicht zu führen, sondern nur zu erobern. Die Autorität, die wir liquidiert und abgeschafft haben, kann heut nicht einfach verkündigt werden, um, wieder angenommen, in Kraft zu treten.[40]

---

36 Hugo von Hofmannsthal: Das Schrifttum als geistiger Raum der Nation, in: Reden und Aufsätze III. Aufzeichnungen. Gesammelte Werke in zehn Einzelbänden, hrsg. von Bernd Schoeller u. a. Frankfurt a. M. 1980, S. 27.
37 Ebd., S. 37.
38 Oswald von Nostitz: Zur Interpretation von Hofmannsthals Münchener Rede, in: Für Rudolf Hirsch. Frankfurt a. M. 1975, S. 266–272.
39 Reden, S 63.
40 Ebd., S. 424.

Unüberhörbar ist hier die Skepsis, daß sich für Deutschland ein ‚Diktator' finden ließe, der das Land zu führen vermöchte. Allein aus der vorgegebenen Bereitschaft der Nation sich führen zu lassen und nicht, wie Hofmannsthal träumte, aus dem ‚Schrifttum', aus der ‚Kunst', aus dem ästhetischen Mythos der literarischen Eliten, ließe sich die Ganzheit einer Nation wieder gewinnen, die derart zerfahren ist wie die deutsche. Fehlt diese Bereitschaft, bleibt nur ‚Eroberung'. Wen oder was auch immer Borchardt mit der von außen die Nation erobernden Kraft gemeint haben kann, bleibe hier offen. Interessanter scheint es mir, die Tonlagen in dieser Rede zu unterscheiden; denn einmal ist sie zunächst fraglos eine Apologie von Diktatur und Führung, zum anderen aber verneint sie die Möglichkeit einer solchen Diktatur für Deutschland. Und in diesem Zusammenhang ist *Führung* auch eine Rede über die Sehnsucht nach ‚Führung', über das Gerede, Deutschland brauche einen ‚Führer'.

> Es scheint, daß kein Volk, das nach dem Führer schrie, führbar gewesen ist. Der Schrei nach dem Führer ist nur scheinbar derjenige der Einsicht, die weiß, worauf es ankommt. [...] Darum ist der Schrei nach dem Führer in neunzig von hundert Fällen der Schrei des Schiffbruchs gewesen und nicht des Kurses und der Landung durch den Sturm hindurch.[41]

Dieser Schrei nach dem Führer kommt aus einer atomisierten Welt, deren Glieder gerade nicht führbar sind und sein wollen – und die deswegen aus sich heraus keine funktionierende Einheit hervorbringen kann. Denn was ist ein Führer?

> Sulla und Cäsar, Cromwell und wenn man will Luther, Napoleon und Mussolini sind Diktatoren gewesen, und haben es werden können, weil die unter ihren Füßen steigende geschichtliche Welle selber ein Teil der Nation war, nicht der ‚Ruf nach dem Diktator', sondern bereits die Vorform *seiner*, nicht *einer*, Diktatur. Führung ist ganz genau ebenso ein Attribut nicht in erster Linie des Führers, sie ist viel mehr als bloß das, sie ist ein *Attribut der Geführten*; Steuerung ist zum kleinsten Teile eine Eigenschaft des Steuermannes. Sie ist die bedingende Grundeigenschaft des Schiffes selber in allen seinen Teilen. Sie setzt den Rudergang voraus, sie setzt die Steuerkette voraus, sie setzt voraus alle untereinander verbundenen, aufeinander abgestimmten Stationen des Befehlsganges, die ineinandergreifen müssen [...].[42]

Die alte, seit Horaz bekannte Metapher des Staatsschiffes im Meer der Geschichte wird von Borchardt hier im Sinne eines funktionierenden Mechanismus wieder belebt; aber man darf sie wohl kaum in dem Sinne ausdeuten, daß dahinter ein mechanistisches Staatsbild stehe. Es ist vielmehr das konservative Organologiemodell, das auch bei ihm faßbar wird, wenn es etwa weiter unten heißt, Führung sei „nur der selbstverständliche letzte Ausdruck

---

41 Ebd., S. 415.
42 Ebd., S. 413.

umfassend vorvorhandener Vorvoraussetzungen",⁴³ nicht Entscheidung eines Volkes (oder eines einzelnen), sondern ihm als Prädisposition mitgegeben.

Immerhin scheint die Metapher des funktionierenden Staatsschiffes eben im Kölner Artikel über den *Besuch bei Mussolini* noch durch, wenn es bei Mussolinis Ankunft in den Saal „wie ein Schlag" fährt. Aber das ist nicht der einzige Moment, in dem Borchardt das Verhältnis von Führung und Geführten beleuchtet. Wenn er Mussolini nämlich aus dem Gedächtnis Dante zitieren läßt, so stellt er einen Führer hin, der die Welle der Geschichte, von der getragen wird, gewissermaßen auch in sich trägt. In der Bremer Rede hatte er Dantes Klage über die ‚Unführbarkeit' Italiens erwähnt, im Kölner Artikel spricht er von der Rolle Dantes als Schöpfer der modernen italienischen Sprache. Der Mussolini zitierende Dante aber ist die Umkehrung eines Bildes, mit dem die deutsche Kulturkritik die französischen Verhältnisse im Gegensatz zu denen Deutschlands beschrieben hatte. Die Einheit der französischen Nation in der Dichtung hatte schon Heinrich Mann beschworen, wenn auch als anarchistisches Bündnis zwischen Literaten und Volk gegen die politische Macht⁴⁴; und Hofmannsthal hatte die französischen Verhältnisse darin idealisiert, daß die klassischen französischen Literaten, deren Würde noch auf den kleinsten Journalisten abstrahle, aus allen sprächen, „und alle sprechen aus ihnen".⁴⁵ Diese Einheit des Volkes in Sprache und Literatur wendet Borchardt zur Einheit des Diktators mit seinem Volke über dessen Dichtung. Die Legitimität, die er dem Duce verleiht, aber ist nur die Kehrseite der Führbarkeit seines Volkes, wenn Führer und Geführte eins zu sein haben. Dieser Gedanke der Legitimität war für ihn auch bei der Lösung der deutschen Verhältnisse entscheidend: 1931 hatte er noch unterstellt, ein Führer sei nicht in Sicht, weil dieser X (so nennt er ihn) damals schon hätte erkennbar sein müssen als Teil einer geschichtlichen Welle, die auf die Verschmelzung von Parteien und Nation hinauslaufe. 1932 und 1933 hat er jedoch in zwei Artikeln doch auf einen für ihn möglichen Führer hingewiesen, im Februar 1933 (!) indirekt im zu Lebzeiten unveröffentlichten Essay *Der Fürst* und, schon im Jahr zuvor, im Geburtstagsartikel für den bayerischen Kronprinzen Rupprecht von Bayern. Auf Rupprecht hatten Borchardts Hoffnungen auf Wiederherstellung der Monarchie in Deutschland beruht (womit er bei weitem nicht allein stand); in *Der Fürst* hatte er ein

---

43 Ebd., S. 414.
44 Heinrich Mann: Geist und Tat (1910), in: Gesammelte Werke in Einzelausgaben, hrsg. von Alfred Kantorowicz. Bd. XI: Essays. Erster Band. Berlin 1954, S. 9.
45 Hugo von Hofmannsthal: Das Schrifttum als geistiger Raum der Nation, in: Reden und Aufsätze III. Aufzeichnungen. Gesammelte Werke in zehn Einzelbänden, hrsg. von Bernd Schoeller u. a. Frankfurt a. M. 1980, S. 27.

Bild des Diktators entworfen, das leicht, darauf ist verschiedentlich hingewiesen worden, von Mussolini abgeleitet werden kann, mit dem er aber schon im Titel vielleicht Rupprecht von Bayern im Auge hatte. Dieser Wille aber, im Fürsten oder im Diktator die historische, nicht die rechtliche Legitimität seiner Herrschaft zu finden, könnte auch seine merkwürdige Schweigsamkeit zu Hitler erklären. Denn während er einen Moment lang gehofft haben mag, daß der Januar 1933 die große Welle sei, die die gehaßte Republik wegspülen werde, dürfte er (wie viele andere Konservative) geglaubt haben, daß der Kunstmaler und bayerische Gefreite kein zweiter Mussolini werden würde, sondern nur eine Übergangserscheinung sei, der wohl bald ein Führer folgen werde, so wie Napoleon aus den Wirren der Französischen Revolution herausgewachsen ist. Dafür spricht die Besinnung darauf, was ein Fürst sei, dafür spricht auch der Bericht vom *Besuch bei Mussolini*, worin er eben einen „legitimen" Führer porträtiert. Der Hintersinn doppelter Konfrontation Italiens mit Deutschland darin, des Volkes und seines Diktators, ist jedenfalls für diesen Artikel vom April 1933 schwer von der Hand zu weisen.

Die Mussolini-Verehrung Borchardts und Pounds geht, soviel sollte deutlich geworden sein, von ganz verschiedenen Voraussetzungen aus, die im Grunde zwei verschiedene Mussolinis erscheinen lassen. Einmal den legitimen, von der Geschichte getragenen und den ‚Urgehalt' der italienischen Klassik in sich tragenden ‚Duce', zum anderen den avantgardistischen, von Bildungsballast unbeschwerten, Italien von der Last des Christentums und der ‚Usura' befreienden ‚Boß', der als eine Wiedergeburt Sigismondo Malatestas und als Verwandter der provenzalischen Troubadours in Erscheinung tritt. Wie inkommensurabel Pounds und Borchardts Einschätzungen Mussolinis sind, läßt sich gerade an dieser vom Amerikaner aufgestellten Verwandtschaft erkennen. Die Troubadours sind ihm antikirchliche Anarchisten, die das antike Heidentum durch das Mittelalter hindurch tragen. Bei Borchardt hingegen heißt im großen Pisa-Essay zu Arnault Daniel, seine Poesie habe, „aus der Krisenkraft einer einzigen Seele heraus, die statische Form des Mittelalters halb durchbrochen"[46]; aber die Troubadours insgesamt gelten Borchardt nicht als poetische Einzelgänger, wie er 1924 mit eindeutig tagespolitischer Spitze im Essay *Die großen Trobadours* festhält:

> Die provenzalische Poesie ist das Vermächtnis eines kleinen untergegangenen Volkes, das die Küstenstriche zwischen dem südöstlichen Pyrenäenrande und See- und Savoier-Alpen etwa bis ins vierzehnte Jahrhundert bewohnte und ein Hauptglied, das eigentliche Schaukleinod, in der glänzenden Kulturkette von Catalonien bis Sizilien war, wie man sie unter dem Namen der occitanischen Kultur begreift […]. Dies Volk, das erste, dessen Kultur durch einen französischen Kreuzzug für die Ideale der Menschheit vernichtet wor-

---

[46] Prosa III, S. 174.

den ist, und dessen systematische Kassation, wenigstens in den glänzenden tragenden Ständen, erst unter Mazarin vollendet war, zu seinen Schergen zu rechnen und die provenzalische Poesie als südfranzösisch zu bezeichnen, zeugt von nicht mehr Geist, als wollte man das ionische Epos westpersisch nennen, weil Milet Jahrhunderte nach ihm den Achämeniden unterlag, wie Marseilla den Anjou.[47]

Nicht Anarchisten, sondern Vertreter eines kleinen, von den Franzosen schließlich beseitigten Volkes sind die Troubadours, Sänger einer kleinen randständigen Kultur. Aber genau an dieser Stelle gibt es eine Konvergenz in den Denkgebäuden des konservativ-romantischen Deutschen und des avantgardistischen Amerikaners, nämlich die, die Geschichte nicht nach den Hauptlinien der Geschichtsschreibung, sondern nach eigenen Kriterien, ausgehend von gemeinhin für randständig gehaltenen Phänomenen, zu schreiben, einen verschütteten ‚Gehalt' auszugraben, der es erlaubt, ein eigenes Epos der Geschichte zu schreiben. Von der Geschichtserfindung Pounds als Teil seines homerischen Projekts war schon die Rede. Eine Linie seiner poetischen wie seiner historiographischen Arbeit hatte Borchardt in der *Der Dichter über sich selbst* von 1929 offengelegt:

> Mein Streben ging darauf, aus unserer griechischen Kulturvoraussetzung die Blicktrübung durch Rom und Renaissance, also den Klassizismus auszuscheiden und Urgehalt zurück zu gewinnen[48].

Das ist Pounds Versuchen, hinter die Welt der klassischen Renaissance auf die Momente der Wiederbelebung der Antike im 15. Jahrhundert, auf die Troubadours und schließlich auf die homerische Antike zurückzugreifen nicht ganz und gar fern – bei aller Verschiedenheit der konkreten poetischen Verfahrensweisen. Wie aber hatte Borchardt seine historiographische Intention beschrieben? In *Epilegomena zu Homeros und Homer* unterscheidet er Philologenarbeit von Geschichtsschreibung; von letzterer heißt es:

> Jedes Buch, das lotterige wie das größte, trägt seinen Autor und sein Publikum in sich. Die Philologie zwingt es nicht heraus, denn sie sondert. Nur die Geschichte beschwört es, durch das, was Goethe den ‚schaffenden Spiegel' genannt hat, durch das Gegenteil des Sonderns, die schlagartige Anschauung eines Ganzen, die man Intuition oder Phantasie genannt hat, die aber besser heißt, was sie ist, Vision. Philologie wird auf etwas angewandt, Geschichte geht von etwas aus. Philologie mißtraut dem, was ihr vorliegt, Geschichte dem, was ihr erschienen ist. Denn Philologie ist eine Technik, Geschichte ist eine Kunst. Wol suchen beide vergessen zu machen was sie sind, aber jene um sich zu erhöhen, diese um sich zu demütigen. Und darum rächt sich das wirkliche Vergessen des eigenen Ursprungs schließlich nur an der einen. Denn der tiefste Drang aller Geschichte der Poesie ist, selber Poesie zu werden und zu sein; der höchste Ehrgeiz aller Philologie doch nur, Geschichte

---

47 Prosa II, S. 343.
48 Prosa VI, S. 577.

zu werden, nämlich diejenige, vor der alle Objekte, auch Poesie als eines der vielen, gleich viel oder gleich wenig sind.[49]

Diese Offenlegung der ästhetischen Grundintention in Borchardts Historiographie, und bei weitem nicht nur in der Geschichtsschreibung der Poesie, läßt vielleicht die einzelnen kulturgeschichtlichen Schriften als Fragmente eines imaginären, allerdings seiner heimlichen Totalitätsidee wegen nie vollendeten Riesenepos zur europäischen Geschichte sehen. Und es ist nicht nur die Geschichte der Poesie und die Geschichte des mittelalterlichen Italien, die als epische Vision erzählt werden, es ist auch die zeitgenössische Wirklichkeit. In Bremen hatte Borchardt „im Namen des politischen Geistes und des Geistes überhaupt" sprechen, hatte den „Überordnungs- und Verschmelzungspunkt", in den die „Entwicklungen des Geschehens erst ausmünden wollen, divinatorisch" vorausnehmen wollen.[50] In dieser Idee der Geschichte als epischer Großerfindung treffen sich Borchardt und Pound, mit dem Unterschied freilich, daß letzterer an einem Epos im Wortsinne gearbeitet hat, ersterer aber sich in der Poetik der Historiographie verstrickt hat, die ihn nur wenige Fragmente seines Epos als quasi methodische Muster wirklich hat schreiben lassen.

Die romantische Idee der ästhetischen Wirklichkeitserfindung führt beim ‚konservativen' Borchardt wie beim ‚avantgardistischen' Pound dazu, die politische Welt im jeweiligen ästhetischen System verschwinden zu lassen; ihre Bewunderung für Mussolini gründet in einer je eigenen Vorstellung von Faschismus, die durch den nur fragmentarisch ausgeführten Entwurf einer epischen Welttotalität beglaubigt ist. Wie Borchardts politischer Konservativismus überhaupt als Teil eines poetischen Programms verstanden werden muß, das die Moderne als Neuschöpfung der Archaik will – was es so schwierig macht, den ‚politischen' Borchardt zu fassen oder ihn etwa mit Programmen der ‚Konservativen Revolution' in Verbindung zu setzen. Zu Recht stellt Stefan Breuer fest:

> Die von Borchardt anvisierte „konservative Revolution", so wird man nach alledem resümieren können, ist ein Unternehmen eigener Art – zwar mit Verbindungen in mancherlei Richtung, aber dennoch von so singulärem Zuschnitt, daß es unangemessen scheint, es mit anderen Unternehmungen in einem Atem zu nennen.[51]

Wie sehr die eigene epische Welterfindung von ihren Erfindern Besitz ergriffen hat, ist nicht allein bei Pounds Radioreden mit ihrem aberwitzigen Ge-

---

49 Prosa II, S. 70.
50 Reden, S. 400.
51 Stefan Breuer: Rudolf Borchardt und die „Konservative Revolution", in: : Ernst Osterkamp (Hrsg.): Rudolf Borchardt und seine Zeitgenossen. Berlin/New York 1997, S. 384.

misch aus Beschimpfungen und literarischen Auslassungen zu erkennen. Es ist ebenso zu spüren in den Briefen Borchardts aus den dreißiger Jahren, in denen der immer einsamere Mann sich im Mittelpunkt des Weltgeschehens stehend wähnte und seine phantastischen Visionen in die politische Realität übersetzte. Ein Brief wie der folgende an F. W. Oelze vom Juli/August 1933 läßt erkennen, wie sehr Borchardt Wirklichkeit durch Visionen substituierte:

> Sie werden wissen wollen, wie seit Ihrer Abreise die Dinge sich in der von Ihnen hier bezeichneten Richtung weiter entwickelt haben. Der Fortgang ist ein mehr als Gradliniger, fast noch verkürzter gewesen, die Diversionen des diplomatischen Ränkespiels und der eitlen Einzelpropaganda haben ihn nicht abgelenkt sondern nur umspielt, denn an die drei Grundthatsachen den Boykott, den latenten Staatsbankrott und die Unbeugsamkeit des französischen Willens kann keine äussere Querung auch nur von ferne rühren und diese drei Determinanten in wechselseitiger Bedingtheit verlängern sich reissend nach allen Seiten bis zu den Schnittpunkten, innerhalb derer das Austragsfeld heut virtuell bereits trianguliert daliegt, und approximativ berechnet werden kann – und errechnet worden *ist*. – Die Partie ist völlig und definitiv verloren, die Sache ist am Ende. Hier gibt man Hitler seit Monaten auf, und die Begegnung in Venedig, hervorgerufen durch unaufhörliches deutsches SOS, hingezaudert bis die Anerkennung der österreichischen Unabhängigkeit, die Rückkehr nach Genf, die Bereitschaft zu internationaler Cooperation – dh Verhandlungen über eine internationale Charte – *präliminar* zugestanden war, – schließlich zustandegekommen in vorsichtigsten Formen und unter peinlicher Vermeidung jeder Solidaritätsbezeugung, ist der Beweis dafür, den nur das naive Publikum unter der Pressmache nicht gewahrt.[52]

Der letzte Nebensatz, an dessen Ende das Zitat abgebrochen wurde, erinnert nicht nur an Borchardts Abneigung gegen die Presse, er erinnert ebenso an seine Versuche, Geschichte gegen die Historiographie als poetische Erfindung zu entwickeln. In seinem heimlichen Epos der Weltgeschichte wie in dem fragmentarischen und ganzen anderen welthistorischen Epos Ezra Pounds ist Mussolini nicht mehr als eine Figur.

---

52 Briefe 1931–1935, S. 253 f.

ULRICH OTT

Die „Jamben" als politische Dichtung

Der Zyklus der *Jamben*, den Rudolf Borchardt 1935 verfaßt hat,[1] ist als Geißelung Deutschlands im Nationalsozialismus eindeutig. Er faßt, soweit er sich mit den Nationalsozialisten auseinandersetzt, die Erkenntnisse zusammen, die Borchardt nach der Machtergreifung Hitlers gewonnen hat. Zuvor scheint er, jedenfalls kurze Zeit, die rechtsextreme Massenbewegung, die er im einzelnen wohl immer perhorresziert hat, im ganzen doch auch als Chance gesehen zu haben, die Weimarer Republik zu stürzen.

Demgegenüber hat Ernst A. Schmidt in seinem vorzüglichen Buch *Notwehrdichtung*[2] die These aufgestellt, die *Jamben* als politische Gedichte gegen den Nationalsozialismus setzten Borchardts politische Haltung der Jahre vor 1933 kontinuierlich fort; auch die Rede *Führung* von 1931[3] habe nämlich schon vor dem Nationalsozialismus und seiner Machtergreifung gewarnt.

Aber es ist schwer, ja unmöglich, die Rede *Führung* mit Ernst A. Schmidt zu verteidigen.[4] Wird doch darin der in völligem Wertezerfall hinsiechenden Nation, welche die Formelemente, die eine Nation ausmachen, gar nicht mehr besitzt, eine *totalitäre* Phase verordnet, durch die sie überhaupt erst wieder führbar und formbar werden könne. Erst nach einer solchen Phase sei wieder ein freieres Zusammenspiel zwischen Führbarkeit und Führung möglich. „Der heut Erflehte [...] hätte [...] ein ordnungsflüchtiges und ordnungsbrüchiges Volk zu *unterjochen*. Deutschland ist heut nicht zu führen, sondern nur zu erobern."[5] Es geht Borchardt in dieser Rede und von da an nicht mehr um ‚Schöpferische Restauration', sondern um die konservative Revolution, welche die Revolution von 1918 rückgängig macht; und nicht nur das, sondern die Nation, nicht ohne Anwendung von Gewalt, neu

---

1   Der Zyklus ist erst postum veröffentlicht worden. Zuerst: Rudolf Borchardt. Jamben, hrsg. von Marie Luise Borchardt unter Mitarbeit von Ernst Zinn und Ulrich Ott, Stuttgart 1967 (ohne das Ahasver-Gedicht); dann vollständig in: R. B., Gedichte II/Übertragungen II, S. 15–61 (mit Anm. S. 387–396).
2   Ernst A. Schmidt, Notwehrdichtung. Moderne Jambik von Chénier bis Borchardt, München 1990: hier S. 369–377, der Abschnitt (§ 54) „Versuch, Borchardts ‚Jamben' gerecht zu werden".
3   „Führung" in: Reden, S. 396–429.
4   Schmidt hat das im Anschluß an dieses Referat bei der Tagung eingeräumt.
5   Reden, S. 424 (Hervorhebung von Borchardt).

formt. Es geht um die Wiederumstürzung des Umsturzes; die Warnung vor Fortinbras und den drei Gewaltigen am Schluß der Rede ist eine Warnung vor Fremdherrschaft, vor Bolschewismus – nicht vor dem Nationalsozialismus. – Man kann die Rede *Führung* von Faschismusvorwürfen nicht ohne weiteres freisprechen. Nicht umsonst wird Mussolini immer wieder in der Rede genannt. Noch 1939, in einem Briefentwurf an Hugo Schäfer, der nicht abgesandt wurde, singt Borchardt über drei Briefseiten hinweg ein Loblied des italienischen Faschismus, nach folgender Einlassung: „Apropos: Ein Beflissener schickt mir gerade einen Stoß Emigranten-Zeitungen [...]– nie wieder darf für uns eine Zeit kommen, in der diese Parias ihr Sykophantengewerbe bei uns aus jedem Schaufenster und jedem Kiosk betreiben dürfen. Die Harden, Grossmann, Haas, Schwarzschild, Jacobsohn und Ihresgleichen, arisch oder nichtarisch, Jud oder Christ, d. h. Ossietzki Gerlach Unruh, sollen ihr Haupt nie wieder erheben dürfen und die dazugehörige ‚Literatur' ganz ebensowenig." Es folgt die Lobrede auf den italienischen Faschismus, an deren Ende es heißt: „Es ist annahmsweise durchaus denkbar, daß er sich eines Tages zur entbehrlich gewordenen Hilfskonstruktion erklärt und aus dem durch ihn wieder stabil gewordenen Gebäude..." (hier bricht der Briefentwurf ab).[6] Das ist die gleiche Phasenfolge, wie sie Borchardt sich in der Rede *Führung* vorstellt: Sieg der Diktatur über die aufgelöste Ordnung, Wiederherstellung einer geformten Nation, notfalls durch Diktatur, danach „normale" Verhältnisse, nämlich Führung und Führbarkeit. – Im übrigen will die von Schmidt diagnostizierte tagespolitische Scharfsichtigkeit Borchardts,[7] gerade im Hinblick auf die Briefe nach 1933, wo er immer den Krieg für unmittelbar bevorstehend hält und sich dafür auf die intimsten politischen Quellen beruft, nicht so recht einleuchten. Hier, aber auch schon im Umkreis der *Spectator germanicus-Aufsätze* vor dem Ersten Weltkrieg,[8] hat der tagespolitische Scharfsinn, den Borchardt so gern und so oft zeigte, immer auch eine Beimischung von Selbststilisierung und prätendiertem Besser-Informiertsein.

Man kann die Zweifel an der Schmidtschen Rechtfertigung Borchardts als dem Redner von *Führung* und dem Dichter des Jamben-Zyklus noch ein Stück vertiefen. Im Nachlaß finden sich zwei Essay-Anfänge, die beide unveröffentlicht geblieben sind, einer mit dem Titel *Der Sieg Adolf Hitlers*, der andere mit der Überschrift *Offene Worte nach allen Seiten*.[9] Es ist zwar mißlich,

---

6   Demnächst gedruckt in Briefe 1936–1945.
7   Schmidt, Notwehrdichtung, S. 371.
8   Prosa V, S. 111–189.
9   Beide im Nachlaß Borchardts im Deutschen Literaturarchiv Marbach a. N. *Offene Worte nach allen Seiten* besteht aus einem eigenhändigen, drei Seiten umfassenden, unvollendeten Entwurf und aus einer sechs handschriftliche Seiten umfassenden, ebenfalls unvollendeten

von Fragmenten aus zu Urteilen zu gelangen – aber das, was von *Adolf Hitlers Sieg* vorliegt, zwei handgeschriebene Seiten, klingt einigermaßen positiv über Hitler. Mit Hitlers Sieg ist vermutlich der Ausgang der Reichstagswahl vom 31. Juli 1932 gemeint, der die NSDAP zur stärksten Fraktion machte. *Offene Worte nach allen Seiten* ist insofern hitlerkritisch, als es – geschrieben wohl um die Zeit von Papens Regierungsbildung, also um den 1. Juni 1932 – den Nationalsozialismus eine elementare, aber noch ungeführte Bewegung nennt. Es fehle der Staatsmann, der diese größte politische Bewegung, die Deutschland seit der Reformation gesehen habe, noch auffangen und richten könne. Als Staatsmann definiert Borchardt dann *den* Führer, der sich nicht an Parteiprogramme bindet. Borchardt stellt sich damals also nicht gegen den Nationalsozialismus, sondern er erwartet von ihm und Hitler einen Reifungsprozeß. „Je schneller wir dem Nationalsozialismus dazu verhelfen, die Reste seiner Steinzeit abzuschütteln, um so dankbarer wird er uns künftig dafür sein, und an seinem augenblicklichen Danke ist uns darum nichts gelegen, weil…" (hier bricht *Offene Worte nach allen Seiten* auf der sechsten Seite des Textes ab). Am Anfang zitiert Borchardt den Essayisten und Herausgeber der Zeitschrift ‚Deutsches Volkstum', Wilhelm Stapel, mit der Prädizierung „einer der klügsten und folgestrengsten politischen Autoren Deutschlands, überdies wenigstens der Hoffnung, wenn nicht der Parteiangehörigkeit nach Nationalsozialist". Borchardts politisches Ziel liegt in jener Zeit nahe bei dem der Jungkonservativen um Borchardts Duzfreund Edgar J. Jung, der wiederum zum Beraterkreis Papens gehört hat: Die Weimarer Republik mit Hilfe der Nationalsozialisten auszuhebeln, um schließlich, wenn man sie (die Nazis) wieder losgeworden ist oder sie sich unmöglich gemacht haben, zur Monarchie zu gelangen. Edgar J. Jung ist bekanntlich, weil er die Marburger Rede des Vizekanzlers Papen vom 17. Juni 1934 verfaßt hat, in der scharfe offene Kritik an der nationalsozialistischen Politik geäußert worden war, bei den Juni-Morden erschossen worden. Für Borchardt ist – so im Brief an Carl Jacob Burckhardt vom 14. Mai 1933, der ersten schweren Kritik am Nationalsozialismus *nach* der Machtergreifung – im Rückblick das Kabinett Papen „der letzte Versuch die Flut zu dämmen", und er bezeichnet diese Phase als „das Papensche Direktorium, das beste Kabinett, das wir seit Bismarck gehabt hatten".[10] Nach der Machtergreifung, das muß betont werden, läßt Borchardt keinen Zweifel an seiner Feindschaft zum Nationalsozialismus mehr aufkommen, es gibt in den Briefen genug

---

Fassung; überliefert sind ferner drei Seiten einer zeitgenössischen maschinenschriftlichen Abschrift der ersten beiden Seiten der sechsseitigen Fassung. – *Der Sieg Adolf Hitlers* besteht aus einem Anfangsentwurf von einer handschriftlichen Seite (unter dem Titel ‚Adolf Hitlers Sieg' und einer unvollendeten Fassung von zwei handschriftlichen Seiten.
10 Briefe 1931–1935, S. 245–248; hier S. 247.

Zeugnisse, aber wie viele täuscht er sich gründlich über die Dauer, die diesem „Regiment der Tollheit" (Brief an Martin Bodmer vom 25. August 1933)[11] gegeben ist. Er hält es für ein zeitweiliges. Wie stark er zunächst in dieser Täuschung befangen ist, zeigt ein Briefentwurf an Herbert Steiner vom 21. Juni 1934: „Der programmässig rasche Ablauf des blödsinnigen Greuels hat sich früh genug abgezeichnet, um mir, statt der contemplierten Schritte und Vornahmen, eine impassible Reserve zum Gebote der einfachsten Vernunft zu machen, und die Zeit vielmehr zur Vorbereitung für die unmittelbar bevorstehende Rückkehr zur Thätigkeit auszunutzen."[12]

Erst nach den Juni-Morden, im Oktober 1934, sieht er klarer. Er schreibt an seinen Bruder Philipp: „Rein generell [...] habe auch ich ein aus Deutschland selber sich entwickelndes Ende der Revolution für die nächste Zeit ausgeschlossen."[13] Er hofft jetzt auf einen unmittelbar bevorstehenden Krieg, der der Tollheit in Deutschland als einziges ein Ende machen könne.

Dennoch: Es scheint kurz vor der Machtergreifung eine Phase gegeben zu haben, in der Borchardt gehofft hat, der Nationalsozialismus könnte sich zu einem italienischen Faschismus ‚läutern', Hitler zu einem Mussolini. Wie bei Papen und Edgar J. Jung steigert sich die Gegnerschaft durch die Enttäuschung, der sie nach der Machtergreifung ausgesetzt sind. Der Gewinn der Macht hat Hitler und seine Partei eben nicht von ihren Programmen entfernt, im Gegenteil. Die nationalsozialistische Diktatur restauriert die Werte der Nation eben nicht, sondern ist Massenpolitik genau wie, nach Borchardts Ansicht, jene der Parteien in der Weimarer Republik, ja noch schlimmer. Der ‚Untergang der Deutschen Nation'[14] wird fortgesetzt, nicht inhibiert. Das ist Borchardts große Enttäuschung. So bleibt Thema der Borchardtschen Jamben der deutsche Werteverfall, wie je in seinen politischen Reden und Schriften zwischen 1918 und 1933, und nicht bloß der Nationalsozialismus. Das soll durch die Betrachtung einiger Jamben-Texte, unter dem Motto „Zähler und Nenner", aufgewiesen werden.

Was geißelt Borchardt im Jamben-Zyklus? Sind es Taten, Täter oder Programme des Nationalsozialismus – oder ist es vielmehr der Werteverfall auf seiten der Geführten, die Entartung der Deutschen Nation? Wir müssen uns dieser Frage differenziert nähern und an den Texten selbst. Differenziert vor allem deshalb, weil zur Poetik von Borchardts *Jamben* das beredte Verschweigen gehört. In *Nomina odiosa* ist dies poetologisch expliziert.[15] Den-

---

11 Ebd., S. 261–265; hier S. 262.
12 Ebd., S. 336–338, hier S. 337.
13 Ebd., S. 366–376 (nicht abgesandter Briefentwurf von Mitte Oktober 1934); hier S. 366.
14 Dies ist der Titel von Borchardts letztem politischem Essay, der unvollendet blieb. Gedruckt in Prosa V, S. 503–526. Vgl. unten S. 159 f..
15 Gedichte II/Übertragungen II, S. 53: „Sie haben keinen Namen, den das Vaterland, / Das

noch muß es erstaunen, wie wenig die Invektiven dieses Zyklus auf konkrete Taten und Täter gezielt sind. Lediglich Baldur von Schirach kommt einmal vor, aber nicht als Person, sondern bildhaft wegen seines kuriosen Vornamens (*Mitte sectari*: „Das deutsche Volk, davon Du stammst / Wie Schirach stammt von Baldur")[16] – um das Rasseprogramm lächerlich zu machen. In *Unterwelt hinter Lugano* begegnet Göbbels:

> „Sieh zu Beweis des, was mit Gelächter ich
> Hier in Händen schwenke,
> Lahm wie der Meister, von dem
> Mein Weibsteil ihn zur Welt gebracht,
> Fletschend die Zähne wie er und verlogener
> Als der Lügenvater..."[17]

Ob die Erwähnung von Pasewalk in der ursprünglichen Fassung von *Rasse* („[...] Der Pup nach Pasewalk verstinkt.")[18] auf Hitlers Lazarettaufenthalt dort und seine dabei geschehene Bekehrung zur Politik zu beziehen ist, wie Schmidt erwägt,[19] erscheint mehr als unsicher. Dagegen dürfte Schmidt recht haben bei der Lösung des Rätsels, was im Jambus *Schatte von Rodaun* den Dichter veranlaßt, Hofmannsthals Rückkehr aus dem Totenreich abzuwehren. Schmidt schließt hier, da eine ziemlich genaue Datierung in dem Gedicht steht (sechs Jahre nach Hofmannsthals Tod), auf die Nürnberger Rassegesetze vom September 1935.[20] Wenn das so ist, dann ist *einem* bestimmten Programmziel des Nationalsozialismus, nämlich der Rassepolitik, in dem Zyklus ein überaus hohes Gewicht gegeben, ja sie ist das einzige in diesem Zyklus konkret aufs Korn genommene Element des Programms und des Handelns der Nationalsozialisten. Denn es sind diesem Thema ja noch zwei weitere Gedichte in dem Zyklus gewidmet.[21] Zögern läßt gegenüber Schmidts Vorschlag vor allem die Tatsache, daß Borchardt in den Briefen

---

ins Gedicht gerettete, / Zu kennen sich entwürdigte." Vgl. Ernst Osterkamp: Poetische Selbstreflexion als politische Kritik. Zur Deutung von Rudolf Borchardts Schmähgedicht „Nomina odiosa", in: Jahrb. d. Dt. Schillergesellschaft 1982, S. 357–382. Osterkamp erweist den ‚Namenverzicht' allerdings als konstituierendes Element von Borchardts Invektive gegen den Nationalsozialismus. Demgegenüber wird hier die kulturkritische Invektive gegen die Vermassung des deutschen Volkes stärker in den Blick gerückt. Osterkamp arbeitet dies als Bewegung im Jambus „Nomina odiosa" (Abkehr von der Individualinvektive hin zur Zustandskritik) heraus.

16 Gedichte II/Übertragungen II, S. 22.
17 Ebd., S. 35 f.
18 Gedruckt in der (postumen) Erstausgabe der „Jamben", hrsg. v. Marie Luise Borchardt unter Mitarbeit von Ernst Zinn und Ulrich Ott, Stuttgart 1967, S. 31.
19 Schmidt, Notwehrdichtung, S. 311.
20 Ebd., S. 315–317.
21 „Ahasver" und „Rasse".

nur sehr zurückhaltend, eigentlich kaum darauf eingeht, daß auch er von der nationalsozialistischen Rassepolitik betroffen ist. Eine Ausnahme: Am 25. August 1933 schreibt er an Martin Bodmer, kurz und knapp:

> „Die politischen Vorgänge in Deutschland haben nach doppelter Richtung eine neue Lage für mich geschaffen. Erstlich, da meine familiengeschichtlichen Umstände den Anforderungen nicht genügen, die dortseits theoretisch und praktisch zu Voraussetzungen persönlicher Integrität und sachlicher Berufsausübung gemacht worden sind, ist mir jede literarische Bethätigung in Deutschland virtuell unmöglich gemacht worden, worüber ich darum keine Einzelheiten gebe, weil sie vom Gegenstande abführen und von Ihnen anticipiert werden können. Ich stelle diesen Punkt voraus, weil er für mich der unwichtigere ist."[22]

Wenn man dagegen den Jambus *Ahasver* zum ersten Mal liest, so will es dort scheinen, als ob Borchardt der unbetroffene von den beiden Gesprächspartnern sei, nur der andere Jude. Aber gerade dieser Jambus gewinnt an Kontur, wenn auch an schrecklichem, wenn seine Quintessenz sein sollte: Ihr assimilationsunwilligen Juden habt uns assimilierten die Tour gründlich vermasselt, denn euretwegen werden nun auch wir wieder ausgestoßen. – Jedenfalls ist von Borchardts eigener jüdischer Abstammung auch in der Zeit, in der er sie ‚am eigenen Leib' zu spüren bekam, nur zurückhaltend und wie verschlüsselt die Rede. Vielleicht ist dem auch die Dunkelheit der in Frage stehenden Verse des Hofmannsthal-Jambus zuzuschreiben. So mag Ernst A. Schmidt diesbezüglich recht haben. Denn wenn wir für die Abwehr Borchardts, Hofmannsthal möge nicht in das gemeinsame Haus zurückkehren, einen Grund annehmen, der mit der Rassepolitik des Dritten Reiches zusammenhängt, so erklärt sich die rätselhafte Stelle „Das Blut hier / Klebt nur ganz versehentlich noch, ist aber längst vergessen",[23] die man bisher auf die Juni-Morde oder auf den Dollfuß-Mord bezogen hat, vielleicht bildlich als Passah-Blut, also als das Erkennungszeichen der Juden vor dem Exodus, zu dem man nun auch die assimilierten Juden zwingt – zum Exodus aus der deutschen Volksgemeinschaft.

Wenn also, um dies noch einmal zu sagen, in dem Zyklus konkret vom Nationalsozialismus die Rede ist, dann nur von der Rassenpolitik. Was Borchardt sonst aufs Korn seiner Invektive nimmt, ist Entartung und Werteverfall, die er schon während der Weimarer Republik gegeißelt hat, ist die Vermassung der deutschen Nation.

Diesem Motiv der Masse soll hier noch ein wenig nachgegangen werden. Der Jamben-Zyklus ist voll von Bildern von Dreck und Masse, oft recht massiven. „Kehraus klatscht in die Hände", heißt es am Anfang von *Ur-*

---

22 In dem in Anm. 11 zitierten Brief, S. 262.
23 „Schatte von Rodaun", in: Gedichte II/Übertragungen II, S. 29 f., hier S. 30.

*laub,*²⁴ „[...] noch zu keinem Geißelklatsch / Auf Stank, der auseinanderspritzt –" im Titelgedicht, den *Jamben*. Vom „Pack des Raubzeugs" ist dort die Rede, das „unsterbliche Einsamkeit" niederheult. Es winselt mordlustig ums Palladium; „Gleich und Gleich", „Wolf am Widerwolf" wälzt sich auf die Poesie zu, vor der es allerdings ohnmächtig wird.²⁵

Die Schlußverse des Gedichtes *Jamben* seien zusammenhängend zitiert:

> „Zeit wiegt, sie zählt nicht; Meister der Unzählbarkeit
>   Des Wurmes ward der stille Mensch,
> Der Ungezählten Ein ob Zahl Erhabener.
>   Beim Zwei beginnt und nicht beim Ein
> Das Zählen; wilde Jamben fahrts verkündigen.
>   Die Rechner nur verrechnen sich."²⁶

Hier liegt die poetologische Zentralaussage des Jamben-Zyklus, und sie setzt als Kennzeichen des Feindes Massenhaftigkeit und Anonymität voraus.

Und weiter: *Mitte sectari* geißelt die Verpöbelung des deutschen Volkes, in *Schatten vom Wannsee* gilt für die Zeit Kleists, der Pöbel sei damals gebannt gewesen; auch am Schluß von *Klytämnestra*, in der wohl eher ein Bild der entarteten Nation als der deutschen Frau zu sehen ist, wieder die Masse:

> „[...] Von Horizont an bis Horizont
>   Dein Hörigenaufstand Kopf bei Kopf,
> An jedem Freigelassenenohr sein Preiszettel,
>   Für wieviel er zu haben wär."²⁷

In *Luther* ist es mit dem Bauernkrieg wieder eine Massenerhebung, mit der die jetzige Situation verglichen wird, auch hier am Schluß ein Bild von Masse und Brei:

> „Verschwemmt zum Urnichts, wüster Brei und Untergang
>   Wälzen es Fluten zu Tal [...]"²⁸

Pöbel, selbstverständlich rasseadelt, in *Rasse,* und der Schluß von *Nomina Odiosa* spiegelt genau den von *Jamben* wider: letztlich wird der Nenner den Zähler bemeistern, der für die Form Verantwortliche, der Dichter, die Masse.

Das bisher Dargelegte läßt sich zu drei Hypothesen zusammenfassen – *Hypothesen*, weil das allfällige Beweismaterial nicht ausgeschöpft ist:

---

24 Ebd., S. 15.
25 Ebd., S. 19–21.
26 Ebd., S. 21.
27 Ebd., S. 27 f., hier S. 28.
28 Ebd., S. 46–48, hier S. 48.

1. Von der Rede *Führung* bis zur Machtergreifung war die Distanz Borchardts zum Nationalsozialismus geringer, als der Rückschluß vom Jamben-Zyklus erwarten läßt. Es gab eine Konvergenz zwischen den Jungkonservativen, denen Borchardt über Edgar J. Jung nahestand, und dem Nationalsozialismus, der zumindest als Instrument zum Sturz der Weimarer Republik gesehen wurde. Borchardt scheint aber auch, jedenfalls zeitweilig, die Möglichkeit gesehen zu haben, daß sich Hitler, einmal an der Macht, des nationalsozialistischen Parteiprogramms, das ihm nur zu Wahlzwecken gedient habe, entledigen und sich zum erhofften Staatsmann mausern könnte.
2. Der einzige konturierte Programmpunkt und das einzige konturierte Handlungsfeld der Nationalsozialisten, das im Jamben-Zyklus auf- und angegriffen wird, ist die Rassenpolitik. Das gilt verstärkt, wenn Ernst A. Schmidts Interpretation des Hofmannsthal-Jambus stimmt, wie hier angenommen wird. Es wird noch unterstrichen, wenn man bedenkt, daß die widerstandslose Gleichschaltung der Universität, Gegenstand der Invektive in *Universitas literarum*, zu einem guten Teil ja auch widerstandslose Hinnahme der Amtsenthebung vieler jüdischer, meist längst assimilierter Universitätsangehöriger ist. Allenfalls am Schluß des Zyklus, im *Trinklied* wird die gefährliche Außenpolitik Hitlers angegriffen – aber auch dessen muß man sich nicht ganz sicher sein. Alle andere Invektive im Jamben-Zyklus richtet sich gegen Wertverluste und Massenphänomene im deutschen Volk, wie sie Borchardt schon die ganze Weimarer Zeit hindurch gegeißelt hat, die nun freilich durch den Nationalsozialismus ins Aggressive gewendet worden sind.
3. Mit dieser Kritik der Masse und der Massenphänomene befindet sich Borchardt nicht allein. Hermann Broch und im Anschluß daran Elias Canetti und seine Freunde Franz Baermann-Steiner und H. G. Adler haben, von ganz anderer politischer Seite kommend, das Verhältnis von „Masse und Macht" zum Gegenstand ihrer Analysen gemacht.[29]

Die zweite Beobachtung zum Jamben-Zyklus muß nun sehr viel geraffter dargestellt werden. Sie steht unter dem geheimnisvoll klingenden Motto „Vorbei" und schließt intertextuelle Gesichtspunkte mit ein.

Karl Kraus läßt im Oktober 1933 das 888. Heft der „Fackel" erscheinen, das kürzeste der gesamten Folge. Es enthält nur seinen Nachruf auf Adolf Loos, den Architekten, und dann das berühmte Gedicht:

---

[29] Siehe: „Ortlose Botschaft". Der Freundeskreis H. G. Adler, Elias Canetti und Franz Baermann Steiner im englischen Exil, bearb. v. Marcel Atze. Marbacher Magazin 84/1998, hier S. 131–135.

"Man frage nicht, was all die Zeit ich machte.
Ich bleibe stumm;
und sage nicht, warum.
Und Stille gibt es, da die Erde krachte.
Kein Wort, das traf;
man spricht nur aus dem Schlaf.
Und träumt von einer Sonne, welche lachte.
Es geht vorbei;
nachher war's einerlei.
Das Wort schlief ein, als jene Welt erwachte."[30]

Am 12. Juli 1935 schickt Rudolf Alexander Schröder ein Gedicht mit dem Incipit „Es konnte sein" an Rudolf Borchardt. Darin heißt es:

„Ein Jahr beschliesst; das nächste grüsst,
    Als ob's das alte sei.
Doch wo ein Freund es freundlich meint,
    halt fest, sonst heisst's: Vorbei.
Vorbei, vorbei! Und, was es sei,
    Es hätte können sein:
Das ist die Pflicht, die Herzen bricht,
    Die jeder trägt allein."[31]

Dieses Gedicht nimmt Rudolf Alexander Schröder dann in den auf 1935 datierten Zyklus *Ballade vom Wandersmann* auf.[32] Es ist der Zyklus Schröders, der im größeren Teil das Ergebnis jenes „Übertoppens mit Zorngedichten"[33] während Schröders Besuch in Saltocchio im Oktober 1935 darstellt und der sich von Borchardts Jamben so diametral unterscheidet, wie er auffallende Motivgleichheiten aufweist – unter anderem etwa ein Trinklied[34]; oder jenes sich Zurückziehen in Winter und Hochgebirge, das auch in Borchardts Zyklus vorkommt („Die Welt hat Eisjahr").[35] In der *Ballade vom Wandersmann* heißt es in einem anderen als dem vorhin zitierten Gedicht:

„Mir war, ich starb; – und was es sei,
Mir blieb dies Wissen nur: Vorbei. –

---

30 Die Fackel, herausgegeben v. Karl Kraus. Bd. 11, Nr. 834–922, Mai 1930 bis Februar 1936, Nachdruck 1968–1976 (Zweitausendeins), Nr. 888, S. 4.
31 Unveröff. Brief aus Bremen vom 12. Juli 1935 im Deutschen Literaturarchiv Marbach a. N. Das Gedicht ist von Schröder mit „Juni 1935" datiert.
32 Rudolf Alexander Schröder. Die Gedichte. Berlin und Frankfurt am Main 1952 (Ges. Werke; Bd. 1), S. 433–452, hier S. 437 f.
33 Vgl. Gedichte II/Übertragungen II, S. 379 (Anmerkungen zur Ausgabe von Ulrich Ott).
34 „Ich nehme das Glas…", in Rudolf Alexander Schröder. Die Gedichte. Berlin und Frankfurt am Main 1952 (Ges. Werke; Bd. 1), S. 448 f.
35 Leitmotivisch in den vier letzten Gedichten von Schröders Zyklus, ebd., S. 449–452. Das Borchardt-Zitat aus „Urlaub", Gedichte II/Übertragungen II, S. 15.

Vorbei. – Und als ich mich versann
Und atmen wiederum begann

Und wagte halben Augs zu schaun,
War wie vom Nichts verschluckt das Graun,

Verschwelgt von Schlund, aus dem es kam.
Und die Gespielen lobesam

Und all das Grün, und all das Bunt,
Das ganze maienfrische Rund,
War wie zuvor mir leibhaft nah,
Frug auch nicht ein's, was mir geschah."[36]

Und an späterer Stelle, wieder in einem anderen Gedicht des Zyklus:

„Laßt schrein den Hahn um Mitternacht:
    Die Nacht geht nicht vorbei.
Und schlimmer Schlaf und böse Wacht
    Ist alles überlei."[37]

Dies Gedicht endet mit der Strophe:

„So singt's die neue Tageweis,
    Weil ihr nach Weisen fragt,
Singt Klage, die nicht Klage weiß,
    Wo Klage sich selbst verklagt."

Man muß auf den Reim *vorbei* und *überlei* achten, wie auf den von *vorbei* und *einerlei* im Gedicht von Karl Kraus.

Der Jambus *Pater patriae* von Borchardt beginnt mit den folgenden, dunkel klingenden Versen, die ziemlich genau in der Mitte des ganzen Zyklus stehen:

„Mohn so stark ist keiner der
Mich von der schlummerlosen Ader loskauft –
Wenns vorbei sein wird – oh, wol –
Vorbei – was kann, was dann, je wieder werden?

Kein Vorbei geht anders bei
Als vor sich selber. Selber sitzt es, sieht sich
Selber hergehen. Was erging,
Bleibt stehn im Ausdruck des, was nie vergehen kann."[38]

---

36 Aus dem Gedicht „Gespenst und gar um Mitternacht...", ebd., S. 439–442, hier S. 442.
37 Aus dem Gedicht „Vernehmt die neue Tagesweis...", ebd., S. 446 – „überlei" lt. Grimms Wörterbuch ‚noch dazu kommend'.

Daß Borchardt und Schröder bewußt aneinander anklingen, unbeschadet der inhaltlichen Gegensätze, von denen gleich die Rede sein wird, scheint unzweifelhaft zu sein. Ebenso unzweifelhaft wie dies: daß sie auf keinen Fall von Karl Kraus abhängen, den sie kaum zur Kenntnis genommen haben dürften. Aber alle drei haben Goethe im Kopf – Fausts Tod im Fünften Akt von der Tragödie Zweitem Teil:

„Faust sinkt zurück, die Lemuren fassen ihn auf und legen ihn auf den Boden.

Mephistopheles
  Ihn sättigt keine Lust, ihm gnügt kein Glück,
  So buhlt er fort nach wechselnden Gestalten;
  Den letzten, schlechten, leeren Augenblick,
  Der Arme wünscht ihn festzuhalten.
  Der mir so kräftig widerstand,
  Die Zeit wird Herr, der Greis hier liegt im Sand.
  Die Uhr steht still –

Chor
      Steht still! Sie schweigt wie Mitternacht.
  Der Zeiger fällt.

Mephistopheles
      Er fällt, es ist vollbracht.

Chor
      Es ist vorbei.

Mephistopheles
      Vorbei! Ein dummes Wort. Warum vorbei?

Vorbei und reines Nicht, vollkommnes Einerlei.
Was soll uns denn das ewige Schaffen,
Geschaffenes zu Nichts hinwegzuraffen?
Da ist's vorbei! Was ist daran zu lesen?
Es ist so gut als wär es nicht gewesen,
Und treibt sich doch im Kreis als wenn es wäre.
Ich liebte mir dafür das Ewig-Leere."³⁹

Bei Goethe wird am Schluß des Faust dem nihilistischen Verdikt des Mephistopheles das Paradox von Fausts Rettung entgegengesetzt. Der Engel, der

---

38 Gedichte II/Übertragungen II, S. 31.
39 Goethe, Faust II (Schöne), V. 11587–11603.

Fausts Unsterbliches trägt, gibt mit „Gerettet ist das edle Glied"[40] die genaue Antwort auf Mephistos eben zitierte Verse.

Diesen Rettungsgedanken scheint Rudolf Alexander Schröder in seiner *Ballade vom Wandersmann* aufzugreifen. Er stellt das ‚Vorbei' letztlich Gott anheim:

> „Meine Kunde fänd euch taub.
> Von den rüstgen Sohlen
> Schüttl ich schon den Wanderstaub;
> Und nun: Gott befohlen!
>
> Weiß doch keiner, was ihm frommt,
> Als in diesem Zeichen,
> Weil von Ihm der Segen kommt
> und der Fluch desgleichen[.]"[41]

Schröders *Ballade vom Wandersmann*, am gleichen Tisch wie Borchardts *Jamben* und zur gleichen Zeit gedichtet, ist von ihnen diametral verschieden. Sie ist geradezu ein Programm-Gedicht der ‚Inneren Emigration'. Ganz anders als die *Jamben* – doch davon gleich.

Karl Kraus beläßt es mit seinem Zitat von Mephistos ‚Grabrede auf Faust' bei Mephistos Verdikt. „Jene Welt", die jetzt erwacht ist, ist Vernichtung und dem Nichts verfallen – denn das „einerlei" bei Kraus heißt ja nicht „gleichgültig", sondern, wie bei Goethe, eben „reines Nicht, vollkommenes Einerlei". Diesem vernichtenden Nichts gegenüber kann es keine Satire mehr geben. Der einzig mögliche Widerstand ist – Schweigen! („Kein Wort, das traf.")

Für die Verse in Borchardts *Pater patriae*, so dunkel sie klingen, scheint nur eine Erklärung möglich zu sein: Die Geschichte ist zugleich das Gericht. Es gibt, nach dem ‚Vorbei', keine Rückkehr zum Vorher. Das ist das Kennzeichen von Geschichte. Aber die Geschichte sitzt über sich selbst zu Gericht, und ihr Urteil (und das kann im Fall Deutschland jetzt nurmehr eine Verurteilung sein) bleibt auf immer in den Büchern stehen. Keine Gnade also wie im *Faust* und wie, ganz anders, bei Rudolf Alexander Schröder. Aber eines kann der Dichter tun: Er kann, er muß, stellvertretend für die Nation Widerstand leisten, um sich nachher vor dem Gericht der Geschichte das Recht zu verschaffen, als Anwalt aufzutreten. Worin der Widerstand des Dichters besteht, davon soll im dritten, im Schlußteil dieses Referates kurz die Rede sein. Jedenfalls zieht sich Borchardt im Jamben-Zyklus nicht wie Schröder in der *Ballade vom Wandersmann* in Winter und Hochgebir-

---

40 Ebd., V. 11934-11941.
41 Aus dem Gedicht „Gebt mir nur den Bissen Brot…", in Rudolf Alexander Schröder. Die Gedichte. Berlin und Frankfurt am Main 1952 (Ges. Werke; Bd. 1), S. 443 f.

ge zurück, um zu ‚überwintern', sondern in „die Höhle, *flüsternd vom Verein*".⁴²

Zwei Texte seien angeführt, die den Widerstand des Dichters und seine Anwaltschaft bezeugen: Der eine Text ist die zweite Hälfte von *Pater patriae*.

> „Aber vor dem Wachsenden
> Stehn unerlebt Jahrhunderte, die Forderer.
> Wem ihr ungeheuer Wort
> Mit Widerhall zu heiligen das Ohr gab
>
> Gott, der über Alles ist, –
> Fühlt kindlich Herz in seiner Brust Geheimnis
> Wechseln in ein vaterstreng
> Beschworen Amt, des Vaterlands zu walten –
>
> Rat der Schlimmberatenen,
> Der Selbstvergessenen Mahnung, taubem Ohre
> Schlag ans Tor, dem Widerstand
> Gefaßt Gesetz, uralt Gesetz zu halten.
>
> Aber über Müttern steht
> Wie über Töchtern schauerlich das Schicksal,
> Späte Art wie blühende
> Entarten sehn sie Sternkreis und Geschichte.
>
> Ich erfuhr von Untergang
> Der Länder und der Völker und der Reiche,
> Über deren Wildnissen
> Der Vatergeist die letzte Träne weinte,
>
> Die das ausgetrocknete
> Ihm fast nicht mehr verhieß, seit ihm das Auge
> Angesichts der Schandenzeit
> Zu Stein geronnen und zu Salz versteinert."⁴³

Das andere Zitat findet sich in dem unvollendet gebliebenen Text *Der Untergang der Deutschen Nation*. Borchardt hatte ein Buch mit diesem Titel geplant, von dem nur der Anfang niedergeschrieben worden ist. Es heißt dort:

> „Darum schreibe ich zwar auch für meine eigene Nation, die eine Antwort auf die tiefen Gründe des Elends verlangt, in das sie stürzen mußte, als sie sich selber untreu wurde, und dann halb wissentlich halb frevelhaft sich selber verriet. Ich verlange aber auch von unsern Richtern Gehör für den Rest von uns dessen ewiger Wert den Untergang überlebt, weil ich diesen Rest, viel oder wenig wie er sei, an seiner Stelle im europäischen Zusammenhange

---

42 „Schatten von Wannsee", in: Gedichte II/Übertragungen II, S. 23–26, hier S. 26 (Hervorh. v. Verf.).
43 Ebd., S. 31–33, hier S. 32 f.

für die Zukunft erhalte und anmelde. Ich könnte tiefere und schmerzlichere Gründe für mein Recht auf das Ohr der Menschheit anführen: ich könnte in diesen Richtern Mitschuldige an unserer Schuld erweisen, denn es ist furchtbar an uns gesündigt worden. Aber die tätliche Vergeltung dieser Mitschuld ist in so gräßlichem Maße über alle menschliche Vorstellung eines Ausgleichs hinausgegangen, daß das Recht auf Rechnung für uns verwirkt ist. Nur daß die ewige Substanz eines großen Geschichtsvolkes von anderthalb Jahrtausenden der Wirkung nach allen Seiten durch nichts auf ewige Dauer vernichtet werden kann oder hat vernichtet werden können, was zehn Jahre irgend haben anrichten können, davon verlangen diese Seiten außerhalb Deutschlands darum Anerkennung, weil sie davon selber wieder der erste Beweis sind."[44]

Zum Schluß, nun unter dem Motto „Alles bis zur schmucksten Glätte im Ohre ausgesiebt...",[45] zur Frage, wie denn das Dichten des Jamben-Zyklus ein Akt des Widerstandes sein könne. Hat Borchardt doch auf die Veröffentlichung des Jamben-Zyklus zur Zeit seiner Entstehung kaum Wert gelegt. Allenfalls ein Hundertdruck bei der Wiener Johannespresse wird erwogen.[46] Jedenfalls war die Publikation für Borchardt nicht das entscheidende Moment. Dagegen legt er vor allem in dem zitierten Brief an Hugo Schäfer, aber auch in anderen Äußerungen, etwa gegenüber Franz Golffing, auf die Form-Innovation, welche der Zyklus darstellt, den größten Wert. Bei Schäfer könnte die Betonung dieser Seite gegenüber einer Charakterisierung des Inhalts auch aus der Sorge vor der Briefzensur geboren sein. An Hugo Schäfer, in dessen Wohnung neben einem Foto Borchardts eines von Hitler gehangen haben soll,[47] hat Borchardt immer anders als an andere, etwa außerhalb Deutschlands lebende Briefpartner, geschrieben. Wie wir ja für Borchardts Briefwerk, genau aus diesen Gründen, eine Hermeneutik erst noch entwickeln müssen, ehe wir es richtig lesen können.

Borchardt hat sich immer wieder zum Grundmuster der Hegelschen Philosophie bekannt. Daraus läßt sich ablesen, daß Formen zu schaffen, Formen als das einzige Rein-Geistige, das es gibt, dem Weltgeist zubüßt und der ungeformten Materie abträgt, wie sie in den Massenklumpen, die wir in den *Jamben* so häufig finden, sinnbildlich dargestellt wird. Ob hier, bei diesem Hegelschen Gedankengang, nicht schon der Ausgangspunkt des *Gesprächs über Formen*[48] liegt? Insofern kann auch das Formen-Schaffen als solches, so gewissenhaft wie es im *Gespräch über Formen* gefordert wird, ein Akt

---

44 Prosa V, S. 503–526, hier S. 504 f.
45 So über den Jamben-Zyklus im Brief an den Berliner Altphilologen Hugo Schäfer, geschrieben um Ostern 1936, dessen handschriftl. Entwurf sich in Borchardts Nachlaß in Marbach befindet. Er wird demnächst in Briefe 1936–1945 publiziert.
46 Vgl. den in Anm. 46 zitierten Brief von Hugo Schäfer.
47 Mündlich durch Marie-Luise Borchardt überliefert.
48 R. B., Das Gespräch über Formen (geschr. 1900–1901, Erstveröff. 1905), in: Prosa I, S. 328–373.

des Widerstandes sein, selbst wenn die Formen zum Zeitpunkt des Widerstandes noch gar nicht Besitz der Öffentlichkeit werden. Und insofern verwundert es auch nicht, daß Adorno, eigentlich doch auch auf Hegelscher Grundlage, sagen kann: „Fast möchte man [Borchardts] Außerordentliches darin suchen, *wie* er aus Antagonismen Funken schlug. Nicht darum geht es, wie der Dichter mit angeblicher oder faktischer innerer Problematik fertig wird – manche der größten, zumal in Frankreich, haben gerade das nie vermocht –, sondern wie er auf Antagonismen, denen er konfrontiert ist und die freilich auch in ihn hineinreichen, durchs *Gebilde* antwortet."[49]

---

49 R. B., Ausgewählte Gedichte. Auswahl und Einleitung von Theodor W. Adorno, [Frankfurt a. M.] 1968 (Bibliothek Suhrkamp, Bd. 213), hier S. 17 (Hervorhebungen durch U. O.).

ALEXANDER KISSLER

„Alles, was nicht unrein ist, ist Garten."
Politische Hygiene, politisierte Liebe und botanische Politik bei
Rudolf Borchardt

Das letzte Wort hat der Dichter. Ein junger Mann und eine junge Frau, die zuvor nacheinander die Bühne betraten, haben sie schon wieder verlassen. Sie sind den Rufen geheimnisvoller Stimmen „aus den Hecken des Gartens"[1] erlegen. Zwischen Bäumen und Büschen findet das Liebespaar zueinander, nachdem es außerhalb der umgrenzten Natur, jenseits der „hohen eisernen Gitter"[2] nur getrennt in Erscheinung hat treten dürfen. Für einen Moment ist die Bühne menschenleer. Wie aus dem Nichts tritt plötzlich der Dichter auf. Er möchte gerne dem Paar eine glückliche Zukunft verheißen, doch Klagen kommen über seine Lippen. Die Gegenwart, sagt der Dichter, ist eine schmutzige Gosse ohne jeden geistigen Adel. Ihm selbst ist lediglich ein zerrissener Lorbeerkranz geblieben. Die letzte Gestalt des Hochzeitsspiels weiß keinen anderen Ausweg, als von sich selbst zu sprechen, von ihrem unzerstörbaren, unbefleckbaren Innern: „Ich komme hier in dieses Spiel hinein / Mit der Geberde des entthronten Königs, / Der Stirn des Helden, Augen des Verliebten, / Und mit den schweren weggewohnten Schritten / Des Tag und Nacht mühselig Wandernden."[3]

24 Jahre ist Rudolf Borchardt alt, als er zur Hochzeit seines Göttinger Studienfreundes Otto Deneke die lyrische Szene *Gestalten aus einem Hochzeitsspiele* verfaßt. Er selbst weilt gerade im hessischen Bad Nassau, wo er sich seit April 1901 von den Folgen eines Nervenzusammenbruchs erholt. Bei der Eheschließung, die am 7. September in Hannover stattfindet, müssen ihn deshalb „diese armen Verse und von Herzen kommenden Wünsche"[4] vertreten. Die dem Schreiben beigelegte Etüde mag indes trotz des bukoli-

---

1   Rudolf Borchardt, „Gestalten aus einem Hochzeitsspiele", Gedichte II / Übertragungen II, S. 100.
2   Ebd., S. 99.
3   Ebd., S. 105 f.
4   Brief Rudolf Borchardts an Hedwig Deneke vom 7. 9. 1901 (Entwurf), Gedichte II / Übertragungen II, S. 402.

schen Tones, trotz der Preisungen von „Glück! nichts als Glück!"[5] kein unbelastetes Arkanum entwerfen. Zum einen ist dieser Umstand sicherlich der zeittypischen Jugendstil-Ornamentik geschuldet, die eben statt unverschatteter Idyllen nur künstliche Zuflüchte wie hier die Theaterkulisse eines Parks zuläßt, statt rückhaltloser Freude den doppelgesichtigen Genuß am inszenierten Schmerz, am „Lachen in der Brust, / Das ganz wie Weinen klingt"[6].

Zum anderen jedoch kulminiert das kleine Drama im Auftritt dessen, der die Tändeleien' und Arabesken an ihren Platz und also von der Bühne verweist. Im nicht sichtbaren Hintergrund mag sich ereignen, was der Phantasie des Betrachters überlassen bleibt. Auf der Szenerie hat nunmehr – und zwar als einziger der Beteiligten in reimloser Sprache – der Dichter das Wort ergriffen und die zuvor schon marginale Handlung zum Erliegen gebracht. Er soll „den Hochzeitsreigen stellen"[7], was ihm aber nur unter Vorbehalten möglich ist. Die Gegenwart erscheint ihm nämlich derart verderbt, daß selbst die zarteste und zärtlichste Beschäftigung, selbst das aufrichtigste Gefühl zu „Kot ward neben Kot"[8]. Widerstand leistet allein noch der Dichter, sofern er kraft seiner unbeugsamen Seele die Gegenwart richtend durchschaut.[9] Von vierfacher Beschaffenheit ist dieser letzte Mitspieler, der das amouröse Treiben beendet.

Als Herrscher stellt er sich vor, der seine Regentschaft eingebüßt habe, da statt seiner die „Niedrigkeit [...] auf jedem hellen Throne"[10] sitzt. Er aber, ohne Macht und ohne feste Bleibe, ist ruhelos auf der Suche nach der rechtmäßigen, der verlorenen Autorität. Geblieben aus vergangenen Zeiten sind ihm einzig die Leidenschaft und eine heroische Gesinnung. Der Dichter, wie Borchardt ihn hier vorführt, ist gewesener König, unveränderter Held, Verliebter und Wanderer. Er hat wider Willen und trotz seiner Verdienste die Macht verloren. Verantwortlich hierfür ist einzig die unreine Gegenwart. Sie hat sich geändert, nicht er. Vom Dichter gilt, was der ebenfalls verliebte junge Mann schon aussprach: Alles wurde „Neu, neu, und neu, – / Doch bleib ich treu."[11]

Das Krisenjahr 1901, als ein körperlich und seelisch geschwächter Rudolf Borchardt während des Kuraufenthalts Margarete Ruer kennen- und

---

5   Borchardt, „Hochzeitsspiel" (Anm.1), S. 103.
6   Ebd., S. 102.
7   Ebd., S. 106.
8   Ebd., S. 106.
9   Vgl. Rudolf Borchardt, „Die Antike und der deutsche Völkergeist", Reden, S. 275.
10 Borchardt, „Hochzeitsspiel" (Anm.1), S. 106.
11 Ebd., S. 105.

unerwiderterweise lieben lernte, ließ den Nachwuchsdichter erleben, wie sehr eine randständige Existenz und schöpferischer Gestaltungsdrang einander bedingen. Obwohl Margarete Ruer seine zahlreichen Liebesbriefe mit wachsendem Desinteresse quittierte, bezeichnete der verschmähte Verehrer das Jahr „als durch und durch wundervoll"[12]. Die Ereignisse von Bad Nassau erfuhren ihre nachträgliche Heiligung durch jenes Werk, welches das *Annus Mirabilis* verewigen sollte. Die noch 1920 geplante Sammlung aus „Prosa und Vers Minnetheorie und verschleierter Autobiographie"[13] sollte Zeugnis ablegen von den enormen Kräften der Liebe, die keineswegs erhört werden braucht, um das Ich zum Besseren und somit zum Stärkeren zu wenden. Nötig ist eine solche Transformation, weil die Zeit, in die das liebende, schöpferische, heimatlose Ich gestellt ist, eine Abkehr vollzogen hat. Unrein nennt Borchardt im *Hochzeitspiel* implizit, später dann wörtlich die Jetztzeit.

Die „Minnetheorie" des *Annus Mirabilis*, die letztlich unausgeführt blieb, wurde 1904 ersetzt durch die lyrische Erzählung um den Minneritter Durant. Mit ihm schuf Borchardt den Prototyp des einsamen Streiters gegen eine feindliche Welt. Durants Mittelalter besteht aus den in die Vergangenheit projizierten Konfliktlagen des zwanzigsten Jahrhunderts. Damals wie heute, unterstellt Borchardt 1904, muß die Devise lauten: „Reinen das verunreinte"[14]. Namens einer Mission, die keine Kompromisse duldet, soll die Welt gesäubert werden. Durant wird zum Priestermörder, weil er die Reinheit des christlichen Glaubens besudelt sieht durch einen Mönch, der eine Schmuckdose mit dem Bild der Göttin Venus bei sich trägt. „Kot"[15] ist dieser Gegenstand in Durants Augen; wie alles, „Was elend oder schmutzig"[16], soll die Dose vernichtet werden. Der Mönch jedoch will sich von dem Erinnerungsstück nicht trennen und bezahlt seine Weigerung teuer. Eine Gegenwart, die gemäß der Meinung des cholerischen Ritters und ebenso des traurigen Dichters mit dem zerrissenen Lorbeerkranz zur Gosse geworden ist, verdient den Tod.

Dieser polemische Befund wird keineswegs relativiert durch Durants ruhmloses Ende als Vergewaltiger und Mörder seiner Ehefrau, des ehemaligen Objekts ritterlicher Minne. Durant leidet zwar und fügt Leid zu, weil er die Beziehung von Mann und Frau nur unkörperlich auffaßt – anders als

---

12 Rudolf Borchardt, Entwurf zu „Annus Mirabilis", zitiert nach: Marbacher Katalog zu Borchardt/Heymel/Schröder 1978, S. 197.
13 Brief Rudolf Borchardts an Ernst Borchardt vom 2. 10. 1907, Briefe 1907–1913, S. 136.
14 Rudolf Borchardt, „Der Durant", Berlin 1920, S. 39.
15 Ebd., S. 47.
16 Ebd., S. 45.

Borchardt selbst, der schon im ersten Brief an seine spätere Gattin Karoline Ehrmann schreibt, „das Ziel heißt das Kind"[17], und der lebenslang „Geschlechtslosigkeit und Hermaphroditismus" für „tierische Greuel"[18] hält. Die Unerbittlichkeit jedoch, mit der Durant seine Auffassung einer über leibliche Askese sich definierenden Reinheit gegen alle Widerstände durchficht, prädestiniert ihn zum Vorbild. Durants Haß auf einen bloß äußerlichen, höfischen Zeitgeist entspringt Borchardts Verachtung des neuen Säkulums, denn, wie es in einem für *Annus Mirabilis* vorgesehenen Gedicht von 1901 heißt: „Daß Du gemein seist, will dies niedere Dasein sehn, – / Der gierige Kot, aufspringend unter Deinem Fuß, / Spült schon sein grauenhaftes Bett für dich heran!"[19] Um den Zumutungen einer geistlosen Gegenwart standzuhalten, die jeden Adel zu nivellieren bestrebt ist, braucht es die schon im Namen verbürgte hygienische Härte des Durant gleichermaßen gegen sich und andere. Wo diese Härte nicht dichterisch imaginiert oder vortragsweise gefordert wird, schlägt in Borchardts Frühwerk die Stunde melancholischer Jünglinge.

Schon der Held der ersten Erzählung überhaupt, *Die Augen der Büste* von 1899/1900, erfährt ähnlich wie die letzte Figur des *Hochzeitsspiels* die Notwendigkeit einer neuen Reinheit im Augenblick maximaler Abgeschiedenheit. Bruno jedoch, der nicht „vor Sonnenaufgang"[20], sondern in der „kühlen Dämmerung"[21] und somit ebenso zwischen Tag und Nacht, gewissermaßen an den Rändern der Eindeutigkeit, durch eine unförmige Stadt schlendert, hat Anteil am Glück der Liebe, ist im Gegensatz zum Dichter im *Hochzeitsspiel* nicht ihr gramgebeugter Chronist. Wandernd gibt sich Bruno träumerischen Vorstellungen über seine Zukunft hin, die aus „neuen Fesseln und [...] neuer Herrschaft"[22] zu bestehen scheint, als er von spielenden Nachbarskindern erfährt, daß „Sie [...] in Deinem Hause"[23] ist, sie, die für den Leser namenlos bleibende Geliebte Brunos. Allein die Nennung ihres Namens hat Bruno „die plötzliche Herrschaft über alles Vergangene und Gegenwärtige"[24] wiedergegeben. Das „Feld seiner Seele"[25] weitet sich augen-

---

17 Brief Rudolf Borchardts an Karoline Ehrmann vom 28. 5. 1904, Briefe 1895–1906, S. 207.
18 Rudolf Borchardt, „Der leidenschaftliche Gärtner", Der leidenschaftliche Gärtner, S. 97.
19 Rudolf Borchardt, „Gefühl des Schicksals", in: Ders., „Vivian". Briefe, Gedichte, Entwürfe 1901–1920, hg. v. Friedhelm Kemp und Gerhard Schuster, Marbach 1985, S. 94.
20 Borchardt, „Hochzeitsspiel" (Anm. 1), S. 99.
21 Rudolf Borchardt, „Die Augen der Büste", Prosa VI, S. 385.
22 Ebd., S. 386.
23 Ebd., S. 387.
24 Ebd.
25 Ebd.

blicklich zu jenem „imaginären Raum des Beisammenseins"[26] mit der Geliebten, den Borchardt selbst immer wieder brieflich ausschritt. Für Bruno sind die Liebesbriefe, derer er sich nun erinnert, veritable Gesprächspartner und zugleich Gewähr dafür, daß die unmittelbar bevorstehende Begegnung seine Sehnsucht erfüllen wird.

Bevor es soweit ist, nimmt Bruno im Tagtraum die Zusammenkunft von Mann und Frau „in immer wechselnder Verbindung"[27] vorweg. Kurz jedoch wird die glückliche Vision zum Alp, als „Treue und Untreue [...] die Masken"[28] tauschen: „reines verzerrte sich"[29]. Die Ungewißheit des bangenden Ich erwächst aus der Frage nach der Exklusivität. Rein kann die Liebe nur genannt werden, wenn sie alle Anwärter ausschließt bis auf den einen namens Bruno. Rein will Durant ein Dasein nur nennen, das Verzicht leistet auf alle Inhalte und Praktiken mit Ausnahme der minnenden und deshalb entsagenden Liebe. Rein kann der Dichter aus dem *Hochzeitsspiel* eine Zeit nur nennen, die wieder Abschied nimmt von der Anbetung aller und die den schöpferischen Einzelgänger rehabilitiert, den Dichter als den „Herrscher nicht nur der Sprache sondern des Volkes selbst"[30]. In allen drei Fällen enthält die Emphase der Reinheit eine Diagnose und eine Forderung. Weil die Gegenwart unrein geworden ist, kommt es dem über den Grad an Reinheit befindenden Dichter zu, die Veränderung der Gegenwart ins Werk zu setzen. Die maßlosen Klagen im *Durant* und dem *Hochzeitsspiel* wie auch das momentweise Glücksempfinden Brunos sollen belegen, daß zur Zeit der Jahrhundertwende eine solche Wandlung erst des einzelnen, dann der ganzen Nation not tut und möglich ist.

Bruno erlebt an sich die Wirkkräfte der Liebe. Er betritt sein eigenes Haus, von dem er vor kurzem erst aufgebrochen war. Die Mutter der Geliebten sitzt an einem Tisch. Bruno kniet sich. Die Geliebte kommt, beugt sich hinunter und küßt Bruno auf den Mund. Es folgt eine Zeile aus Gedankenstrichen, die nach Art kleistscher Verhüllungstechniken den weiteren Fortgang ausspart. Das Eigentliche aber ist nicht in der Zäsur verborgen, sondern steht noch bevor: „Alte Grenzen waren geschwunden, [...] entferntes und Getrenntes verschwisterte seine Hände."[31] Als Resultat des

---

26 Brief Rudolf Borchardts an Christa Winsloe vom 21./22. 5. 1913, Briefe 1907–1913, S. 479.
27 Borchardt, „Büste" (Anm. 21), S. 387.
28 Ebd., S. 388. – An dieser Stelle nicht weiter erörtert werden kann der für Borchardts Subjektbegriff entscheidende Zusammenhang von Maske und Wandlung. Vgl. hierzu die demnächst erscheinende Dissertation des Verfassers, die mit einem Zitat aus Borchardts Aufsatz „Villa" überschrieben ist, „Das altarische Leiden am Individuum".
29 Ebd., S. 388.
30 Brief Rudolf Borchardts an Herbert Steiner vom 31. 8. 1911, Briefe 1907–1913, S. 374.
31 Borchardt, „Büste" (Anm. 21), S. 390.

sekundenkurzen Kusses ist Bruno ein anderer, ein reinerer Mensch geworden. Abgetan hat er die Zweifel, überwunden sind die Schreckensbilder maskenhafter Lügen, gewonnen ist das von Borchardt 1899 beim Gang durch Florenz empfundene „gefühl innerer reinheit und seelischer höhe"[32]. Davon ist Bruno überzeugt, als er allein im Saal zurückbleibt und Zwiesprache hält mit dem neu gefundenen Du, das der Kuß ihm geschenkt hat. Bruno empfindet „schwere Seligkeit"[33], da nicht mit der Geliebten, nicht mit der Mutter, sondern mit einer steinernen Kinderbüste er sich austauscht.

An ihr macht er die ihn beglückende Erfahrung, daß „seine Seele [...] in den fremden Gebilden ihre [...] geheimnisvollen Züge bewahrte"[34]. Die Augen eines vor 2000 Jahren früh gestorbenen Kindes verbürgen im „Panzer der einmal gefügten Form"[35] Brunos gerade errungene Zukunftsfähigkeit. Das antike Kunstwerk, der stumme, kalte Stein, ist ein Hoffnungszeichen. Die Büste führt dem Verliebten vor Augen, daß der Form „zu sterben verwehrt"[36] ist. Der Kuß der jungen Frau machte ihn empfänglich für diese Wahrheit und hat somit seinen höheren Zweck erfüllt. Die kurze Erzählung endet darum, wie sie begonnen hat, mit Bruno in Abgeschiedenheit. Das einsame Schlendern zu Beginn und die abschließende Meditation im leeren Saal eint das Wissen um die Wandelbarkeit der Person. Dazwischen liegt die durch das Knien und den sowohl passiv als auch stumm erduldeten Kuß bewiesene Demut des Ichs. Bruno zählt zu den wenigen Erwählten, die nicht vor den falschen Thronen sich beugen, auf denen die „Niedrigkeit [...] frech mit feiger Stirn"[37] Gefolgschaft verlangt. Er weiß, daß Unterordnung nur die Reinheit fordern darf, hier also die unwandelbar treue Geliebte. Lohn für den Gehorsam an der richtigen Stelle ist der Zerfall der formflüchtigen, autoritätslosen, unschöpferischen Gegenwart – „Welt war nichts"[38] –, und Lohn ist auch eine bestätigte Gewißheit. Bruno, der bereit war zur ritterlichen Demut, sieht endgültig „seine Seele [...] vor aller Zukunft unwiderruflich aufgetan"[39].

Die Spannbreite der drei bisher behandelten Arbeiten aus der Zeit von 1899 bis 1904 ist konstitutiv für das gesamte Werk. Die vorherrschende Perspektive ist jene des mal demütig empfindenden, mal grimmig anklagenden Außenseiters, der an der Welt, wie sie ist, irre zu gehen droht. Nicht

---

32 Brief Rudolf Borchardts an Alfred Körte vom 16. 1. 1899, Briefe 1895–1906, S. 50.
33 Borchardt, „Büste" (Anm. 21), S. 391.
34 Ebd., S. 391.
35 Ebd.
36 Ebd.
37 Borchardt, „Hochzeitsspiel" (Anm. 1), S. 106.
38 Borchardt, „Büste" (Anm. 21), S. 390.
39 Ebd., S. 392.

zufällig gebärdet die letztgeschaffene der drei Figuren sich am maßlosesten und rigidesten. Durant, der seine absolute Unzeitgemäßheit mit dem Tod büßt, zählt wie später die Gewaltmenschen Joram (1905) und Veltheim (1908) zu den parallelen Porträts eines nicht minder hartnäckigen und zuweilen rechthaberischen Schriftstellers. Bereits 1906 notiert der achtundzwanzigjährige Borchardt, daß er sich „in allem Seelischen immer mehr verhärte und vergräme"⁴⁰, daß er also auf dem Wege sein, ein zweiter Durant zu werden. Die letzte Figur des *Hochzeitsspiels* hatte es 1901 noch damit bewenden lassen, dem Publikum eine zornige Predigt zu halten, ehe sie dem Liebespaar in den Park nachfolgte, und Bruno war 1899 gar selbst den zauberischen Stimmen erlegen, die ihm eine grenzenlose Zukunft prophezeiten. Brunos Hoffnung können der Dichter und der Ritter nicht mehr teilen, weil Jahr um Jahr die Rinde wuchs um Borchardts Herz, weil die Gegenwart ihre modischen Schätze anhäufte, ihre technischen und sozialen Errungenschaften, die dem strikt konservativen Monarchisten „ein Phänomen der tiefsten Degradierung, des Verfalls aller [...] geistigen Kraft"⁴¹, kurzum: des Schmutzes sein müssen.

Das Jahr 1904 markiert die endgültige Hinwendung zu einem politischen Verständnis der Liebe. Die qualitätslose Zukunftsoffenheit des demütig liebenden Bruno, der einer antiken Skulptur die Hoffnung auf überzeitliche Gültigkeit durch Form abliest, wandelt sich zu einem dezidierten Gestaltungswillen. Während in den Sommermonaten des Jahres 1904 Durants Scheitern Form annimmt und insofern gleich der Büste die Zukunft zu gewinnen sich anschickt, erklärt Borchardt die Familie zum Kern politischer Betätigung. Er preist den gemeinsamen „Wille[n] der nur aus diesem Hause heraus das Volk ergreifen und bestimmen will!"⁴² Der Brief an Karoline Ehrmann vom 25. September 1904 ist das erste Zeugnis des erweiterten Liebesbegriffs. Von nun an bemißt der Wert einer Liebe sich auch an ihrer Fähigkeit, gestaltend auf die Staatsgemeinschaft einzuwirken. Unmißverständlich spricht ein ebenfalls an Karoline Ehrmann adressierter Brief ein halbes Jahr später die Überzeugung aus, „dass von da aus wo wir beide in unserem Hause stehn als Mann und Weib, gewirkt wird aufs Dumpfe, aufs vor uns Ausgebreitet Wimmelnde."⁴³ Damit ist die Voraussetzung geschaffen, den Begriff der Liebe nicht länger für das Verhältnis von Mann und Frau zu reservieren. Die Liebe zum Volk, später dann zur Nation als der

---

40 Brief Rudolf Borchardts an Philipp Borchardt vom 2. 3. 1906, Briefe 1895–1906, S. 409.
41 Rudolf Borchardt, „Weltfragen. Die Krise des Weltbildes", Prosa V, S. 21.
42 Brief Rudolf Borchardts an Karoline Ehrmann vom 25. 9. 1904, Briefe 1895–1906, S. 249.
43 Brief Rudolf Borchardts an Karoline Ehrmann vom 7. 4. 1905, Briefe 1895–1906, S. 301.

„höchste[n] Form der menschlichen Gesellschaft überhaupt und an sich"[44] ist wiederum ein exklusives Verhältnis. Reinheit heißt hier wie dort das Gebot. Deshalb erhofft Borchardt sich zehn Jahre darauf vom Krieg, er möge „das Windfällige zur Seite schaffen"[45] und „die neue Nation, die neue Reinheit"[46] fest in Deutschland verankern.

Der knapp vierzigjährige Borchardt kämpft selbst rund sechs Monate an der Westfront, ehe er im April 1916 wegen einer Rippenfellentzündung ins Reserve-Lazarett nach Meiningen abkommandiert wird. Er war „dem unbeschreiblichen Kote, der Nässe und der allgemeinen Verwahrlosung"[47] ausgesetzt. Am eigenen Leibe erfuhr er, daß der Weg zur ersehnten Reinheit durch morastiges, exkremental beschmutztes Gelände führt. Auf den Schlachtfeldern sollte sich die Spreu vom Weizen trennen, das Schwache vom Starken, das Vaterlandslose vom Deutschen. Der Krieg sollte mit einem Schlage die größtmögliche Zahl der Seelen und hierdurch die ganze Nation wandeln, ja mehr noch, diese eigentlich erst entstehen lassen. Aus dem „Gottesdienst des Tuns und des Leidens"[48] sollte Deutschland geeint und gestärkt hervorgehen. Borchardts Kriegsreden entraten nicht des bellizistischen Pathos, wohl aber der expansiven Gelüste manch anderer Patrioten, die wie Borchardt die sogenannten ‚Ideen von 1914' gegen den Geist der Französischen Revolution in Stellung brachten. Borchardts Maxime, wonach „der Sieg der Kultur [...] der Sieg der Seele, der Form, auch der Sieg der Monarchie"[49] wäre, vergißt nicht den Vorrang des Inneren. Der einzelne soll geläutert, die innere Verfaßtheit der Menschen und der Gemeinwesen verändert werden, nicht Ländergrenzen gilt es zu verschieben. Eine Friedensvereinbarung kann dieser Sichtweise gemäß nur den Abschluß einer gesamteuropäischen Metamorphose zum geschichtsbewußten Volk bedeuten, die den Irrtum von 1789 korrigiert und eine neue, hierarchisch gestufte, monarchisch regierte Gesellschaft aufbaut. 1918 oder früher hätte die ‚schöpferische Restauration' ihren Abschluß finden sollen.

Statt dessen aber sieht Deutschland sich als der unterlegene und schuldige Teil der Anklage der Alliierten ausgesetzt. Borchardt blickt voll Bitterkeit zurück auf die „Ruine eines Jahrzehnts der Hoffnungen, der Pläne und der

---

44 Rudolf Borchardt, „Der Dichter und die Geschichte", Prosa IV, S. 224.
45 Rudolf Borchardt, „Kriegsrede", Prosa V, S. 209.
46 Rudolf Borchardt, „Der Krieg und die deutsche Selbsteinkehr", Prosa V, S. 248.
47 Brief Rudolf Borchardts an Rose Borchardt vom 23. 12. 1915, Briefe 1914–1923, S. 91.
48 Rudolf Borchardt, „Kriegsrede" (Anm. 45), S. 205.
49 Kurt Flasch, Rudolf Borchardts Kriegsreden, in: Rudolf Borchardt und seine Zeitgenossen, hrsg. v. Ernst Osterkamp, Berlin/New York 1997, S. 355–369, hier: S. 365. Vgl. vom selben Autor: Die geistige Mobilmachung. Die deutschen Intellektuellen und der Erste Weltkrieg, Frankfurt am Main 2000.

Leistung"⁵⁰. Schnell gelangt er aber zu der Überzeugung, daß seine Mission nach der Niederlage notwendiger denn je sei. Das Wilhelminische „Interregnum"⁵¹, das „allen Zusammenhang mit der Spiritualität und der Geistigkeit des Volkes verloren"⁵² hatte, ist durch das „auf der Basis von Versailles ermöglichte Interim"⁵³ ersetzt worden. Deutschland kam vom Regen in die Traufe, aus bloß äußerlicher, verzärtelter Monarchie, gegen die schon Durant zu Felde gezogen war, in „kaiserlose schreckliche Zeit"⁵⁴. Die reine Nation, die eine von allem „verlogenem und schändlichem Plunder"⁵⁵ gereinigte sein sollte, läßt weiter auf sich warten.

Eine der ersten Figuren, die Borchardt nach Kriegsende schuf, führt ein Leben im Schmutz. Unverhofft und auf wundersame Weise wird sie in der lyrischen Erzählung *Die halbgerettete Seele* (1919) rein, ohne es je angestrebt zu haben. Die hervorstechende Eigenschaft besagter Figur ist ihre Schönheit. „Jener Jüngling, jener schöne / Rätselhafte, sanfte, wankelmütige"⁵⁶, den aus „immer krummrer / Gassen Unflat"⁵⁷ zu erretten ein Cherub sich dreimal vergebens abmüht, setzt dem Erlösungswerk Widerstand entgegen. Bereitwillig läßt er sich vom Cherub zwar einführen in die tröstliche Botschaft von „Aller Reinheit Trieb ins Allertrübste"⁵⁸, läßt sich auch belehren über „Alle Regelung [...] der Bahnen in des Menschen Seele"⁵⁹. Doch die Vergebung, die der Cherub ihm anbietet, hält ihn nicht ab vom liederlichen Leben. Seite an Seite mit Glücksspielern, Huren und Knabenschändern fristet er sein Dasein. Er hat folglich, legt man die Koordinaten der Borchardtschen Zeitkritik zugrunde, als ein typischer Vertreter des zwanzigsten Jahrhunderts zu gelten.

Nachdem der Jüngling zum drittenmal dem Cherub entwischt ist, fügt sich dieser in die Unerfüllbarkeit seiner Sendung. Müde und enttäuscht nimmt er Platz neben dem Jüngling, verzichtet auf die überirdische Begabung, ist bereit, ganz und für immer im Diesseits zu blieben, das Engelskleid gegen Menschentracht einzutauschen. Sich und den Jüngling empfiehlt er

---

50 Brief Rudolf Borchardts an Ottonie Gräfin von Degenfeld-Schonburg vom 29. 10. 1918 (nicht abgesandt), Briefe 1914–1923, S. 212.
51 Rudolf Borchardt, „Die Neue Poesie und die Alte Menschheit", Reden, S. 110.
52 Ebd., S. 111.
53 Brief Rudolf Borchardts an den Arbeitsausschuß „Reich und Heimat" vom 20. 6. 1930 (Entwurf), Briefe 1924–1930, S. 469.
54 Rudolf Borchardt, „Der Dichter und die Geschichte", Prosa IV, S. 233.
55 Rudolf Borchardt, „Kriegsrede" (Anm. 45), S. 209.
56 Rudolf Borchardt, „Die halbgerettete Seele", Gedichte, S. 538.
57 Ebd., S. 536.
58 Ebd., S. 533.
59 Ebd.

dem, „Der da rein ist"⁶⁰. Gott soll vollenden, was an der Schwachheit des Cherubs und der Verderbtheit seines Schutzbefohlenen scheiterte. Kaum aber hat der gefallene Engel sein letztes Gebet ausgesprochen, da wachsen dem Cherub wieder Flügel, und die beiden Verlorenen werden in den Himmel entrückt. Der schmutzgewohnte Jüngling wird augenblicklich „rein [...] vor dem Reinsten"⁶¹.

Der Cherub unterweist den Jüngling und er singt „aus zerhauener Lippe [...] Wohllaut"⁶². Er ist somit Lehrer und Künstler, er trägt vor und er dichtet. Durch Rede und Poesie will er die besudelte Schönheit reinigen und zu sich ziehen. Der Cherub wählt somit dieselben Mittel wie der schöpferische Rhetor und wissenschaftliche Dichter Borchardt, damit, wie es schon 1916 eine Figur des Dramenfragmentes *Petra und das Tier* aussprach, der „mißbrauchte Schoß der kranken Zeit sich jungfräulich träumen"⁶³ kann. Der Reinheitsfanatiker Durant schoß über das unverändert gültige Ziel hinaus und tötete schließlich die ihm angetraute Gräfin, „die Reinste"⁶⁴, weil mit seinem selbstgesetzten moralischen Rigorismus jede geschlechtliche Beziehung unvereinbar war. Nach dem Ersten Weltkrieg hingegen, nach der Niederlage des ähnlich kompromißlosen und brutalen Kampfs um nationale Reinheit, wird der Cherub im Moment seiner größten Niedergeschlagenheit erhört. Die Resignation schwindet, da sie eingestanden wird. Die Kapitulation ist die Bedingung für das glückliche Ende. Keine Gewalt ist mehr vonnöten, kein Drohen und kein Rechten. Das Schicksal erbarmt sich des Cherubs wie des Jünglings, des singenden Präzeptors und seines störrischen Schülers. 1919 heißt Borchardt sich selber und Deutschland hoffen.

Gerade in den Phasen größter Depression liegt es an der Liebe als dem einzig intakt gebliebenen Verhältnis des Ichs zu einem Nicht-Ich, ob die Bedrückung temporär oder endgültig ist. Eine erzählende Skizze aus dem selben Jahr, als der Cherub die Gnade unerwarteter Heiligung erfuhr, überträgt das Modell einer resignativen Hoffnung auf zwei Liebende. „Nichts als die Götter sind uns geblieben, wie dem zerhauenen und unter die Schächer geteilten Vaterlande nichts als seine Götter"⁶⁵, notiert in den *Briefen ins besetzte Gebiet* (1919) der von der Geliebten getrennte Mann. Die Götter aber und das von Menschen nicht zu bewegende Schicksal, das schon dem Cherub hold war, werden die Liebenden ebenso wie das Vaterland bald wieder

---

60 Ebd., S. 538.
61 Ebd.
62 Ebd., S. 530.
63 Rudolf Borchardt, „Petra und das Tier", Dramen, S. 107.
64 Rudolf Borchardt, „Durant" (Anm. 14), S. 65.
65 Rudolf Borchardt, „Briefe ins besetzte Gebiet", Prosa VI, S. 398.

gestärkt vereinen. Dieser „gewaltigen Hoffnung, die uns endlich erretten muß,"⁶⁶ gibt sich Borchardt in den ersten Nachkriegsjahren hin. Die reale Trennung von seiner späteren zweiten Frau Marie-Luise Voigt, welche die *Briefe ins besetzte Gebiet* veranlaßte, wird zum politischen Symbol für den Zustand Deutschlands. Damit begreift er die Liebe erneut, wie es seit dem Brief vom 25. September 1904 an seine erste Frau üblich geworden ist, als den Ausdruck und zugleich das Gegenbild der politischen Lage. Die Liebe von Rudolf Borchardt und Marie-Luise Voigt „gehörte schon ins neue Deutschland, nicht mehr ins alte, schuf eine erste Zelle des neuen seelischen Vaterlandes, das wieder sein wird wie das alte"⁶⁷.

Zwei weitere erzählende Werke aus der Zeit des Weimarer ‚Interrims' greifen den Topos der Reinheit auf und verknüpfen hierdurch abermals Liebe und Politik. *Der Hausbesuch* (1929) ist die Geschichte eines Ehebruchs, der gegen den Zeitgeist revoltiert. „Nicht Hingabe, [...] Aufstand"⁶⁸ nennt Rosie Büdesheimer den spontanen Seitensprung mit dem Schulfreund ihres Mannes. Aus einer banalen Ehe bricht sie banal und doch auf die einzig mögliche Weise aus. Sie wird „ein anderer Mensch, in Minuten"⁶⁹, weil sie nach knapp drei Jahren der „Selbsterniedrigung"⁷⁰ den Mut aufbringt, durch die eine machtvolle, selbstbestimmte Tat ihre Freiheit wiederzuerlangen. Die junge Frau band sich zwanzigjährig an einen Mann, den Borchardt als den typischen Repräsentanten der Weimarer Republik vorführt und mit großer Detailfreude der Lächerlichkeit preisgibt. Rosies Aufstand hat damit ebensosehr den Hals-Nasen-Ohren-Arzt Dr. Günther Büdesheimer wie das von diesem verkörperte aufgeklärte Bürgertum zum Gegner.

Der über die Maßen erfolgreiche Mediziner ist stolz darauf, daß seine „bürgerliche Haltung nie aus dem Rahmen des Konventionellen"⁷¹ heraustritt. Außerdem spekuliert er erfolglos an der Börse und erwartet von der experimentellen Wissenschaft baldigen Aufschluß über die letzten Rätsel der Menschheit. Rosie, die er „mein Kind"⁷² ruft, fürchtet er mit seinen Fachkenntnissen intellektuell zu überfordern. Angstvoll reagiert er auf jeden Mann, der sich ihr nähert, da er den Verlust Rosies, der „Wandelreklame seiner Stellung, seiner Einnahmen und seiner Lebenshaltung"⁷³, jederzeit ins

---

66 Ebd., S. 395.
67 Brief Rudolf Borchardts vom 6. 8. 1919 an Ottonie Gräfin von Degenfeld-Schonburg (nicht abgesandt), Briefe 1914–1923, S. 235.
68 Rudolf Borchardt, „Der Hausbesuch", Erzählungen, S. 187.
69 Ebd., S. 188.
70 Ebd., S. 147.
71 Ebd., S. 163.
72 Ebd., S. 153.
73 Ebd., S. 155.

Kalkül zieht. Besonders feindselig begegnet diese durch und durch merkantile Existenz deshalb dem ehemaligen Kollegen Freinsheim. Dessen Abneigung gegen philisterhafte Naturen und kleingeistige Dogmatiker stellt eine Bedrohung ersten Ranges dar für den labilen Ehefrieden im Hause Büdesheimer.

Rosie rechtfertigt den Ehebruch mit dem Zustand, in welchen die moderne Gesellschaft die Frauen gebracht habe. Vormoderne Zeiten, erklärt sie ihrer Kusine, kannten die Frau vor allem als Mutter oder Nonne. Diese beiden Lebensformen seien zwar auch kein Vergnügen gewesen, zeugten aber zumindest von „Sinn und Verstand"[74]. Anno 1929 hingegen werde von den Frauen gleichzeitig Koketterie und Züchtigkeit, Erotik und Askese verlangt. Emanzipiert habe die Frau zu sein und doch passiv, tolerant und doch prinzipienfest. Rosies Beschreibung der bürgerlichen Lebensweise wohlversorgter Frauen kulminiert in dem Ausruf: „Wie ich es hasse! Nichts tun können! Nichts tun dürfen! Jedes Bauernweib tut etwas! Nie wirklich leiden, satt von Lust und Leiden sein dürfen!"[75] Gatten wie Dr. Günther Büdesheimer halten die Frauen künstlich auf einem unterentwickelten geistigen Niveau fest und verlangen das Nebeneinander des Unvereinbaren; Frauen sind nur mehr das modische Etikett männlicher Leere. Die noch keine 24 Jahre alte Rosie aber hat sich den Sinn bewahrt für ein erfülltes, riskantes, unbürgerliches, auf Gleichrangigkeit statt Unterwerfung beruhendes Dasein. Sie will „fassen und zugleich gefaßt werden, unerbittlich bis zum Umfallen, und dadurch lebensfähig bleiben, das ist doch das, worüber im Grunde alles stöhnt und wozu doch im Grunde alle da sind; ich könnte einfach sagen ‚Reinheit'"[76]. Freinsheim liefert den idealen Anlaß für den Abschied von der Ehe, ist er doch „ein ganz reiner und gesunder Mann"[77].

Unverkennbar hat eine Bedeutungsverschiebung stattgefunden. Die Reinheit ist nicht mehr, wie es bei der Erzählung *Die Augen der Büste* und den Kriegsreden der Fall gewesen ist, an Exklusivität geknüpft. Rein ist nicht das vom Zweifel an der Treue des Du oder an der sittlichen Homogenität des Vaterlandes gereinigte, sondern rein heißt das unentstellte Dasein. Wer den Zurichtungen des Individuums durch die Gesellschaft standhält, selbst um den Preis eines Bruchs mit den ethischen und rechtlichen Konventionen, der darf rein sich nennen. Den „niederträchtigen Spritzern des Zeitkotes"[78] ent-

---

74 Ebd., S. 142.
75 Ebd.
76 Ebd., S. 143.
77 Ebd., S. 168.
78 Rudolf Borchardt, „Aufgaben der Zeit gegenüber der Literatur. Antwort an die Jungbuchhändler", Prosa IV, S. 264.

kommt gegen Ende der Weimarer Republik weniger der cherubinische Duldner als der entschlußfreudige Einzelkämpfer. Das Pendel der Subjektivität schlägt wieder nach Durants Seite aus, bewegt sich weg von der Seite Brunos und des schönen Jünglings. Zudem büßt die Rede von der Reinheit ihren triumphalischen Gestus ein. Die Hoffnungen, für die der Topos einsteht, sind ausgesprochen mittelbar politischer Natur und haben dem Anspruch auf die ubiquitäre Unumkehrbarkeit der Effekte abgeschworen. Mehr als einen individuellen Augenblickserfolg trauen die Protagonisten ihren Aufbrüchen nicht zu. Diese Tendenz findet ihren Abschluß in dem großteils 1931 entstandenen Roman *Vereinigung durch den Feind hindurch*.

Die Handlung ist im Frühjahr 1920 angesiedelt, in der Anfangsphase der verhaßten Republik. Einem verarmten adlig-kleinbürgerlichen Liebespaar, das durch den Krieg getrennt worden ist, gelingt es nur unter größten Anstrengungen, sich in einem veränderten Deutschland zurechtzufinden. Zudem sind Gräfin Ysi von Meyenwörth und Rittmeister Georg von Harbricht den Intrigen eines Wirtschaftsmagnaten ausgesetzt, der den Mann außer Landes schaffen und die Frau für sich einnehmen will. Der Gegner wird schließlich mit Hilfe der titelgebenden, auf das zivile Leben angewandten militärischen Strategie aus dem Feld geschlagen. Für Borchardt ist die Liebesgeschichte das „Vehikel eines wesentlich politischen Romans"[79], dessen Pole deutlicher als beim *Hausbesuch* Geist und Geld sowie Patriotismus und Internationalismus sind. Der Untergang des Finanzspekulanten C. W. Nienhus fällt zusammen mit der räumlichen Vereinigung des Paars, das nun, so steht am Ende des Romans zu hoffen, die von Georg ersehnte, von Ysi aufgrund ihrer beider und Deutschlands deklassierter Lage bisher abgelehnte Ehe wird schließen können.

Die beiden Liebenden sind sich einig in der katastrophischen Bewertung der Gegenwart. Ebenso wie Rosie Büdesheimer leiden sie unter dem „Primat der Wirtschaft"[80], der selbst die Zweierbeziehung nach ökonomischen Kriterien wertet. Ihnen ist „höchste Selbstbeherrschung zur unbewußten Natur geworden, das Bewußtsein ihrer höheren Unberührbarkeit"[81], weil einzig diese „Verschlossenheit des unzugänglich glühenden Herzens"[82] davor bewahrt, die Reinheit der Gesinnung – und das heißt: die konsequente Verachtung alles Republikanischen und den Einsatz für die *causa victa*, das gewesene, monarchische Deutschland – zu schmälern. Ysi und Georg sind zwei herbe Naturen mit eisernen Prinzipien, die einander nicht froh werden

---

79 Rudolf Borchardt, „Zum Attentätertum in der Literarkritik", Prosa VI, S. 348.
80 Rudolf Borchardt, „Vereinigung durch den Feind hindurch", Erzählungen, S. 280.
81 Ebd., S. 298.
82 Ebd., S. 348.

können, solange ihr Heimatland aus „sinnlos gewordenen Kapitalstädte[n]"[83] besteht, in denen unheimliche Finanzjongleure ihr Unwesen treiben. Durchdrungen von einer „reinen Sehnsucht nach der reinen Strenge schöner und gebietender Sitten"[84], nach einer „Ordnung [...] und ein[em] Ansehen, das sie verbürgt"[85], überführen der Rittmeister und die Gräfin den zwielichtigen Nienhus. Das Imperium stürzt zusammen, die Liebe, die der in die Nachkriegszeit verlängerte Krieg unterbrochen hatte, steht vor einem Neuanfang.

Der kaum noch für möglich gehaltene Sieg der rechten Gesinnung und der aufrichtigen Liebe über seelenlose Gewinnmaximierung und jene automatenhafte Existenzform, die der Großkapitalist verkörpert, ist ein Etappensieg. Erleichtert, doch illusionslos fallen Ysi und Georg sich in die Arme. Ein Kuß und ein Flüsterwort beschließen den 1937 veröffentlichten Roman. Längst hat Borchardt, dessen italienisches Exil kein freiwilliges mehr ist, Abschied genommen von Georgs Hoffnung, „das Starre und Erzdumme"[86] ließe sich dauerhaft in die Knie zwingen. Wenngleich die Geliebte sich „nie reiner"[87] fühlte als in den Tagen der Revolte gegen Nienhus und zuweilen auch gegen ihn, den befehlsgewohnten Rittmeister a. D., so ist Reinheit nur mehr ein individueller und temporärer Zustand, abgerungen einer prinzipienlosen Zeit unter schwersten Mühen. Vorbei sind die zukunftsgewissen Träume des Knaben Bruno, dem die Erfahrung demütiger Liebe und künstlerischer Formensprache genügte, um einem reinen Dasein entgegenblicken zu können. Vorbei ist die Euphorie von 1914, als dem Krieg zugetraut wurde, ein ganzes Volk zu neuer Reinheit zu veredeln, indem er die bisher heterogenen Elemente vereinheitlicht, aus Parteiungen eine Nation formt. Geschichte ist auch das zaghafte und fast trotzige Vertrauen auf überirdische Gnade, kraft derer ein dichtender Cherub und ein verwahrloster Jüngling den diesseitigen Schmutz unter sich zurück ließen. Statthaft scheint einzig Georgs und Ysis Durchhaltevermögen. Das aristokratisch denkende Paar will weder den glücklichen noch den bösen Träumen Gewalt über seinen weiteren Lebensweg einräumen. Die Zukunft, sagt Ysi, muß „dem Dritten Traume" gehören, „dem Traume, den der Gefangene träumt – dem Traume, daß er wieder hätte, was er verlor, daß Einer aus der Erde spränge, stark und

---

83 Ebd., S. 253.
84 Ebd., S. 421.
85 Ebd.
86 Ebd., S. 270.
87 Ebd., S. 442.

herrlich genug, es dir wieder zu geben. *Dieser* Traum ist unsere einzige Wirklichkeit, das einzige ganze und gesunde Leben."[88]

Der eine, der 1933, zwei Jahre, nachdem Borchardt diese Sätze geschrieben hatte, aus der Erde sprang, hatte dann zwar eine unmißverständliche Vorstellung davon, was künftig unter einem gesunden Leben zu verstehen sei, doch mit Borchardts eigenen Träumen war Hitlers rassistische Politik nicht vereinbar. 1930 wollte Borchardt noch wie so viele Konservative den Nationalsozialismus „auf Zugangsstellen [...] erkunden, Verbindung mit ihm [...] schaffen, Einfluss auf ihn [...] gewinnen"[89], 1931 sollte ein „Führer [...] als harter Menschenbildner"[90] die Deutschen umgestalten, im selben Jahr würdigte Borchardt die „völlig incommensurable Elementargewalt"[91], die der nationalsozialistischen Bewegung innewohne. Die Hoffnungen jedoch auf Wiederherstellung eines selbstbewußten, freiheitsliebenden, die abendländische Kulturtradition restituierenden Heimatlandes ausgerechnet durch die NSDAP zerstoben schnell. Borchardt mußte erfahren, daß der blinde Fleck seiner politischen Wahrnehmung ihn aus der ‚Volksgemeinschaft' ausschloß, da „meine Familiengeschichte nicht die für den Zeitdeutschen vorgeschriebenen Forderungen der Turnierfähigkeit"[92] erfüllte. Im März 1933 werden die leitenden Redakteure der ‚Münchner Neuesten Nachrichten', für die auch Borchardt tätig war, verhaftet, und ihm selbst wird nach seiner Rede am Deutschland-Institut zu Rom bedeutet, dergleichen öffentliche Auftritte künftig zu unterlassen.[93] Wer jüdischer Abstammung war, galt den neuen Herren als undeutsch und unrein.

In eine tiefe Krise stürzt den Apologeten der Reinheit die bedrückende Gewißheit, die eigene Reinheit unter rasseideologischen Gesichtspunkten abgesprochen bekommen zu haben. „Etwas", schreibt er im Sommer 1933, „etwas in mir ist am Gorgonenblick der Zeit eben doch zur Salzsäule geworden und blickt dumm und tot gegen das Land unter den gelben und schwarzen Wolken von Gottes Zorn."[94] Keine Worte findet er mehr für die Geschehnisse in seinem Heimatland, die Villa Bernardini wird zur Festung wider den Zeitenlauf. Bis 1937 widmet er sich mit Ausnahme der *Jamben* fast

---

88 Ebd., S. 315.
89 Brief Rudolf Borchardts an Karl Ludwig Freiherr von Guttenberg nach dem 24. 11. 1930 (nicht abgesandt), Briefe 1924–1930, S. 550.
90 Rudolf Borchardt, „Führung", Reden, S. 418.
91 Brief Rudolf Borchardts an Max Brod vom 19. 11. 1931, Briefe 1931–1935, S. 90.
92 Brief Rudolf Borchardts an Carl J. Burckhardt vom 14. 5. 1933, Briefe 1931–1935, S. 248.
93 Vgl. hierzu die Briefe Rudolf Borchardts vom 22. 3. 1933 und vom 8. 4. 1933, Briefe 1931–1935, S. 231 ff., und Briefe 1931–1935, S. 237 f.
94 Brief Rudolf Borchardts an F. W. Oelze von Juli/August 1933 (nicht abgesandt), Briefe 1931–1935, S. 253.

ausschließlich dem universalhistorischen oder individualbiographischen Damals. *Die Begegnung mit dem Toten* (1934) imaginiert ein Wiedersehen mit dem auferstandenen Freund Eberhard von Bodenhausen, der am 6. Mai 1918 verstarb. Der Aufsatz *Nach zwanzig Jahren* (1935) rekonstruiert die Geschehnisse des Frühlings 1913 um Hofmannsthal und Schröder, die *Aufzeichnung Stefan George betreffend* (um 1936) resümiert auf über hundert Seiten das einst differenzierte, nun maßlos haßerfüllte Verhältnis zum Dichter des Kreises, der – so lautet die überraschende zeitgeschichtliche Pointe – durch seine fanatisch praktizierte Männerliebe wie ein Inkubus dem Sukkubus Hitler zugearbeitet habe.[95] Die beiden Skizzen *Sapphos Lied an Aphrodite* (um 1937) und *Die Tonscherbe* (1937) schließlich behandeln Detailfragen der Altertumsforschung. Erst 1938 revitalisiert Borchardt das Konzept der Reinheit und findet zurück zur Parallelbetrachtung von Liebe und Politik. Die Resultate indes brechen komplett mit dem bisher so vertrauten Pathos der Homogenität und der Ausscheidung des Differenten.

Der leidenschaftliche Gärtner (1938) schlägt den Bogen zurück zum *Hochzeitsspiel* vom 1899. Wieder preist Borchardt das Glück der eingezäunten, menschlich zugerichteten Natur, doch aus dem Park, der als „Coulisse"[96] für ein Stelldichein diente und den beiden Liebenden rosafarbene Dahlien schenkte, ist ein durchweg politisch gedeuteter Vegetationsraum geworden. Der Garten ist die Chiffre für das, was anno 1938 in Deutschland nicht der Fall ist, er gibt „ein gramloses Gegenbild"[97] zur Gegenwart ab und übernimmt so die bisher der Paarbeziehung zugedachte Funktion. Der Garten macht „Idealwelten"[98] sinnlich erfahrbar, die „Zuflucht"[99], die er gewährt, ist die durch Menschenhand mit nichtmenschlichem Material liebevoll konkretisierte Utopie. Borchardt greift bewußt zu einem allumfassenden und gerade 1938 politisch belasteten Begriff, zu einem von ihm selbst immer wieder strategisch eingesetzten Topos, um die zivilisatorische Leistung des Gartens festzuschreiben: „Alles, was nicht unrein ist, ist Garten."[100] Die Reinheit aber, die der Garten idealtypisch bezeugt, sprengt das Gefüge der Borchardtschen Nationalpädagogik ebenso vollständig, wie Borchardt sich aus Deutschland herausgesprengt sieht.

Zwei historische Erscheinungsformen des Garten lobt der Hobbybotaniker, den Barockgarten des sechzehnten Jahrhunderts und den britischen

---

95 Rudolf Borchardt, „Aufzeichnung Stefan George betreffend", München 1998, S. 108.
96 Borchardt, „Hochzeitsspiel" (Anm. 1), S. 99.
97 Borchardt, „Gärtner" (Anm. 18), S. 228.
98 Ebd., S. 110.
99 Ebd., S. 228.
100 Ebd., S. 86.

Landschaftsgarten um 1900. Beide seien „eine allgemeine Volksangelegenheit"[101] gewesen, in beiden habe „Jedermann"[102] gesät, gepflanzt, genossen. Das wie zur Verdeutlichung großgeschriebene Subjekt bestimmt an Stelle des heroischen Einzelkämpfers, dem Millionen minderwertige „Freigelassene"[103] gegenüberstanden, den Durchschnittsbürger zum Subjekt der Geschichte. Ausnahmslos jeder soll im Menschheitsgarten anbauen dürfen, weshalb dieser folgerichtig „eine gewaltige Demokratie"[104] darstellt. Das Unwort aus den Zeiten der Weimarer Republik erhält einen positiven Klang, die bis 1933 verabscheute „demokratische Doktrin"[105] von der Herrschaft der größten Zahl soll das alternative Konzept bereitstellen, da der Ruf nach Elite und Führerschaft nicht der Monarchie, sondern der Tyrannei in die Hände spielte.

Neben der Demokratie erfährt auch der Humanismus eine zumindest rhetorische Neubewertung. Anderthalb Jahre vor der nationalsozialistischen Machtübernahme hatte Borchardt in den ‚Münchner Neuesten Nachrichten' Humanismus und Konservatismus gleichgesetzt. Beide Denkweisen seien von der Überzeugung getragen, „daß wir dazu da sind unsere Söhne mit unseren Ahnen zu verknüpfen"[106]. Die Weitergabe der nationalen Tradition von Mann zu Mann zeichnete 1931 den Humanisten aus. Etymologisch korrekter heißt es nun, die „Einheit und Unteilbarkeit des menschlichen Geistes […] ist die ganze Humanitas"[107]. Nationale und geschlechtliche Grenzen sind geschwunden, und das weiterzutragende Erbe, „die einzige echte und große Gartentradition der Deutschen, der Barockgarten des alten habsburgischen […] Reiches"[108], verkündet Vielfalt statt Einheit, Abweichung statt Norm.

Die Güte des Barockgarten bemaß sich nämlich an der Differenzierung ihrer Bewohner. Pflanzen aus buchstäblich aller Herren Länder, „Mohren und Indianer und Ungern und Chineser"[109], fanden Einlaß in dieses paradiesische Abbild der Welt nach dem dritten Schöpfungstag. Erst spätere Zeiten

---

101 Ebd., S. 227 f.
102 Ebd., S. 227.
103 Borchardt verwendet diesen abwertenden Begriff bis zum Ende der Weimarer Republik durchgängig für die zu politischer Mitbestimmung gelangten unteren Schichten und für die sich emanzipierenden Frauen, vgl. z. B. „Revolution und Tradition in der Literatur", Reden, S. 216.
104 Borchardt, „Gärtner" (Anm. 18), S. 271.
105 Rudolf Borchardt, „Konservatismus und Monarchismus", Prosa V, S. 415.
106 Rudolf Borchardt, „Konservatismus und Humanismus", Prosa V, S. 441.
107 Borchardt, „Gärtner" (Anm. 18), S. 266.
108 Ebd., S. 126.
109 Ebd., S. 125.

ersannen das Kriterium der „Winterhärte"[110] und merzten jede Blume aus, die bei kälteren Temperaturen kränkelte. Derselbe Borchardt, der ganz im Sinne seines Helden Durant ausgezogen war, „das Weichliche [zu] härten"[111], der Propagandist des Erzes und des Feuers, muß die Unvereinbarkeit von Geist und Gewalt anerkennen. Was am Ende des Ersten Weltkrieges begann, als in Lyrik wie Prosa die überforderten Engel und zaghaften Liebespaare die kraftstrotzenden Jungmänner ablösten, kulminiert im *Leidenschaftlichen Gärtner*. Die Reinheit, die der Dichter seinen Figuren und seinem Publikum zusprechen konnte oder aberkennen, ist am Ende eines Dichterlebens keine Eigenschaft mehr, die zugeteilt wird, sondern eine Qualität, die jeder Existenz aufgrund ihrer Existenz voraussetzungslos zukommt. Reinheit ist demnach seit 1937 ein anderes Wort für Menschenwürde.

Eine gewaltige Häutung hat Rudolf Borchardt mit seinem Gartenbuch vollzogen. Keine Rede ist mehr von monarchischer Verfassung, von geistigem Adel, von Rittmeister Georg von Harbrichts siegbringendem Glauben „an eines Mannes Art, die Schultern einzuziehen [...] unter dem Schatten einer unsichtbar gewordenen Faust"[112]. Geschichte besteht nach dem Ende der Weimarer Republik nicht länger aus Befehl, Gehorsam und fallweise Meuterei, und Deutschlands Aufgabe ist es weder, einen Schutzwall gegen die Aufklärung zu errichten, noch, den europäischen Völkern der „größte Dolmetsch ihrer eigenen Art"[113] zu sein. Der Blick auf England soll vielmehr die Deutschen veranlassen, ihre eigene humanistische Vergangenheit neu zu beleben. So wie der englische Landschaftsgarten um 1900 die Tradition des deutschen Barockgartens aufgriff, soll nun Deutschland von England lernen, daß Härte und Auslese keine Kriterien sein dürfen für die Anlage eines Gartens und also ebensowenig für den Umgang mit seinen Einwohnern, ob jüdisch oder nichtjüdisch, rechts oder links, Borchardt oder nicht.

Gewiß bedarf es des sorgfältig anlegenden und behutsam kultivierenden Gärtners, damit die Pflanzen gedeihen, doch dieser ist kein „harter Menschenbildner"[114], sondern ein leidenschaftlicher Liebhaber der Blume. Die Schöpfung, die alle Ordnung scheinbar aufhebt und sie der Regellosigkeit annähert, soll die Gesinnung des Schöpfers bezeugen. Der Garten wird zum Siegel der Menschlichkeit. Bruno, Durant, Joram und der Cherub durchstreiften unfruchtbare Gegenden und wüste Städte. Die Reinheit, die sie dort

---

110 Ebd., S. 272.
111 Borchardt, „Jungbuchhändler" (Anm. 78), S. 265.
112 Borchardt, „Vereinigung" (Anm. 80), S. 284.
113 Rudolf Borchardt, „Der Krieg und die deutsche Verantwortung", Prosa V, S. 310.
114 Rudolf Borchardt, „Führung", Reden, S. 418 (Anm. 90).

suchten, war oft nur um den Preis der von Borchardt hochgeschätzten Selbstverleugnung und, wie es der Cherub dem Jüngling darlegte, um den Preis eines streng geregelten Lebens zu haben. Der Zugewinn an Reinheit ging mit dem Verlust an Vitalität und der Reduktion von Individualität einher. Botanische Politik hingegen behandelt jeden einzelnen als den Träger derselben Würde, die das redende oder dichtende Ich für sich selbst reklamiert und die Borchardt auf den monarchisch denkenden, aristokratisch handelnden, konservativ agitierenden Einzelkämpfer beschränkt wissen wollte. Botanische Politik verabschiedet sich vom Vorrang der Idee und der Nachrangigkeit des Seins. *Der Leidenschaftliche Gärtner* ist Rudolf Borchardts Friedensangebot an die Moderne: Das letzte Wort hat die Blume, die rein ist, weil sie ist.

FRANCK HOFMANN

Literarische Annexion?
Borchardts Übersetzung zwischen Politik und Phantasma

> „[…] dass ich schaue solch Minn-ins-fern // leibhaft, am abend am morn, so dass kammer und gartenborn mir // vorm auge als ein pàlast stünd!"
>
> Jaufre Rudèl / Rudolf Borchardt

> „Die Einbildungskraft, die Schelling von Imagination […] unterscheidet, löst stets einen Widerspruch auf, indem sie ein vermittelndes, d. h. übersetzendes Schema vorschlägt. Diese Übersetzung durch die Einbildungskraft ist daher auch der Vertrag, der die Philosophie und die Kunst und besonders die philosophische Sprache und die poetische Sprache verbindet. Die Vernunft und die Einbildungskraft sind ‚ein und dasselbige', die eine allerdings ‚im Idealen' und die andere ‚im Realen'. Über diese Identität oder diese Analogie, diese Ineinander-Übersetzbarkeit des Rationalen und des der Phantasie Unterstehenden kann man nur erstaunt sein, wenn man auf dem einseitigen Standpunkt des Verstandes stehenbleibt. Die Einbildungskraft ist die Vernunft, weil das innere Wesen des Absoluten, des Urwissens also, ‚In-Eins-Bildung' ist."
>
> Jacques Derrida

Politische Masken eines Dichters

Den politischen Verdikten Borchardts darf nicht zu schnell Glauben schenken, wer sie auf ihren Gehalt und ihren poetischen Nutzen prüfen möchte. Wie so oft verbirgt sich hinter einer Motivation eine andere, hinter einem Argument sind mindestens zwei weitere zu finden und mitunter widerlegt sich ihr Autor, wenn die höchst moderne formale Gestaltung seiner konservativen Selbstauslegung ins Wort fällt. Den Maskeraden des sich zum großen Unmodernen stilisierenden Borchardt sollte nicht getraut werden.

Auch die Rolle des politischen Borchardt kann nicht nur in den Maßverhältnissen des Politischen beurteilt werden. Seine Optionen treten erst klar hervor, wird Borchardts Begriff des Politischen als das Phantasma eines Autors kenntlich gemacht, das bereits die Reden aus dem ersten Weltkrieg kennzeichnet.[1] Exemplarisch zeigt sich dies an der Haltung zu gerade ab

---

1 Zu den Weltkriegsreden Borchardts im historischen Kontext des Konservatismus vgl.: Kurt Flasch, Die geistige Mobilmachung. Die deutschen Intellektuellen und der Erste Weltkrieg, Berlin 2000, S. 174–201. Flasch zeichnet ein einführendes Porträt des Autors,

1914 politisch (wieder) brisanten Annexionsfragen. Dem Vorrat kulturkonservativer Metaphern verpflichtet, denkt Borchardt in seinen Kriegsreden die Nation als einen Körper, dem nicht beliebig Teile hinzugefügt werden können. Annexionen, so führt er 1916 in *Der Krieg und die deutsche Verantwortung* aus, seien nur aus „deutschen schöpferischen, liebreichen und großmütigen Kräften" denkbar.[2] – Nicht hingegen aus militärischen. Durch den Verweis auf Kategorien einer idealistischen Kunstauffassung wird hier das nationalstaatliche Argument relativiert. Borchardt nutzt sie auch in seiner dem politischen Programm der ‚schöpferischen Restauration' analogen Poetik. Der das kriegsgeschundene Land auf die Trias von Glaube, Liebe, Hoffnung verpflichtende Autor widerspricht explizit einer politischen Logik. Statt dessen setzt er ihr einen ‚neuen Humanismus' als philosophischen Bezugspunkt entgegen. Dieser sei aus den von ihm als ‚deutsch' konnotierten Kategorien Bildung, Idee und aus einer schöpferischen Phantasie zu gewinnen. Auch wo Borchardt in der Tradition einer Begründung des ‚Deutschen' durch kulturelle ‚Schöpfung' politisch argumentiert, tut er dies in erster Linie als ein Autor, dem Formen und ästhetische Produktivität nicht national beschränkt werden können.[3] Und so will er auch das Fremde nicht in die Muster des Eigenen zwingen und den Geltungsanspruch eines deutschen Formkanons mit einer politischen Motivation ausdehnen. Seine in der Logik ästhetischer Produktivität gehaltene Anstrengung zielt vielmehr darauf, in der eigenen literarischen Tätigkeit den Abstand zu den Beständen der europäischen Kulturen zu wahren, um in dieser Konstellation zugleich den Geltungsanspruch einer deren Bestände aufnehmenden Kunst aus Deutschland – der eigenen mithin – auf Kosten des Politischen auszudehnen.[4]

Aus der Perspektive einer nationalen Philologie mag diese Operation als ein Akt des „annexionnisme littéraire"[5] gelten. So formuliert es etwa der französische Germanist Henri Buriot-Darsiles in einer Folge von Artikeln,

---

  veranschlagt aber die Spezifk der Ästhetizität gering.
2 Rudolf Borchardt, Der Krieg und die deutsche Verantwortung, in: Prosa V, 321.
3 Darauf, daß ästhetische Formen nicht einer nationalen Charakteristik unterliegen, hat zuletzt Werner Hoffmann hingewiesen. Werner Hoffmann, Wie deutsch ist die deutsche Kunst? Eine Streitschrift, Leipzig 1999.
4 Zum Begriff der ästhetischen Produktivität vgl. v. Verf.: Materialverwandlungen. Prolegomena zu einer Theorie ästhetischer Produktivität, in: Material im Prozess. Strategien ästhetischer Produktivität, hrsg. v. Andreas Haus, Franck Hofmann und Änne Söll, Berlin 2000, S, 17–49.
5 Henri Buriot-Darsiles, Rudolf Borchardt – traducteur, anthologiste et … nationaliste allemand", in: Revue de l'Enseignement des langues vivantes 44e Année 1927, S. 258–262; S. 298-308, hier S. 262. Auf die Besprechungen Buriot-Darsiles und den Briefwechsel hat bereits Werner Kraft hingewiesen. Er zitiert einen Teil der Briefe, gibt jedoch kaum interpretierende Einordnung. Vgl.: Werner Kraft, Rudolf Borchardt. Welt aus Poesie und Geschichte, Hamburg 1961, S. 419–423.

die 1924/1925 und 1927 in der *Revue de l'Enseignement des langues vivantes* erscheinen. Die Aufsätze stellen Arbeiten Borchardts erstmals französischen Lesern vor. Ihre Aufmerksamkeit gilt Borchardt insbesondere als einem „Poeta philologus par exellence"[6] und als Übersetzer Dantes oder okzitanischer Minne. Zusammen mit dem ab Dezember 1925 geführten Briefwechsel zwischen Borchardt und Buriot-Darsiles können diese Texte als Dokumente eines deutsch-französischen Mißverstehens gelesen werden, das in der Konsequenz des ersten Weltkrieges liegt. Auf welche Texte wird die 1927 unter der Überschrift *Rudolf Borchardt – traducteur, anthologiste et ... nationaliste allemand* geführte Kritik an Borchardts ‚literarischem Annexionismus' gestützt? Die Übersetzungen der *Grossen Trobadors* und das beigefügte Nachwort werden hervorgehoben.[7] Seine Argumente gewinnt Buriot-Darsiles weniger aus dem sprachlichen Stil der Bearbeitungen als aus Borchardts kulturhistorischer Einordnung. Einer politischen Lesart folgend, ist diese in der Tat von einem antifranzösischen Affekt geprägt. Doch in der Ordnung der Künste studiert, verdankt sie ihre Grundstruktur einem Phantasma des Autors Borchardt: einer Vorstellung des mittelalterlichen ‚Reichs', die in der aktualisierenden Rezeption seiner Kulturzeugen entwickelt wird.[8] Borchardt zielt nicht primär auf eine ‚literarische Annexion' als Ersatz nicht möglicher territorialer Gebietserweiterungen des Deutschen Reichs – respektive seines von ihm ungeliebten Erben, der Republik von 1918. In der Ordnung einer Sublimation politischer Ansprüche oder in diesen verpflichteten Kategorien der Nationalliteratur sind die Bearbeitungen kaum zu begreifen.[9] Die als Gegenstand des Übersetzers gewählten Texte müssen vielmehr dekontextualisiert werden, damit sie zum Ausdruck eines Phantasmas umgearbeitet werden können, das darauf zielt, die Geltung der Einbildungskraft im Bereich des Realen zu erweitern. In dieser Operation spielt die in ihr zu verwandelnde Kategorie ‚schöpferischer Liebe' eine wichtige Rolle.

---

6   Henri Buriot-Darsiles, Un nouvel écrivain allemand: Rudolf Borchardt, in: Revue de l'Enseignement des langues vivantes, 42e Année 1924, S. 449–456, hier S. 450. Der Artikel wird in folgender Ausgabe unter gleichem Titel fortgesetzt: Revue de l'Enseignement des langues vivantes, 42e Annnée Janvier 1925, S. 16–20.

7   Das Nachwort wieder in: Prosa II, S. 344–353. Zitiert als Rudolf Borchardt, Die großen Trobadors. Die Übertragungen und Zwischenstücke zu den Autoren wieder in: Übertragungen, S. 211–264. Zitiert als: Rudolf Borchardt, Trobador-Übertragungen.

8   Zu Borchardts Mittelalterbild vgl.: Sebastian Neumeister, Rudolf Borchardt und das romanische Mittelalter, in: Rudolf Borchardt und seine Zeitgenossen, hrsg. v. Ernst Osterkamp, Berlin und New York 1997, S. 73–83. Fred Wagner, Rudolf Borchardt and the Middle Ages. Translation, Anthology and Nationalism, Frankfurt und Bern 1981.

9   Zu Borchardt als Übersetzer: Friedmar Apel, Theorie und Praxis des Übersetzens bei Rudolf Borchardt, Paderborn 1989.

Literarische Annexion oder ‚Reich des Imaginären'

Borchardts Version der „großen Trobadors" gibt Buriot-Darsiles den Anlaß für seinen Vorwurf einer ‚literarischen Annexion'. Dieser wird in der Ordnung der Nationalkulturen, nicht im Bereich des Phantasmatischen aufgestellt und verfehlt so den Charakter der den Begriff des Politischen vielmehr unterminierenden Arbeiten Borchardts:

> „Ce que veut donc Borchardt, c'est rappeler à l'Allemagne, qui semble ne plus s'en soucier, l'une de parts les plus brillantes des son patrimoine intellectuel. [...] Inutile d'en relever les inéxactitudes flagrantes, les exagérations voulues et le ton sarcastique. Retenons-en la pensée directrice: le poète veut, dans la mesure de ses forces, contribuer au relèvement moral de sa patrie vaincue, c'est son droit, et même son devoir. Mais lui qui, pendant la guerre – nous le verrons tout à l'heure – condamnait les annexions de territoire, qu'il se garde de l'annexionnisme littéraire!" [10]

Der Vorwurf verfehlt, wie der von Ungenauigkeit, Übertreibung und Sarkasmus, seinen Gegenstand. Borchardt nimmt die Trobadors nicht in erster Linie für ein nationales Erbe in Anspruch, schon gar nicht im Sinne einer rassisch determinierten völkischen Einheit. Doch als Provokation muß Buriot-Darsiles die Grundannahme Borchardts gelten, die okzitanische Minne sei das Erbe eines „kleinen untergegangenen Volkes" und weder dieses Volk noch seine Poesie hätten mit französischer Dichtung und Sprache etwas gemeinsam.[11] Die Provenzalen seien vielmehr die ersten, deren Kultur „durch einen französischen Kreuzzug für die Ideale der Menschheit" vernichtet worden sei.[12] Buriot-Darsiles zitiert diese Passage im Original und schließt eine Borchardt zugeschriebene Auffassung an, bei diesem Volk habe es sich um eine ethnische Melange gehandelt, der nicht zuletzt ein germanisches Element – das der „südwestlich Burgdeutschen der Alpen bis zur Alb" – beigemengt gewesen sei.[13] Anders als es Buriot-Darsiles scheint, ist Borchardts Begriff der Nation, der dieser Erweiterung der Méditerranée in den deutschsprachigen Süden zugrunde liegt, jedoch eine kulturelle Konstruktion. Und mehr noch: Er ist Chiffre für eine im Bruch des Realen forcierte Geltung der Einbildungskraft, durch die sich Borchardt ebenso als ‚Deutscher' oder ‚Europäer', wie als ‚Mann' oder ‚Dichter' erfindet. Wenn Borchardt von einem verschwundenen Volk der Provence spricht, dann meint er, daß die Kultur dieser Landschaft von der französischen Zivilisation verdrängt worden sei, deren Charakteristik ahistorisch ist. In Borchardts

---

10 Buriot-Darsiles, Rudolf Borchardt – traducteur..., S. 261 f.
11 Rudolf Borchardt, Die großen Trobadors, S. 343.
12 Ebd.
13 Buriot-Darsiles, Rudolf Borchardt – traducteur..., S. 259 f.

Perspektive gilt diese für die Zeit der Trobadors ebenso wie für das 18. Jahrhundert oder für einen in den Jahrzehnten vor 1900 zu verzeichnenden Triumph ‚mechanischen' Denkens. Gerade gegen diesen mobilisiert Borchardt die Lyrik der Trobadors und mit ihr eine Wendung auf Liebe als Gegenstand bzw. als Übersetzungsstrategie. Die sowohl auf Rousseau wie auf La Mettrie bezogene Ablehnung Borchardts gilt Frankreich dort, wo es als Quelle einer zwischen Empfindsamkeit und Materialismus changierenden Variante von Modernität erscheint. Diese macht er für die von ihm konstatierte Zerstörung der *conditio humana* verantwortlich und hält ihr eine Gegenwärtigkeit des Vergangenen in seiner Erfindung entgegen.[14]

Das kulturelle Erbe wird von Borchardt nicht retrograd begründet und wird in den Übersetzungen literarisch entworfen. Bei dem von Borchardt in den Blick genommenen Vergangenen handelt es sich um ein Imaginäres, das an den Kulturbeständen der Méditerranée und in den Medien des Autors konkretisiert wird. In den provenzalischen Vorlagen seiner Bearbeitung sieht Borchardt den Dichter – wir dürfen annehmen: sich selbst – „geisterhaft heimgekehrt wieder an den Anfängen der deutschen dichterischen Dichtung".[15] An diesen exterritorialen Ort wird Borchardt durch die übersetzende Arbeit gebracht. Vager ist diese von Buriot-Darsiles als eine ‚literarische Annexion' kritisierte Konstellation kaum zu fassen: die Beziehung ist keine historische oder gar ethnische Abhängigkeit, sondern als geisterhaft deklariert und so der politischen Geographie entzogen. Sie gilt Borchardt vielmehr als die imaginierte Grundlage einer über Dante bis zu George geführten Genese des Dichterischen. Die Minne der Trobadors ist für die zu versammelnden Bestände der deutschen Nation, mithin Europas, als eine „Stiftung" zu gewinnen. In dieser Fassung gerät sie zum Bestandteil einer von Borchardt im Zustand einer umfassenden Zerstörung als notwendig erachteten und in den Bereich des Politischen gewendeten Stärkung der Formen. In der Metaphorik des Geisterhaften und in der Auszeichnung des medialen Charakters literarischer Arbeit wird das Erbe einer idealistischen Kunstauffassung in die prozessuale Ordnung des Formalen gewendet.[16]

Doch auch wenn hier nicht für einen nationalistischen Chauvinismus argumentiert wird, so ist in dieser Konzeption doch ein arroganter Anspruch auf eine Erneuerung Europas aus ‚deutschem Geist' eingelagert. Borchardt möchte die Dichotomie zwischen Deutschland und Europa auflösen, indem

---

14 Vgl. zu dieser Geschichtsphilosophie, Jacques Rancière, Die Namen der Geschichte. Versuch einer Poetik des Wissens, Frankfurt am Main 1994. Zu Borchardts Konzeption vgl.: Norbert Miller, Geschichte als Phantasmagorie. Rudolf Borchardts Aufsatz *Die Tonscherbe*, in: Osterkamp, Rudolf Borchardt und seine Zeitgenossen, S. 265–280.
15 Rudolf Borchardt, Die großen Trobadors, S. 349 f.
16 Ebd., S. 353.

er eine in der deutschen Geistesgeschichte begründete Idee von Europa gegen den französischen Unitarismus pointiert. Er stellt seine Übersetzungen in den Dienst der Stabilisierung der deutschen Nation und dann auch dieser europäischen Idee, die jedoch beide in eine literarische Praxis gewendet werden. Die stabile aber phantasmagorische Mitte dieser Operation bildet der sich in seiner Tätigkeit erfindende Autor, gilt Borchardt die gerade auch auf dessen Person zielende Ordnung der Formen doch für tragfähiger als die Ordnung der politischen Ideen. In dieser Wendung hin zu einem durch den Autor vorgebrachten Erneuerungsanspruch der Künste ist der kulturelle Führungsanspruch der deutschen Idee zugleich intensiviert und verwandelt. Wie die Spuren idealistischer Kunstphilosophie in der Selbstauslegung Borchardts ist er ein gegen den vermeintlichen Niedergang des europäischen Humanismus aufgerufenes Erbe des 19. Jahrhunderts, dessen Geltung der Autor in seiner übersetzenden Praxis zugleich widerspricht. Werden die Kulturzeugen des europäischen Mittelalters von Borchardt doch keineswegs dem Geltungsanspruch sei es der Sprache Luthers, sei es der Sprache Goethes unterstellt. Sie sind vielmehr Anlaß zu einer ausgreifenden Revision nicht nur eines Sprachstils, sondern einer ganzen ins Phantastische gewendeten Sprachgeschichte.[17] So ernst es Borchardt mit seinen philologischen und linguistischen Anstrengungen auch ist, mindestens ebenso stark ist der poetische und phantasmagorische Anteil dieser Arbeit an der Sprache. Ihr Ergebnis sind nicht nur Übersetzungen der Minne, sondern Übertragungen idealistischer Kunstauffassung in eine literarische Praxis, deren Geltung zulasten des Politischen ausgedehnt wird.

Eine deutsch-französische Gastfreundschaft

Vor diesem Hintergrund ist Borchardts Begriff der Nation und auch seine Haltung zu territorialen Annexionen keineswegs so eindeutig, wie es Buriot-Darsiles scheint; wie es ihm unter dem Eindruck eines Briefes auch scheinen muß, in dem Borchardt eine unmäßige nationale Rhetorik aufbietet, um eine französischen Ausgabe von *Das Buch Joram* abzulehnen. Doch die dort genannten Argumente gegen eine Übersetzung, vor allem der Hinweis auf die Nachkriegssituation, bilden nur die äußere Hülle einer anderen Begründung. Borchardt argumentiert weniger in der Logik des Politischen als in Konsequenz einer Auffassung von Dichtung, deren Aufgabe ihm als nicht weniger

---

17 Hierzu: Kai Kauffmann, „Deutscher Dante?", Übersetzungen und Illustrationen der *Divina Commedia* 1900–1930, in: Dantes Göttliche Kömodie. Drucke und Illustrationen aus sechs Jahrhunderten, als Katalog zur Ausstellung in der Kunstbibliothek Berlin hrsg. v. Lutz S. Malke, Berlin 2000, S. 129–153, hier S. 138–143.

gesellschaftlich engagiert gilt. Ein Borchardt wünschenswertes Verhältnis wird durch die Faktizität des Politischen – etwa die Besetzung des Rheinlands – durchkreuzt: eine Gastfreundschaft im Bereich der Sprache scheint nicht möglich. Gastfreundschaft gerät Borchardt zu einer ebenso poetologischen wie literaturpolitischen Kategorie und formuliert einen Status, den er für das von der Sprache aus gedachte deutsch-französische Verhältnis erhofft.

Für die kulturellen Beziehungen zwischen Deutschland und Frankreich, also im Feld des Politischen, wird dieser von der Person des Dichters auf die Nation übertragene platonisierende Status eines ‚Gastfreundes' als nicht mehr oder noch nicht möglich erachtet:

> „Gewiss könnten es meine bescheidenen Bemühungen nur als eine Ehre betrachten, wenn die Sprache Pascals und Diderots, Balzacs und Alfred de Vignys sich aufthäte, um sie, durch eine sonst sehr sparsam geübte Gastfreundschaft, in ihren Bestand aufzunehmen."[18]

Doch wo Buriot-Darsiles im Zeichen eines universalistischen Humanismus auf die Annäherung der politischen Erbfeinde durch Übersetzung ihrer kulturellen Traditionen setzt, plädiert Borchardt für Distanz auch zu den Teilen französischer Kultur, die er nicht als ‚Literatentum' zurückweist. Ein auch im Konzept des Gastfreunds eingelagerter Abstand gilt ihm als konstitutives Kriterium. Es ist aus seiner um 1900 zuerst in *Das Gespräch über Formen* formulierten Übersetzungsphilosophie übernommen und begründet einen Rückzug in den Raum der je eigenen Sprache: zumindest dann, wenn ein gastfreundliches Verhältnis nicht als möglich gilt. Wer andere Sprachen nicht verstehe, so fordert dort Borchardts frühes Alter Ego, der den *Lysis* übersetzende Arnold, der solle sie lernen und im übrigen dazu erzogen sein, Distanz zu ertragen.[19] Die hier formulierte Position prägt Borchardts Verhalten etwa in einem literarisch-politischen Kontext noch 1927. Der seine literaturgeschichtliche Ordnung strukturierende Abstand zu Frankreich wird im Briefwechsel mit Buriot-Darsiles personalisiert, im zweiten Brief an den Borchardt anfänglich bewundernden Germanisten noch gesteigert. Borchardt läßt diesen Brief von einem – wir dürfen wohl annehmen fingierten – Sekretär schreiben und beendet die Korrespondenz. Doch nicht ohne Buriot-Darsiles die weitere Zusendung seiner Publikationen zu annoncieren: die Kenntnisnahme ist hier eine Minimalform der Borchardt darüber hinaus nicht möglichen Verständigung. Nicht Ausdehnung sondern Rückzug ist die Strategie, in deren Konsequenz eine Buriot-Darsiles verweigerte Übersetzung ebenso liegt wie eine von ihm selbst betriebene Übertragung.

---

18 An Henri Buriot-Darsiles, Pistoia, 7. Dezember 1925, Briefe 1924–1930, S. 110.
19 Rudolf Borchardt, Das Gespräch über Formen, in: Prosa I, S. 336 ff.

Der engste Raum, in dem sich die aus Borchardts Perspektive zerspellte Nation sammeln soll, ist kein essentialistischer Fluchtpunkt, sondern der Ort einer zunächst idealistisch aufgefaßten und in der literarischen Tätigkeit zu einem Teil ästhetischer Anthropologie umgearbeiteten Sprache.[20] Die Absage an eine Übersetzung ist von der restaurativen Aufgabe der Dichtung her zu verstehen, die der Selbstverständigung dienen soll und auch das Programm der Übersetzung motiviert. Die Dichtung eines Landes gilt Borchardt als Garant der „historischen Continuität des Volkes" und ist an die Stelle der Monarchie getreten, die diese als unabdingbar erachtete Funktion nicht mehr ausüben könne; diese Auffassung skizziert Borchardt unter Anspielung auf die Konzeption der ‚grand nation' in seinem Brief an Buriot-Darsiles.[21] Einer idealistischen Kunstauslegung folgend betrachtet er die Dichtung als die „einzige Vertreterin des nationalen Genius und seiner, wenn es sein muß hoffnungslosen Intransigenz".[22]

In Analogie zu der Funktion von Literatur für die Bildung einer Kulturnation vor dem Ende der napoleonischen Macht in den deutschen Staaten, kommt der Dichtung auch in der Zeit des Interregnums nach dem ersten Weltkrieg eine politische Aufgabe zu. Diese erfüllt sie aber gerade durch die ihr eigenen Mittel und trägt so auch zur praktischen Modifikation des Politischen im Zeichen der Künste bei.[23]

Übersetzung zwischen Politik und Phantasma

Borchardts Bezug zu okzitanischer Minne ist, wie auch die seine Übertragung begleitende Theoriebildung, in einem romantischen Begriff der „schöpferischen Wissenschaft" fundiert. Diesen sieht er bei Herder und Schlegel begründet und von Dante Gabriel Rossetti für eine aktuelle Kunstpraxis aktualisiert.[24] So in einer doppelten Nachfolge stehend, betreibt Borchardt die deutsch-englische Tradition der Übersetzung als Arbeit am Begriff des ‚Gefühls' nicht ohne erheblichen philologischen Aufwand in seiner Beschäftigung mit der Literatur des europäischen Mittelalters: Die *Großen Trobadors* stehen neben der Übersetzung von Hartmanns *Der arme*

---

20 Auf den spezifischen Charakter von Borchardts Begriff des Innen, der sich nicht in Innerlichkeit verliert, weist auch Flasch hin. Vgl.: Flasch, Mobilmachung, S. 190.
21 Briefe 1924–1930, S. 111.
22 Ebd.
23 Umfangreiches Material zum Begriff des Politischen in der Kunst bietet der Katalog: Politics-Poetics. Das Buch zur Documenta X, hrsg. v. der documenta und Museum Fridericianum Veranstaltungs-GmbH, Konzeption: Catherine David und Jean-François Chevrier, Osterfildern-Ruit, 1997.
24 Rudolf Borchardt, Die großen Trobadors, S. 350.

Heinrich und der Bearbeitung Dantes. Durch ihre Lektüre gewinnt ein von Borchardt phantasmagoriertes ‚Reich' an Konturen. Dieses findet in Pisa seinen Mittelpunkt und ist jenseits der kulturhistorischen Begründung in einer Altertumswissenschaft des Mittelalters vor allem eines: ein ‚Reich des Imaginären'. Daß Borchardt auch und gerade im Programm seiner Übersetzungen auf eine Ausdehnung dieses Raums der Einbildungskraft in der Konstitution des Realen zielt, wird programmatisch im Nachwort zu *Die großen Trobadors* formuliert:

> „Die Ahnen eines großen Volkes sind nicht alle innerhalb seiner Grenzen begraben. Soweit ihre Gräber gehen umschreibt seine heilige ungeheure Geisterlinie den Raum seines letzten und größten seelischen Vaterlandes, des Kulturkreises seiner Urverwandten. Ihn sich völlig rein und innig zu beleben, zu beherrschen und zu übersehen mag die Kräfte des Einzelnen überschreiten, daher Aushilfen wie die hier gebotenen zu Rat gehalten werden müssen [...]."[25]

Durch seine Übersetzungen will Borchardt ein Territorium zugänglich machen, das er geographisch an der Küste Südfrankreichs aufsucht und enger mit der griechischen Besiedlung Süditaliens verbindet als mit einem arabisch-andalusischen Kultureinfluß. Dieser auf die Umrisse einer erneuerten Méditerranée zielende Bezug zur griechischen Antike wird keineswegs philologisch konsistent unterlegt. Er ist von Borchardt *ex post* aus der Konstruktion seines ‚Reichs der Imaginären' abgeleitet:

> „[M]it der klassischen vorislamischen Lyrik liegt die nächste Verwandtschaft, nicht des Ursprunges, nicht des Austausches, aber der weltgeschichtlichen Stufe und ihres Genius vor. Daß die großen Provenzalen die Araber so ungeheuer überragen, kann nur die Kraft verursacht haben, die von Ursprüngen her in das Gemenge griff. An den Rhonemündungen wie an der Enge von Messina entstehen die ersten occitanischen Kulturen zu Gesang durch den haftenden griechischen Äther der geschichtlichen und lokalen Atmosphäre, dessen Influenz das Gemenge ausgesetzt wird."[26]

Die von Borchardt eingeführten Kategorien einer literaturgeschichtlichen Rezeptionsordnung sind hier ebenso vage wie die des ‚Geisterhaften' und aus der eigenen Poetik genommen. Sie sollten vor deren Hintergrund und nicht mit Blick auf eine nationale Geistesgeschichte gelesen werden. Das Meßblatt des von Borchardt in den Blick genommenen ‚Vaterlandes' ist ein

---

25 Ebd., S. 348.
26 Ebd., S. 344 f. Durch die angebliche Voraussetzungslosigkeit (vgl.: Rudolf Borchardt, Die großen Trobadors, S. 345) wird die okzitanische Minne weniger Frankreich abgesprochen, um sie der deutschen Literatur zu annektieren, als vielmehr von andalusisch-arabischen Quellen abgegrenzt. Als Teil eines von Borchardt homophob konnotierten Orientalismus sind diese der Gegenpol von Borchardts Konzept eines ‚imaginären Reichs', zu dessen Gunsten die Konkurrenzen eines nationalstaatlich verfaßten Europas zurücktreten.

anderes als das des Geographen: es ist Teil einer Raumwissenschaft des Imaginären. Sicher, in einer politischen Lesart kann diese Passage als eine der Annexion gelesen werden. Doch ist der von einer ‚Geisterlinie' umschriebene Raum weder der empirische einer politischen Geographie noch der einer bloßen Innerlichkeit. Es ist ein durch die materialen Bestände der Einbildungskraft und die sie bereitstellende literarische Tätigkeit umstellter Raum, durch den die Geltung des Imaginären im Bereich des Realen ausgedehnt und die Bedeutung des Politischen modifiziert werden soll. Die Bewegung dieses Denkens verdeutlicht Borchardt in einer Beschreibung der Kanzel Nicola Pisanos im Dom von Pisa. In enger Nachbarschaft zu einer Sprachreflexion entwickelt diese Passage aus *Pisa und seine Landschaft* ein zentrales Element von Borchardts Konzeption der Übersetzung:

> „Damit war die Formsättigung der Atmosphäre dem Grade nahegeführt, an dem sie sich in neuen Formen niederschlagen mußte und der Stein eine eigene Seele gewinnen. Die erste große Bildkunst Italiens und die einzige große seines Mittelalters entsteht wie die griechische und überhaupt die antike noch einmal als Abbildung eines Stadtideals durch menschliche Körper: denn die Kanzel Nicolas – ob er ein Apulier gewesen ist, hat nur biographische Erheblichkeit –, an der sakral größten Stelle der Stadt von Rat und Kapitel bestellt, ist nicht für Stilexperimente eines individualistischen Ateliers freigegeben worden wie in unsern weisen Zeiten. Wenn der Bildhauer die kanonisierten Szenen des kirchlichen Passionsbilder-Schemas mit starrer Konsequenz in den Stil der pisanischen Sarkophage und des hier in der Sammlung begriffenen Antiquariums übersetzte, so tat er es im vorgeschriebenen Sinne der Imperialfiktion der Stadt."[27]

Die zwischen verschiedenen Medien vorgeführte Übersetzung ist auf eine politische Dimension hin orientiert. Doch ist diese eine fiktive, wenn die Gestaltung einer „Imperialfiktion" folgt, die an eine Darstellung menschlicher Körper gebunden ist und deren Formgebung mitbestimmt. Diese wird aus formalen und aus in den Geltungsbereich der Künste überführten gesellschaftlichen Ordnungsmustern abgeleitet. Die individuelle Physiologie des Menschen verliert sich in dieser Auffassung von Übersetzung an ein Imaginäres. Borchardts Arbeit an den Beständen der Kultur ist in einer doppelten Perspektive zu begreifen: Sicherlich als ein Übersetzen zwischen unterschiedlichen Sprachen, als eine auf Verständnis zielende Dienstleistung, die eher widerwillig erbracht wird. Nicht der Leser, außer im Zeichen eines bildenden Eros, das Buch ist die Motivation des Übersetzers. Die Perspektive Borchardts zielt vielmehr auf eine Übersetzung aus der dominanten Sphäre des Politischen in ein ‚Reich' der Einbildungskraft. Dieses nimmt phantasmatische Züge – im Sinne einer psychologischen Disposition – erst durch die gesellschaftliche Abwertung des Imaginären und durch die Ausschließung aus der Definitionsmacht instrumenteller Vernunft an. Diese verwei-

---

27 Borchardt, Pisa und seine Landschaft, in: Prosa III, S. 112.

gert es einem mit sich zwanghaft als identisch angenommenen Subjekt, seine imaginäre Dimension im Bereich des Realen zu verwirklichen. Borchardt überführt das Selbstbild des politischen Autors in das eines sich als Phantasma erfindenden Menschen. Je mehr er dieser Aufgabe gerecht wird und von den Determinanten eines mit sich identischen und subjekthaft verfaßten Menschen absieht, transformiert er auch die Annahme eines genealogischen Geschlechts. Das in den Koordinaten von Produktivität, Geschlecht und Nationalität definierte bürgerliche Subjekt kann in Wandlungsformen dieser politischen Kategorien aufgelöst werden, die aus der Übersetzung auftauchen. Mit dem Individuum werden in der Entfaltung ästhetischer Produktivität zentrale Kategorien des Politischen verwandelt. Diese Bewegung des Denkens kann Borchardts Übersetzungsstrategie und der Auswahl ihrer Gegenstände abgelesen werden. Auch die politischen Interventionen des Autors sind vor diesem Hintergrund, selbst dann wenn sie das Zeitfenster einer pragmatischen Wirkungsmächtigkeit verfehlen, nicht als Indizes eines Realitätsverlustes zu werten. Sie können als ein radikales und im Bereich der Sprache auch pragmatisch umgesetztes Plädoyer für eine andere Fassung des Politischen gelten, das im Zeichen einer in ihr Recht gesetzten Einbildungskraft steht.

Bruch : Differenz

In dieser Konstellation kann es einem Übersetzer nicht mehr darum gehen, Vertrautheit herzustellen, indem ein Fremdes in die ‚eigene' Sprache gebracht wird. Im Gegenteil geht es ihm darum, ein Fremdwerden auch der ‚eigenen' Sprache zu unterstreichen. – Einer Sprache, in der ein Echo der Fremden zu vernehmen ist. Borchardt setzt eine wechselseitige Fremdheit der Sprachen voraus und macht deren Differenz zum Gegenstand seiner literarischen Tätigkeit.[28] Darin ist Borchardt gegen den von ihm herausgestellten Bezug auf Herder ein Teilhaber avancierter Übersetzungstheorien aus dem ersten Drittel des 20. Jahrhunderts. Die Fremdheit gerade auch der eigenen Sprache wird hervorgehoben. In der nicht mehr auf zugänglichen Sinn und unmittelbare Verständlichkeit zielenden Übersetzung wird eine

---

28 So fordert Walter Benjamin in „Die Aufgabe des Übersetzers", daß nicht mehr das Gemeinte und der Sinn im Vordergrund des Bemühens stehen sollen, sondern, so resümiert der hier zitierte Alfred Hirsch, eine „auf Artikulation der Fremdheit der anderen Sprache zielende Anbildung der ‚Art des Meinens' der anderen Sprache in der eigenen. Indem aber das Fremde der anderen Sprache – und damit die radikale Differenz zwischen den Sprachen – zu zentralen Wert des Übersetzungsvorgangs wird, wird zugleich vereinheitlichendes und universalsprachliches Übersetzungsdenken aufgegeben." Alfred Hirsch, Vorwort. In: Ders. (Hg.), Übersetzung und Dekonstruktion, Frankfurt am Main 1997, S. 10 f.

immanente Differenz festgestellt. Diese ist nicht zwischen der ‚eigenen' und der fremden Sprache zu ziehen, sondern zwischen einer in die Krise geratenen und einer an ihrer Stelle zu erfindenden Sprache eines europäischen Mittelalters: Das Interesses des Übersetzers gilt der Sprache eines ‚Reichs des Imaginären', dessen Idiom gleichwohl sprachgeschichtliche wie sprachtheoretische Widerlager findet.[29] Borchardts als imaginierende Aneignung betriebene Übertragungen implizieren eine Absage an vereinheitlichendes Übersetzungsdenken, das die Grenzen zwischen den Kulturen und ihren Sprachen zu nivellieren sucht. Der als Voraussetzung der eigenen literarischen Tätigkeit konstatierte Bruch in der humanistischen Konzeption von Seele und Sprache wird in eine Differenz gewandelt. Erst in dieser kann eine „Wiederherstellung der Welt und des Menschen"[30] als eine Arbeit an der Sprache in Angriff genommen werden. Borchardts Übertragung – auch der okzitanischen Minne – kann als eine Übersetzung des Menschen in seine phantasmatische Gestalt, des an die Scholle gebundenen Volkes in die kulturell geprägte Nation und des Realen in das Imaginäre gelesen werden.[31] Die von Borchardt aus einer essentialistischen Tradition des politischen Konservatismus anvisierten Kategorien instrumenteller Vernunft, politischer Rationalität und pragmatisch gehandhabter Realität sollten mit den Sphären des Eros, der Vorstellung und des Imaginären zusammen gedacht werden. Denn erst in der so möglichen Wendung auf die Strukturen ästhetischer Produktivität werden auch die Positionen des politischen Borchardt als Teil einer gerade in seinen Übersetzungen entfalteten ästhetischen Anthropologie kenntlich.[32] Borchardts literarische Tätigkeit zielt weniger auf die (Wieder-)Begründung einer ‚deutschen Volksgemeinschaft', als auf die Kontur eines ästhetischen Menschen, dem über ‚das Menschliche' nachzudenken stets auch bedeutet, etwas zu imaginieren.[33] Im Krisenmoment des europäischen

---

29 Die Genese von Borchardts aus der Aneignung der okzitanischen Minne und insbes. des ihr folgenden Italienischen Dantes für die Deutsche Sprachgeschichte herausphantasierten ‚Sprachstufe' hat zuletzt Kai Kauffmann dargestellt. Vgl. auch zur Spezifik von Borchardts Übersetzungsstrategie im historischen Kontext: Kauffmann, „Deutscher Dante?", S. 138–143.

30 So der programmatische Titel einer 1924 in Bremen gehaltenen Rede Borchardts. Vgl.: Gerhard Schuster, Rudolf Borchardts Reden 1902–1933. Eine Dokumentation, in: Rudolf Borchardt. Über den Dichter und das Dichterische, als Band 4/5 der Schriften der Rudolf-Borchardt-Gesellschaft hrsg. v. Gerhard Neumann (u. a.), 1995. S. 212.

31 Vgl. zu einem Begriff des Imaginären gerade im Kontext einer medialen Auffassung der Literatur: K. Ludwig Pfeiffer, Das Mediale und das Imaginäre. Dimension kulturanthropologischer Medientheorie, Frankfurt am Main 1999

32 Zu Begriff und klassischer Genese einer ästhetischen Anthropologie vgl.: Gert Mattenklott, Ästhetische Anthropologie in Goethes zweitem „Faust", in: Historische Anthropologie, hrsg. von Gunter Gebauer (u. a.), Reinbek bei Hamburg, S. 217–252.

33 Die Argumentation folgt hier Mattenklott, Ästhetische Anthropologie, S. 217.

Humanismus wird das Profil dieses Menschen von Borchardt aus den literarischen Gegenständen einer ästhetischen Anthropologie ebenso bestimmt wie im Modus des aktualisierenden Übersetzens: Die Minnedichtungen der *Großen Trobadors* stehen neben den impliziten Reflektionen über die Verfahren ästhetischer Produktivität. Sicher: Kulturkritische Rede und die Reihe seiner in der *Bremer Presse* erschienenen Bearbeitungen europäischer Kulturzeugen sind auch Gattungen, in denen Borchardt ein politisches Programm skizziert; in der Arbeit des Übersetzers wird jedoch der politische Borchardt als ein Autor kenntlich, der durch eine prozessuale Entfaltung ästhetischer Produktivität den ideologischen Begriff des Politischen relativiert. Auf die in seinen Reden reflektierte politische Realität antwortet Borchardt mit einer kulturhistorisch ausgefalteten, idealen Konzeption des Menschen. Diese wird jedoch mit der Wendung auf eine aus dem Geist der christlichen Romantik erneuerten Idee Europas zugleich in die stabilere Ordnung des Formalen und der Kunstpraxis überführt.[34]

In die nicht zu überbrückende, durch den NS noch vertiefte Kluft zwischen einer Bestandsaufnahme der gesellschaftlichen Realität und idealen Entwürfen ‚des' Menschen ist die literarische Tätigkeit des Übersetzers Borchardt gesetzt. Dieser sieht seine politischen Hoffnungen auf eine Wiederherstellung der Monarchie zunehmend *ad absurdum* geführt und antwortet auf diese Lage mit einer phantasmatischen Übersteigerung: so tragen auch die Konvolute von *Der leidenschaftliche Gärtner* einen, wenn auch verwandelten politischen Index. Durch eine die Relevanz von Sprache in idealistischer Tradition hoch veranschlagenden Anstrengung werden mit den Übersetzungen nicht nur die Umrisse eines phantasmatisch belegten ‚Reichs' skizziert. Es werden auch Haltungen vorgeschlagen und eingeübt, die Borchardt für

---

34 „Diese wenigen Andeutungen müssen hier genügen, um zu zeigen, daß die provenzalische Poesie uns nicht nur so angeht wie Litaipe und Negerkunst, oder was sonst die allgemeine Halbbildung anblätternswert findet. Sie gehört zu den ersten Voraussetzungen jenes wahren Begriffes Europa, der seit Novalis mit dem der Christenheit identisch ist, und den es so viel schwerer und köstlicher ist zu gewinnen als denjenigen, der zum Schlagworte der Renegaten geworden ist; sie gehört zu den tiefverschütteten Schächten und Schätzen unserer eigenen nationalen Bildung, an denen Teil zu haben oder zu gewinnen eine Ehre und eine vornehme Pflicht ist; und sie gehört aus dem einen wie dem anderen Grunde ebenso zur deutschen Geschichte wie Homer oder die Bibel." Rudolf Borchardt, Die großen Trobadors, S. 348. Die Intention der stets mit einem zeitgenössischen Index versehenen Lektüren Borchardts wird hier ebenso deutlich wie die Ansprüche, die seine Bearbeitungen der europäischen Kulturbestände aushalten müssen. Die Passage motiviert den Vorwurf der literarischen Annexion und zeigt einen für Deutschland behaupteten, im romantischen Erbe begründeten kulturellen Führungsanspruch in Europa. Eine diese verzerrte Darstellung literaturgeschichtlich korrigierende Sicht auf die okzitanische Minne findet sich in: Erich Köhler und Fritz Peter Kirsch, Die okzitanische Literatur, in: Kindlers Neues Literaturlexikon, Essays, Band 19, hrsg. v. Walter Jens, München 1992, S. 1012–1019.

die als ein ‚Gartenreich' anvisierte symbolische Kultur tauglich scheinen: Es sind die in ihrer Konzeption bisweilen kaum zu unterscheidenden Haltungen des Liebenden und des Übersetzers. Mit ihnen soll ein ästhetischer Mensch das Erbe des *homo politicus* antreten.[35]

Muster eines ästhetischen Menschen

In dieser Konstellation zielt die Anstrengung Borchardts auf das Gesicht eines ästhetischen Menschen, der als Dichter und in einer ästhetische Produktivität pointierenden Beschreibung in den Blick genommen wird:

> „Der Stil der großen Provenzalen ist nicht nur Sprache und nicht nur Kunst, sondern das erstere unbewußt, das letztere kaum ahnungsvoll, - er ist der erregte und energische Ausdruck ungemeiner Seelen und organischer Phantasien in kontrahierten Momenten, aus denen sie sich durch den Blitz des Gesanges und durch Wurf, Ausruf, Hyperbel und Bild, durch stürmende Häufung, Pause, Schimpf, Verzerrung, durch Lockruf, Liebesschrei und Lobgesang entladen. Der Graf von Peitau, Bernart von Ventadorn, Rudel, […] Arnaut sind die ersten unverkennbaren, unvergeßlichen, für die Ewigkeit zugeschnittenen Individuen des nachantiken Europa die sich ausgesprochen haben, fast alle, außer durch selbstauferlegte Hemmungen, völlig ungehemmt, mit der ausgreifenden wagenden Freiheit des geborenen Genies, das auch in archaischen Motiven noch immer fester packt, schärfer kerbt und gediegener ausprägt als die Tröpfe von Spätzeiten, die in entwickelsten Sprachen nichts auszudrücken vermögen."[36]

Borchardt distanziert sich von der Forschungsthese, die Individualität dieser Autoren sei Schein und ihre Realität nichts als Fiktion. Er setzt statt dessen auf die Analyse eines diesen Eindruck erzeugenden ‚konventionellen Begriffspiels'[37] und auf die Anbindung seiner Lesart an eine romantische Genieästhetik, die er in seiner literarischen Praxis zugleich dementiert. Aus der Perspektive des den Charakter seiner Vorlagen bestimmenden Übersetzers wird der Fokus auf den Prozeß ästhetischer Produktivität gerichtet. Die Sprachmittel werden als Merkmale okzitanischer Minne wie ihrer zeitgemäßen Übertragung an die Stelle idealistischer Theoriebildung gesetzt. Sie zeichnen das Bild eines ästhetischen Menschen, indem sie seine hier beinahe

---

35 Die Analogie von Liebe und Dichtung zeichnet sich in den Gegenständen und im Stil der Übersetzungen ab. Theoretisch ist sie zuerst in „Das Gespräch über Formen" mit einer auf Pater verweisenden platonisierenden Genealogie dargelegt worden. Zum Begriff des ästhetischen Menschen vgl.: Gert Mattenklott, Der ästhetische Mensch, in: Werner Busch/Peter Schmoock (Hg.), Kunst – die Geschichte ihrer Funktionen, Weinheim und Berlin 1987, S. 233–252.
36 Rudolf Borchardt, Die großen Trobadors, S. 351 f.
37 Ebd., S. 352.

expressionistisch anmutende Sprache konturieren.[38] Daß Buriot-Darsiles die ebenso wenig biologistische wie historistische Argumentation Borchardts grundlegend verkennt, wird an einem weiteren Punkt deutlich. Der französische Kritiker unterschlägt die Kategorie einer Ursprungsfiktion. Mit den von Buriot-Darsiles genannten Begriffen von Sprache, Poesie und Volk nutzt Borchardt gerade auch die Fiktion des Ursprungs zur Charakterisierung okzitanischer und französischer Kultur. Sie erlaubt es ihm in der Vorbereitung seiner Übersetzung aus einer genealogischen Ordnung herauszuspringen und steht so neben der Annahme, bei dieser Dichtung handele es sich um eine „Originalpoesie", die von allem Anfang an fertig sei.[39] – So wird eine stärkere Aktualisierung der Dichtung möglich, eine Mobilisierung ihrer Entwürfe betrieben und ein direkter Anschluß des Übersetzers an ihre Autoren erlaubt. Borchardt setzt sich schließlich selbst an die Stelle der Trobadors, deren imaginäre Porträts er als Masken des Übersetzers entwirft. Die vermeintlich national-chauvinistische Annexion erweist sich als eine Operation der Einbildungskraft, bei der konstitutive Elemente des Politischen außer Kurs gesetzt werden. So gestaltet Borchardt in seinen Übersetzungen auch nicht die Vorlagen, sondern – wie er am Beispiel der „altionischen Götterlieder" schreibt – sein Erlebnis der antiken Gesänge, respektive der Minnedichtung und legt es als in die Gedichte „hinein verwandelt" dem Leser vor.[40] Ursprung und Erlebnis gehören in dieser übersetzenden Rezeption von Dichtung eng zusammen: sie markieren Strategien der Entzeitlichung und eröffnen einen Raum der Einbildungskraft. Auch wo Borchardt, wie in dem von Buriot-Darsiles als Dokument eines deutschen Nationalismus zitierten Nachwort, als Literaturhistoriker argumentiert, schreibt er doch zuerst als ein Autor, dem eine Idee ‚schöpferischer Liebe' und ihre von ihm ins Werk gesetzten Wandlungsformen zu den Voraussetzungen seines Denkens gehören. Die Minne der Trobadors liest Borchardt als „Ahnengastgeschenke" und denkt die Rezeptionsordnung so – über Zeiten und

---

38 Auf die Stilentwicklung von Borchardts Übersetzungen gehe ich hier nicht ein. Buriot-Darsiles konstatiert die Verbindung zu Vossler, dem die Übertragungen in „Die großen Trobador" gewidmet sind. Curtius würdigt Borchardt in einer Fußnote: Seine Übertragung und Kommentierung habe Arnaut „am tiefsten erfaßt". Ernst Robert Curtius, Europäische Literatur und Lateinisches Mittelalter, Tübingen und Basel 1993(1948), S. 109.

39 Rudolf Borchardt, Die großen Trobadors, S. 345. Zu Borchardts Beitrag zu einer Kritik des genealogischen Denkens in einer ästhetischen Anthropologie vgl. v. Verf.: „Die bittersüße Krankheit Jugend" – Rudolf Borchardts Beitrag zu einer ästhetischen Anthropologie der Jugend, in: Jugendstil und Kulturkritik um 1900, hrsg. v. Andreas Beyer und Dieter Burdorf, Heidelberg 1999, S. 89–109.

40 Rudolf Borchardt, Altionische Götterlieder unter dem Namen Homers, in: Prosa II, S. 127. Buriot Darsiles zitiert diese Passage zur Charakterisierung von Borchardts Übersetzungsstrategie: Buriot-Darsiles, Rudolf Borchardt – traducteur..., S. 258.

kulturelle Differenzen hinweg – in einer Form, die ihm für die aktuellen deutsch-fanzösischen Beziehungen ebenfalls als wünschenswert gilt: in der von Gastfreundschaft. Nicht nur ein übersetzender Bezug auf diese, der Ort ihrer Lektüre und die Dichtungen selbst gelten Borchardt als „zauberhaltig" und sie müssen Gegenstand eines „Gefühlserwerb[es]" werden, soll ein nachgeordneter, an sie erst anknüpfender ‚wahrer' Begriff des ‚Vaterlandes' realisiert werden.[41] Sicher, hier wird eine Erneuerung Europas aus dem Geist des deutschen Idealismus propagiert und der Vorrang einer als Erbe der Romantik ausgezeichneten Kunst aus Deutschland vertreten. Zugleich wird der politische Begriff der Annexion jedoch umgeschrieben und das einst essentielle ‚Vaterland' zu einem Effekt des Zauberhaften. Sein Agent ist ein ‚ästhetischer Mensch', dessen Schnittmuster Borchardt auch den Dichtungen der Trobadors abgewinnt und in einer medienbewußten Arbeit an der Sprache konturiert.

Alte Minne und neue Liebe

Wenn die Übersetzung nicht auf Sinnvermittlung zielt und auch wie der von Buriot-Darsiles erhobene Vorwurf einer an Stelle territorialer ins Werk gesetzten literarischen Annexion nicht die Intention Borchardts erfaßt, worin besteht dann die Motivation dieser Übersetzungen? Weshalb wendet Borchardt sich der okzitanischen Minne zu? Daß sie ihm als Vorläufer der Sprache Dantes gilt, ist als Argument alleine nicht ausreichend. Borchardts Interesse an den Trobadors ist weder allein der Ordnung einer Literaturgeschichte noch einem – nicht selten mit dieser verbundenen – deutschen Nationalismus geschuldet, auch wenn beide sicherlich Ausgangspunkte der hier beschriebenen Entwicklung sind. Die Auswahl ist in zwei anderen Punkten begründet. Die von Borchardt konstatierte gesellschaftliche Krise gilt ihm als Zerstörung eines humanistischen Menschenbildes. Auf sie soll mit den in den ersten Porträts eines europäischen Menschen aufzufindenden – oder in der Übersetzung seiner Literatur zu erfindenden – Mustern reagiert werden. Borchardts Auswahlkriterien seiner imaginären Porträts der „großen Trobadors" sind in seiner Frage nach zeitgemäßen Entwürfen des Menschen verankert. Sie sind zugleich einer Auffassung von Dichtung geschuldet, die auf eine Idee ‚schöpferischer Liebe' und auf das Verhältnis, in dem diese zu Einbildungskraft und Wirklichkeitssinn steht, zurückgeführt werden kann. Mit den seinen Bearbeitungen der Minne vorangestellten imaginären Porträts eines neuen, alten Menschen gewinnt Borchardt aus den

---

41 Rudolf Borchardt, Die großen Trobadors, S. 349.

Dichtungen der Trobadors auch andere Liebesmuster. Diese richtet er mit Blick auf eine im Niedergang des europäischen Menschenbildes konstatierte Krise der Liebe und in der Perspektive einer nur durch ihre Erneuerung möglichen ‚schöpferischen Restauration' ein. Ein Durchgang durch *Die großen Trobadors* illustriert diese auch den programmatischen Reden abzulesende Ausrichtung von Borchardts Denken. Die Übersetzungen der okzitanischen Minne und die Charakterisierungen ihrer Autoren geraten in meiner Lektüre nicht in ihrer Bedeutung für eine Literaturgeschichte des Mittelalters in den Blick – in der Borchardt selbst seine Arbeit gesehen haben mag –, sondern als Material einer Dichtung, die in den zwanziger Jahren des letzten Jahrhunderts auf Entwürfe einer ästhetischen Anthropologie zielt. In der Abfolge seiner die Übertragungen einleitenden Zwischenstücke skizziert Borchardt Formelemente einer Sprache der Liebe. Die der okzitanischen Minne abgewonnenen Dimensionen der Liebe geben Stichworte von Borchardts eigener Frage nach dem, was Liebe meint. So betont Borchardt die „Entdeckung der Seelenform ‚amor de long' und ‚amor de terra longdana'" und konstatiert: „Anfang der europäischen Sehnsuchtslyrik. Lied und Dichter werden mythisch."[42] Solche stilgeschichtlichen Bemerkungen wechseln mit biographischen Skizzen ab oder ergänzen sie. In ihnen wird die „Ausprägung des stilbewussten Selbstporträts"[43], der „Ausgang der tragischen Individualpoesie Europas"[44] oder die „Begründung des Heimatlobes"[45] ebenso vermerkt, wie stets ihre europäische Wirkungsgeschichte, die in diesem Panorama bei „Keim und Form von Dantes Comedia" endet.[46] Borchardts Lektüre und die Strategie seiner Übersetzung wird in der Einleitung zu Arnaut Daniel exemplarisch deutlich:

> „Arnaut Daniel war von derselben landschaft dannen auch war herr Arnaut von Mareul, aus dem sprengel Peirecorc, von einer burg so geheissen ist Ribairac; und war edel geboren. Und ward gelehrt wissenschaft künstlich und fuhr mit spielleuten und het sein gefallen darann, teur reime zu finden. Darum seine lied nicht ebene zu verstehen sind noch zu lernen. Und minnete ein hohe frauen von Gascoyne, herrn Guillem von Bouvilla gemahel, doch ward nicht dafür eracht, dass die fraue ihn minnen wunsches je gewähret; darum er sprach:
>
> Ich bin Arnaut, zwinge winde;
> und hetz' auf hasen den stier;
> und schwimm' auf wider gefälle.

---

42 Rudolf Borchardt, Trobador-Übertragungen, S. 222.
43 Ebd., S. 230.
44 Ebd., S. 248.
45 Ebd., S. 259.
46 Ebd., S. 263.

Lange zeit warb er in jener minnen und machet des viel gute lied. Und war gar ein lieblicher mann und höfisch."⁴⁷

Borchardt gewinnt aus der Minne der Trobadors einen Entwurf von Liebe, der seinen zeitgenössischen Forderungen entspricht und der er – auch dies ist Teil seiner Anstrengung als Übersetzer – neben anderen Traditionsbeständen in den Liebesdiskurs seiner Zeit einschleust.

Amour courtois und Übersetzung aus Liebe

Die in den ersten Dezennien des letzten Jahrhunderts erneuerte Konzeption dessen, was Liebe meint, ist nicht das Thema der hier vorgeschlagenen Lektüre. Diese zielt auf eine ästhetische Anthropologie der Übersetzung und kann sich darauf beschränken, einige zentrale Auffassungen einer Liebe der Trobadors zu referieren. In der am Beispiel der Minne und ihrer Sänger vorgestellten Liebesordnung eines aus individuellen und sozialen Elementen gebildeten *amour courtois* stiftet Sehnsucht eine edle Liebe, während der Liebesgenuß falsche Liebe hervorbringt. Der Sänger empfindet in diesem Tugendsystem Freude, Schmerz oder er räsoniert, während sich die verehrte Dame zwischen Gnade und Hochmut bewegt. *Amor*, individuelle Liebe, erzieht hier zu *cortezis*, zu einer sozialen Liebe: unter dieser werden persönlicher Wert (*valor*) und gesellschaftliche Anerkennung (*pretz*) ebenso verstanden wie Tüchtigkeit (*proeza*), Freigibigkeit (*largueza*), Maß (*mezura*) und Vernunft (*sen*). Neben diesen stehen Jugend (*joven*) und Freunde (*joi*), schönes Benehmen (*bel captamen*) und sprachliche Kultur.⁴⁸ Borchardts *Gespräch über Formen*, das Liebesphilosophie als eine allgemeine Formphilosophie entwickelt, können diese Elemente der auf eine soziale Liebe hin gerichteten Bewegung des Menschen ebenso abgelesen werden wie der Auswahl seiner Übersetzungen. Die Beschreibung dieses Ziels einer *amour courtois* versammelt zentrale Momente auch von Borchardts Frage nach dem, was Liebe meint. Daß seine von der deutschen Romantik angeregte und dem englischen Ästhetizismus um 1900 verpflichtete Wendung auf die Rekonstruktion eines europäischen Mittelalter eng mit den sittlichen Begriffen der Minnedichtung verbunden ist, verdeutlicht bereits 1908 eine Sammelbesprechung *Zum Deutschen Altertum*:

---

47 Ebd., S. 247.
48 Die Charakterisierung folgt Udo Schöning, Friedrich Diez, S. 97–98; Vgl. auch Ingrid Kasten, Frauendienst bei Trobadors und Minnesängern im 12. Jahrhundert. Zur Entwicklung und Adaption eines literarischen Konzepts. Heidelberg 1986. Ursula Liebertz-Grün, Zur Soziologie des „amour courtois", Heidelberg 1977.

„In den vierundzwanzig Jahren seit ihrer [Hertz, *Aus Dichtung und Sage*, F. H.] ersten Veröffentlichung haben sich genauere und gerechtere Begriffe vom Wesen des germanischen Liebesgefühls durchgesetzt als man sie 1864 billiger Weise haben konnte, die Internationalität des europäischen Rittertums und ihre geschichtlichen Voraussetzungen im Europa überziehenden und beherrschenden ethischen Kanon des adligen Germanen sind klarer erkannt worden und haben zu einer Revision der Begriffe geführt, die die alte Fragestellung nordisch-südlich, deutsch-romanisch völlig verschiebt. Auf der anderen Seite freilich macht gerade eine veraltete Arbeit eines ausgezeichneten Forschers wie diese fühlbar, wie viel die neueren Philologen noch zu tun haben werden, ehe von Präzision wieder gesprochen werden dürfte. Wo sind die wirklich historischen Darstellungen der Entwicklung aller großen sittlichen Begriffe des Mittelalters, der Courtoisie etwa, oder der Gentilezza? Wer denkt endlich einmal daran, etwa die Theorien des Mittelalters vom Adel und seinen konstituierenden Qualitäten auf ihre Quellen zu verfolgen und in ihren Verzweigungen aufzuklären?"[49]

Neben dem Hinweis auf eine an die Auffassung des Aristokratischen gebundene männliche Gesellschaft steht hier die Forderung nach Präzision und eine kulturgeographische Ordnung der Himmelsrichtungen.[50] In diesen Koordinaten wird die übersetzende Verwandlung der sittlichen Begriffe in der Praxis des Autors und Philologen angesetzt. Das Verhältnis der Geschlechter, die Transformation und Funktion von Liebe sind für Borchardts Denken von großer Bedeutung. Sie zeichnen sich auch im Zentrum seiner zwischen den Polen von Politik und Phantasma angesiedelten Konzeption des Übersetzens ab. Liebe ist nicht nur als Gegenstand, sondern jenseits ihrer idealistischen Überhöhung auch als Modus von Dichtung und Übersetzung ein Bestandteil von Borchardts Arbeit.

„Der Dichter, der übersetzt, kann nur so übersetzen, wie er auch dichten müßte: er reproduziert keine Kunstwerke, sondern erwidert auf den Hall der ihn getroffen hat, mit dem unwillkürlichen Widerhalle, auf die Gestalt die ihm auftaucht, mit dem Entwurfe der sie gestaltet. Mit anderen Worten, er bildet was er liebt, und liebt es weil es ihm lebt."[51]

Für diese hier aufgerufene Gestalt dürfen wir Nicola Pisano ebenso einsetzen wie Arnaut Daniel, die beide erst im Entwurf des übersetzenden Dichters eine gegenwärtige Form gewinnen. Die Übersetzung wird als ein Widerhall aufgefaßt. Sie ist in dieser sinnlichen Metapher eine Realisation der Einbildungskraft und eine in Liebe fundierte Bildungsstrategie, die auf einem

---

49 Rudolf Borchardt, Zum Deutschen Altertum, in: Prosa VI, S. 312 f. In der hier formulierten Aufgabenstellung sieht Werner Kraft den Grund für Borchardts Umzug aus Göttingen in die Toskana. Vgl.: Werner Kraft, Rudolf Borchardt, S. 435.
50 Vgl.: Gert Mattenklott, Die Bedeutung der kulturellen Räume und Himmelsrichtungen für die Künste der Zeit nach dem zweiten Weltkrieg, in: Raum und Körper in den Künsten der Nachkriegszeit, hrsg. v. der Akademie der Künste Berlin und zus. gest. v. Angela Lammert, Dresden 1998, S. 121–137.
51 Rudolf Borchardt, Die großen Trobadors, S. 352 f.

‚lebendigen' Austausch zwischen dem Übersetzer und seinem Gegenstand, der Dichtung, beruht. Doch darf der hier aufgerufene Begriff des Lebens – und mit ihm der des sinnlichen Körpers – nicht als vor dem Bereich des Kulturellen liegend gelesen werden. Weiteres kommt zu dieser Liebe hinzu: die Praxis des Autors. Ihre Verpflichtung auf Genauigkeit steht neben einem den Bedeutungsstufen der Worte geltenden Taktgefühl und dem bis zur „empfindlichsten Rührbarkeit" ausgeprägten Gehörsinn des übersetzenden Dichters[52] – zwei Merkmalen, die Borchardt als grundlegend gelten, auch wenn sie alleine nicht ausreichen, um zu angemessenen Übersetzungen zu gelangen. Diese stellt Borchardt in bewußte Distanz zu den Übersetzungen der Minne durch Friedrich Diez, die er als einen wohlmeinenden Dilettantismus charakterisiert, da sie die Dimension der Trobador und ihrer Dichtungen nicht erfaßt hätten.[53] Wie Diez von einer romantischen Übersetzungsauffassung angeregt, skizziert Borchardt, zugleich jedoch von einer auf Versachlichung in der Praxis ästhetischer Produktivität zielenden Bestandsaufnahme ausgehend, eine Spracharbeit, in der das Erbe der deutschen Romantik aktualisiert wird.

Seine Übersetzungen der Trobadors gingen „aus einer elementaren sinnlichen Beseligung hervor, die nicht geruht hat bis sie schafft, was sie so lieblich erleidet"[54] und seien so auch von auf Sinnvermittlung und Verständlichkeit zielenden Übersetzungen des 19. Jahrhunderts zu unterscheiden.

> „Was sie auch von jenen unterscheidet, ist die durch acht Jahrhunderte deutscher Sinnes- und Urteilsschärfung unendlich gewachsene Möglichkeit, einen festen Stil sich sinnlich und im Sprachtakt zu determinieren, die weder nur geschichtlich noch nur dichterisch, sondern jenes dritte, größte ist, das der Deutsche die Ehre hat, Herdersch nennen zu dürfen, denn die geistige Übung der Welt hat es vor ihm nicht gekannt, und Wilhelm Schlegel und Rükkert wie Rossetti haben es nur durch ihn besessen."[55]

Die Rückbindung an eine romantische Sprachphilosophie ist weniger von Gewicht als eine Bindung der Übersetzung an den sinnlichen Körper, an das Ohr des Dichters. In seiner Fassung der ästhetischen Produktivität wechselt Borchardt das Ordnungssystem. Er trifft weniger philologisch verifizierbare Aussagen zu einer Romantik, die er als eine literaturhistorische Maskerade und als dem Phantasma ihre Seriosität verleihende Legitimation aufruft, als

---

52 Ebd., S. 351. Vgl. zur Bedeutung des Gehörs in der Ordnung der Sinne: Christoph Wulf, Das mimetische Ohr, in: Anthropologie, hrsg. v. Gunter Gebauer, Leipzig 1998, S. 225–233.
53 Rudolf Borchardt, Die großen Trobadors, S. 351. Zu Geschichte der Übertragung okzitanischen Minne mit einem Seitenblick auf Borchardt vgl.: Udo Schöning, Friedrich Diez als Übersetzer der Trobadors, Tübingen 1993.
54 Rudolf Borchardt, Die großen Trobadors, S. 351.
55 Ebd.

zu einer originär modernen Auffassung von Übersetzung und Dichtung. In deren Auslegung wird das Ohr als ein Leitsinn präferiert. Von höherem Gewicht als die historische Anbindung – wohl an Herders Theorie des Sprachursprungs – ist die Spezifik der von Borchardt vorgestellten Produktionsweise eines Übersetzers, der seinen Gegenständen im Modus des Erduldens verbunden ist. Nicht die lineare Schriftgestalt oder die Ordnung historischer Philologie begründet die Relation zwischen Übersetzer und Minne, sondern eine pneumatische Kategorie des Halls auf der individuellen, der Atmosphäre auf der kulturgeschichtlichen und poetologischen Ebene. Stil wird hier an die Sinne und in ihrem Spektrum an das Gehör gebunden und im „Sprachtakt" begründet. Der Modus, in dem der hörende Übersetzer mit den Vorlagen seiner Anstrengung verbunden wird, ist pneumatisch und ein Hingeben an den Klang der Sprache. Zugleich wird diese in Distanz zu einer sezierenden Lektüre angesiedelte Übersetzung jedoch auf Präzision verpflichtet. Wie die so angesprochene und eingeordnete okzitanische Dichtung eine andere ist in ihrer Übersetzung, wie das in ihr begründete ‚echte Vaterland' grundlegend literarisch ist und der Begriff der Nation letztlich zu einer Chiffre des Imaginären wird, ist auch das hier mit einer romantischen Genealogie versehene ‚Gefühl', ist die ‚schöpferische Liebe' eine andere. Sie wird – auch das ist Teil dieser auf „jenes dritte" zielenden Übersetzung – in dem Maße umgearbeitet, wie sie dazu beiträgt aus den Grundlagen der europäischen Literatur die Züge eines nicht nur seiner Sprache nach modernen Menschenbildes kenntlich werden zu lassen. Als Lohn seiner Arbeit an der Sprache gelangt Borchardt nicht nur zu sprachmächtigen Übersetzungen. Ein weiterer Effekt ist eine andere Auffassung des Politischen. In dieser wird die auf territoriale Annexion zielende Geopolik mit den das bürgerliche Subjekt begründenden Kategorien von Geschlecht, Nation und Produktivität durch Entwürfe eines imaginären Raums abgelöst. Dessen Umrisse sind nicht im Ordnungsmuster politischer Geographie, sondern in Praktiken ästhetischer Produktivität zu bewähren, die den kulturellen Beständen der Méditerranée gelten. Gerade in dieser Ausrichtung auf die Praxis des Autors und auf den Geburtsraum des europäischen Menschen sind Borchardts *Die großen Trobadors* immer auch als Beitrag zu einer ästhetischen Anthropologie der Übersetzung zwischen Politik und Phantasma des Menschen zu lesen.

Siglenverzeichnis

Die Ausgabe der „Gesammelten Werke" Rudolf Borchardts wird mit folgenden Siglen zitiert:

Reden	Reden, hrsg. v. Marie Luise Borchardt, Rudolf Alexander Schröder u. Silvio Rizzi, Stuttgart 1955
Erzählungen	Erzählungen, hrsg. v. Marie Luise Borchardt u. Silvio Rizzi, Stuttgart 1956
Gedichte	Gedichte, hrsg. v. Marie Luise Borchardt u. Herbert Steiner, Stuttgart 1957
Übertragungen	Übertragungen, hrsg. v. Marie Luise Borchardt unter Mitarbeit von Ernst Zinn, Stuttgart 1958
Gedichte II/Übertragungen II	Gedichte II/Übertragungen II, hrsg. v. Marie Luise Borchardt u. Ulrich Ott unter Beratung von Ernst Zinn, Stuttgart 1985
Dramen	Dramen, hrsg. v. Marie Luise Borchardt unter Mitarbeit von Ernst Zinn, Stuttgart 1962
Dantes Comedia Deutsch	Dantes Comedia Deutsch, hrsg. v. Marie Luise Borchardt, Ulrich Ott u. Ernst Zinn, Stuttgart 1967
Der leidenschaftliche Gärtner	Der leidenschaftliche Gärtner, hrsg. v. Marie Luise Borchardt unter Mitarbeit v. Ernst Zinn u. Ulrich Ott, Stuttgart 1968
Prosa I	Prosa I, hrsg. v. Marie Luise Borchardt, Stuttgart 1957
Prosa II	Prosa II, hrsg. v. Marie Luise Borchardt u. Ernst Zinn, Stuttgart 1959
Prosa III	Prosa III, hrsg. v. Marie Luise Borchardt u. Ernst Zinn, Stuttgart 1960
Prosa IV	Prosa IV, hrsg. v. Marie Luise Borchardt, Ulrich Ott u. Ernst Zinn, Stuttgart 1973
Prosa V	Prosa V, hrsg. v. Marie Luise Borchardt u. Ulrich Ott unter Mitwirkung v. Ernst Zinn. Stuttgart 1979
Prosa VI	Prosa VI, hrsg. v. Marie Luise Borchardt, Ulrich Ott u. Gerhard Schuster unter Mitarbeit v. Angelika Ott u. unter Beratung v. Ernst Zinn, Stuttgart 1990

Die von Gerhard Schuster und Hans Zimmermann besorgte Ausgabe der „Gesammelten Briefe" Rudolf Borchardts wird mit folgenden Siglen zitiert:

Briefe 1895–1906	Briefe 1895–1906, München, Wien 1995
Briefe 1907–1913	Briefe 1907–1913, München, Wien 1995
Briefe 1914–1923	Briefe 1914–1923, München, Wien 1995
Briefe 1924–1930	Briefe 1924–1930, München, Wien 1995
Briefe 1931–1935	Briefe 1931–1935, München, Wien 1996
Borchardt/Hofmannsthal	Rudolf Borchardt – Hugo von Hofmannsthal: Briefwechsel, München, Wien 1994
Borchardt/Schröder, Bd. 1	Rudolf Borchardt – Rudolf Alexander Schröder: Briefwechsel, Bd. 1, München, Wien (im Druck)
Borchardt/Schröder, Bd. 2	Rudolf Borchardt – Rudolf Alexander Schröder: Briefwechsel, Bd. 2, München, Wien (im Druck)

Zu den Autorinnen und Autoren

MARKUS BERNAUER
Geb.: 1958 in Basel. Dr. phil. Privatdozent für Allgemeine und Vergleichende Literaturwissenschaft an der TU Berlin. Leiter der Wilhelm Heinse-Nachlaß-Edition.

RICHARD HERZINGER
Geb.: 1955 in Frankfurt am Main. Dr. phil. Publizist, Autor der ‚Zeit‘. Zahlreiche Veröffentlichungen zum Thema konservative Kulturphilosophie und ‚konservative Revolution‘.

FRANCK HOFMANN
Studium Neuere Deutsche Literatur und Medien, Allgemeine und Vergleichende Literaturwissenschaft sowie Geschichts- und Politikwissenschaft in Marburg und Berlin. 2001 Dissertation über *Sprachen der Freundschaft. Rudolf Borchardts Arbeit an einer ästhetischen Anthropologie und die neue Literatur des Gartens*. Publikationen u. a zu einer ästhetischen Anthropologie der Generationen (1999), Gestik in der Literatur (2000) und zu Fragen von Materialästhetik und ästhetischer Produktivität (2000).

KAI KAUFFMANN
Geb.: 1961 in Darmstadt. Dr. phil. Assistent am Institut für Allgemeine und Vergleichende Literaturwissenschaft an der TU Berlin. Arbeitet an einer Habilitationsschrift über Rudolf Borchardt. Vorsitzender der Rudolf Borchardt-Gesellschaft.

ALEXANDER KISSLER
Geb. 1969 in Speyer/Rhein. Studium der Germanistik, der Geschichte und der Theater- und Medienwissenschaften in Gießen und Marburg. Veröffentlichungen zur deutschsprachigen Literatur der Weimarer Republik. Derzeit Arbeit an einer Dissertation über Rudolf Borchardt und dessen Subjektbilder. Ab 2002 Redakteur für Sachbücher im Feuilleton der ‚Süddeutschen Zeitung‘.

ULRICH OTT
Geb.: 1939. Direktor des Schiller-Nationalmuseums und des Deutschen Literaturarchivs in Marbach am Neckar. Mitherausgeber von Rudolf Borchardts ‚Gesammelten Werken in Einzelbänden'.

BERTHOLD PETZINNA
Geb.: 1954. Dr. phil. Zur Zeit wiss. Mitarbeiter am Kreisarchiv des Schwarzwald-Baar-Kreises in Villingen-Schwenningen (Erschließung des Nachlasses von Friedrich Hielscher). Beschäftigung mit der Intellektuellengeschichte des. 20. Jahrhunderts. Veröffentlichungen hierzu und zu lokalhistorischen Themen des Ruhrgebiets.

WOLFGANG SCHULLER
Geb.: 1935. Professor für Alte Geschichte an der Universität Konstanz. Lehr- und Forschungsschwerpunkt Griechische Geschichte, Spätantike, späte römische Republik, antike Frauengeschichte. Veröffentlichungen zur DDR-Zeitgeschichte.

GREGOR STREIM
Geb.: 1964. Dr. phil. Wissenschaftlicher Mitarbeiter am Zentrum für Literaturforschung, Berlin. Forschungsschwerpunkte: Frühe Moderne, Drittes Reich, Wissenschaftsgeschichte. Veröffentlichungen zur deutschen Literatur des neunzehnten und zwanzigsten Jahrhunderts, insbesondere zur Wiener Moderne, zur Ästhetikgeschichte und zur Neuen Sachlichkeit.

Personenregister

Adler, Hans Günther 154
Adorno, Theodor W. 7, 8, 25, 162
Alberti, Leon Battista 133
Amfiteatrow, Daniel 121
Antheil, George 121
Apel, Friedmar 185
Arbeitsausschuß „Reich und Heimat" 170
Ardizzone, Maria Luisa 128
Arminius 18
Arnaut, Daniel 121, 142, 196, 197, 199, 201
Arndt, Ernst Moritz 89, 92
Augustus 18, 45
Avenarius, Ferdinand 69
Baermann-Steiner, Franz 154
Bahners, Patrick 46
Baldwin, Stanley 52
Balzac, Honoré de 189
Barth, Karl 106
Bauer, Friedrich 109
Bellini, Giovanni 125
Benjamin, Walter 57, 120, 193
Benn, Gottfried 131
Bernauer, Markus 53
Bernhart de Ventatour 196
Beßlich, Barbara 34
Bethmann-Hollweg, Theobald von 41, 66, 67, 70, 71
Beyer, Andreas 34, 197
Bismarck, Otto von 16, 22
Bloch, Ernst 94
Bodenhausen, Eberhard von 66, 177

Bodenhausen-Degener, Dora Freifrau von 66
Bodenhausen-Degener, Eberhard von 74
Bodmer, Martin 100, 137, 150, 152
Boehm, Max Hildebert 73, 74, 75
Boehringer, Robert 71
Borchardt, Corona 53
Borchardt, Ernst 165
Borchardt, Marie-Luise 161
Borchardt, Philipp 150, 168
Borchardt, Rose 68, 170
Borinski, Fritz 13
Brecht, Bertolt 94
Breuer, Stefan 47, 63, 75, 76, 77, 99, 108, 144
Breysig, Kurt 58
Broch, Hermann 154
Brod, Max 55, 100, 176
Browning, Robert 130
Bülow, Bernhard von 66, 70, 71
Burckhardt, Carl Jacob 149, 177
Burckhardt, Jacob 59
Burdach, Konrad 35
Burdorf, Dieter 34, 197
Buriot-Darsiles, Henri 184, 185, 186, 187, 188, 189, 190, 197, 198
Busch, Werner 196
Campbell, Joan 65
Canetti, Elias 154
Carey, John 95, 116, 117, 118, 119, 120
Cäsar 116, 140

Cato the younger 136
Cavalcanti, Guido 131
Chamberlain, Houston Stewart 34
Chamisso, Adelsfamilie 15
Chevrier, Jean-François 190
Chiavolini, Alessandro 133
Clemenceau, Georges 19
Cortes, Donoso 111
Croce, Benedetto 59
Cromwell, Oliver 140
Curtius, Ernst Robert 197
Dacqué, Edgar 106, 107
Dambacher, Eva 68
Dante, Alighieri 34, 45, 50, 135, 136, 137, 141, 185, 187, 188, 191, 194, 198, 199
Darwins, Charles Robert 101, 105
David, Catherine 190
Degenfeld-Schonburg, Ottonie Gräfin von 170, 172
Deneke, Hedwig 163
Deneke, Otto 64, 163
Derrida, Jacques 183
Diderot, Denis 189
Dieke, Hildegard 68
Diez, Friedrich 200, 202
Dollfuß, Engelbert 152
Doyle, Arthur Conan 117
Drath, Martin 13
Du Verdy, Adelsfamilie 15
Du Vernois, Adelsfamilie 15
Duccio 125
Ebeling, Frank 28
Ehrmann, Karoline 64, 75, 165, 169
Eliot, T. S. 115
Erdmann, Karl Dietrich 71
Eulenburg, Philipp 66
Evola, Giulio 108

Evola, Julius 109
Fichte, Johann Gottlieb 42, 89
Figal, Günter 81
Fischer, Jens Malte 47, 110, 137
Flasch, Kurt 23, 40, 66, 170, 183, 190
Flaubert, Gustave 64, 129
Ford, Henry 122
Fra Angelico 125
Francesca, Pietro della 125
Freiherr von Guttenberg, Karl Ludwig 52, 176
Frey, Alexander von 53
Fries, Helmut 71
Frobenius, Leo 127, 128
Gebauer, Gunter 194, 202
George, David Lloyd 19
George, Stefan 9, 48, 64, 65, 67, 68, 70, 71, 106, 107, 116, 121, 131, 135, 139, 177, 187
Gerlach, Hellmut von 148
Gide, André 115
Giolitti, Giovanni 19
Gleichen, Heinrich von 73, 74, 75, 78, 79, 109
Göbbels, Joseph 151
Goethe, Johann Wolfgang von 48, 56, 59, 93, 135, 143, 158, 159, 188, 194
Gogarten, Friedrich 106
Golffing, Franz 161
Graf Yorck von Wartenberg, Ludwig 54
Graf, Friedrich Wilhelm 69
Greiffenhagen, Martin 108
Grimminger, Rolf 87
Grossmann, Stefan 148
Guilhem Grave von Peitau 196
Gundolf, Friedrich 40, 71
Haas, Willy 148
Haeckel, Ernst 30

Personenregister

Hage, Volker 94
Hamann, Johann Georg 84
Harden, Maximilian 148
Hardenberg, Friedrich von *Siehe* Novalis
Hardt, Ernst 68
Hartmann von Aue 190
Hauptmann, Gerhart 135
Haus, Andreas 184
Haushofer, Karl 28
Hegel, Georg Wilhelm Friedrich 161, 162
Heidegger, Martin 106
Heller, Hermann 13
Hemingway, Ernest 115
Herder, Johann Gottfried 29, 56, 84, 105, 190, 193, 202, 203
Hertz, Wilhelm 201
Hesse, Eva 115, 116, 117, 118, 119, 120, 121, 124, 125, 126, 132, 133
Heuss, Theodor 65
Heymann, David C. 133
Heymel, Alfred Walter 68, 69, 74
Hindenburg, Paul von 47
Hirsch, Alfred 193
Hirsch, Rudolf 139
Hitler, Adolf 47, 48, 52, 53, 54, 55, 115, 117, 120, 121, 142, 145, 147, 148, 149, 150, 151, 154, 161
Hobbes, Thomas 112
Hodler, Ferdinand 23
Hoffmann, Werner 184
Hofmann, Franck 34, 184
Hofmannsthal, Hugo von 30, 35, 40, 48, 67, 71, 72, 97, 109, 138, 139, 140, 141, 151, 152, 154, 177
Homer 59, 129, 130, 143, 195
Horaz 20, 140

Hübinger, Gangolf 69
Hugenberg, Alfred 76
Jacobsohn, Siegfried 148
Jaeger, Friedrich 67
Jaeger, Werner 106
Jefferson 128, 129, 136
Jens, Walter 195
Jesaia 21
Jonas, Hans 107
Joyce, James 115
Jung, Edgar J. 76, 77, 78, 108, 149, 150, 154
Jünger, Ernst 12, 13
Kantorowicz, Alfred 141
Karl Freiherr vom und zum Stein 22
Kasten, Ingrid 200
Kauffmann, Kai 188, 194
Keßler, Heinrich 77
Kiesel, Helmuth 13
Kirsch, Fritz Peter 195
Kirsch, Hans Christian 135
Kleist, Heinrich von 92
Kluck, Alexander von 22
Koelsch, Adolf 106
Koga, Keita 13
Köhler, Erich 195
Kolk, Rainer 67
König, Christoph 35
Körte, Alfred 167
Koselleck 119
Kraft, Werner 7, 8, 184, 191, 201
Kraus, Karl 155, 156, 157, 158, 159
Kries, Wilhelm von 75
Kühlmann, Richard von 68
Kung fu Tseu 134
Kurzke, Hermann 87
La Mettrie, Julien Offray de 187
Lambach, Walther 78
Lammert, Angela 201

Lamprecht, Karl 57, 58, 66
Landfried, Klaus 65
Landmann, Georg Peter 71
Langbehn, Julius 65
Le Corbusier 131
Lenin, Wladimir Iljitsch 94, 117, 123
Leo, Friedrich 50
Lessing, Theodor 58, 59
Liebertz-Grün, Ursula 200
Lokatis, Siegfried 77
Lombardo, Pietro 125
Loos, Adolf 155
Ludwig, Emil 135
Luther, Hans 78
Luther, Martin 18, 135, 140, 153, 188
Malatesta, Sigismondo 125, 132, 133, 142
Malke, Lutz S. 45, 188
Mann, Heinrich 141
Mann, Thomas 40, 55
Marinetti, Filippo Tommaso 116, 117, 118, 120
Marquard, Odo 97
Matisse, Henri 115
Mattenklott, Gert 194, 196, 201
Mauersberger, Volker 76
Mazarin 143
Meyerbeer, Giacomo 118
Miller, Norbert 60, 187
Moeller van den Bruck, Arthur 58, 66, 73, 74, 75
Mohrenwitz, Lothar 53
Moltke, Helmuth von d. J. 72
Mondrian, Piet 131
Monroe, Harriet 129, 130
Montesquieu, Charles de Secondat 59
Morsey, Rudolf 13
Müller, Adam 86, 89

Müller, Christoph 13
Murswiek, Dietrich 13
Mussolini, Benito 39, 52, 53, 54, 93, 94, 113, 115, 116, 117, 120, 121, 122, 123, 125, 128, 129, 132, 133, 134, 135, 136, 137, 138, 140, 141, 142, 144, 145, 148, 150
Nadler, Josef 45, 48, 75, 106, 139
Napoleon 116, 140, 142
Naumann, Friedrich 65
Neumann, Gerhard 44, 194
Neumeister, Sebastian 185
Neurath, Konstantin von 137
Niemeyer, Gerhart 13
Nietzsche, Friedrich 9, 70, 139
Nostitz, Oswald von 139
Novalis, d. i. Friedrich von Hardenberg 81–95 passim, 195
Oelze, F. W. 145, 177
Ossietzki, Carl von 148
Osterkamp, Ernst 8, 23, 35, 48, 63, 64, 99, 106, 137, 144, 151, 185, 187
Ott, Ulrich 50
Ottonie Gräfin von Degenfeld-Schonburg 43
Pannwitz, Rudolf 40, 58, 59, 60, 139
Papen, Franz von 149, 150
Pascal, Blaise 189
Pater, Walter 196
Pauli, Gustav 70
Paulus 126
Pechel, Rudolf 76, 77
Pétain 121
Petersen, Jens 36, 135
Petzinna, Berthold 58
Pfeiffer, K. Ludwig 194
Picasso, Pablo 115
Piccolomini, Enea Silvia 132

Personenregister

Pisano, Nicola 192, 201
Plessner, Helmuth 97
Podbielsky, Adelsfamilie 15
Polybios 59
Posadowsky, Adelsfamilie 15
Pound, Ezra 8, 115–145 passim
Pourtalès, Adelsfamilie 15
Quaritsch, Helmut 13
Rancière, Jacques 187
Rathenau, Walther 73
Ratzel, Friedrich 27, 28, 29, 34, 43, 56, 58
Reinhardt, Max 18, 19, 20
Riezler, Kurt 71
Roellecke, Gerd 46
Rossetti, Dante Gabriel 34, 190, 202
Rougemont, Adelsfamilie 15
Rousseau, Jean Jacques 187
Rückert, Friedrich 202
Rudèl, Jaufre 183, 196
Rudge, Olga 115, 121
Ruer, Margarete 164
Rupprecht von Bayern 46, 47, 54, 141, 142
Rupprecht, Kronprinz 108, 110
Rüsen, Jörn 67
Salinguerra, Condottiere 130
Saltzwedel, Johannes 46, 61
Samuel, Richard 86, 88, 89
Santayana, George 116
Schacht, Ulrich 81
Schaeder, Hans Heinrich 106, 107
Schäfer, Hugo 148, 161
Scheffler, Karl 63, 64
Scheler, Max 97
Schelling, Friedrich Wilhelm Joseph von 84
Schirach, Baldur von 151
Schlegel, August Wilhelm 202
Schlegel, Friedrich 84, 88, 89, 91, 190
Schmidt, Ernst A. 147, 148, 151, 152, 154
Schmitt, Carl 12, 13, 15, 97, 111, 112
Schmoock, Peter 196
Schnur, Roman 13
Schoeller, Bernd 139, 141
Schöning, Udo 200, 202
Schröder, Alexander 34, 46, 47, 49
Schröder, Rudolf Alexander 68, 74, 156, 158, 159, 165, 177
Schuster, Gerhard 44, 194
Schwarzschild, Leopold 148
Schwilk, Heimo 81
Shelley 118
Siedentopf, Heinrich 13
Simmel, Georg 127
Smend, Rudolf 13, 29
Söll, Änne 184
Solon 21
Sordello 130
Spengler, Oswald 58
Sprengel, Rainer 28
Stalin, Jossif 94
Stammer, Otto 13
Stapel, Wilhelm 77, 149
Stein, Gertrude 120, 121
Steinbömer, Gustav 74
Steiner, Herbert 150, 154, 167
Storost, Ulrich 13
Strauß, Botho 7 *passim*
Strawinsky, Igor 116
Streim, Gregor 40, 47, 52
Sulla 140
Tempietto, Bramantes 133
Terrell, Carroll F. 132
Tgahrt, Reinhardt 68
Thackeray, William M. 64

Toklas, Alize B. 121
Tönnies, Ferdinand 127
Troeltsch, Ernst 22
Ulfilas 136
Unger, Rudolf 106
Unruh, Fritz von 135, 148
Vergil 20
Vico, Giambattista 59
Vivaldi, Antonio 121
Vogelin, Eric 110
Voigt, Marie-Luise 172
Voigt, Peter 98, 107
Volke, Werner 68
vom Bruch, Rüdiger 66, 68, 69
Vossler, Karl 197
Wagner, Fred 185
Wagner, Richard 118, 119
Wassermann, Jakob 64

Weaver, Harriet 122
Weiss, Konrad 12
Wendelstadt, Julie Baronin 76
Werfel, Franz 135
Wilhelm II. 45, 63, 64, 69, 70
Wilhelm, August 84
Winsloe, Christa 166
Winzen, Peter 66, 70
Wolff, Heinrich A. 13
Woolf, Virginia 116
Wulf, Christoph 202
Wundt, Wilhelm 58
Wyss, Ulrich 45
Yeats, William Butler 115, 116, 117
Zeitler, Julius 64
Zelinsky, Hartmut 72, 109, 110

In der Reihe *Publikationen zur Zeitschrift für Germanistik* (früher: *Beihefte* der *Zeitschrift für Germanistik*) sind bereits erschienen:

Band 1:

WALTER DELABAR, HORST DENKLER, ERHARD SCHÜTZ (Hrsg.): *Banalität mit Stil.* Zur Widersprüchlichkeit der Literaturproduktion im Nationalsozialismus, Bern 1999, 289 S. ISBN 3-906762-18-1 br.

Band 2:

ALEXANDER HONOLD, KLAUS R. SCHERPE (Hrsg.): *Das Fremde.* Reiseerfahrungen, Schreibformen und kulturelles Wissen, unter Mitarbeit von Stephan Besser, Markus Joch, Oliver Simons, Bern 1999, 341 S., zahlr. Abb. ISBN 3-906765-28-8 br

Band 3:

WERNER RÖCKE (Hrsg.): *Thomas Mann. Doktor Faustus.* 1947 – 1997, Bern 2001, 378 S., zahlr. Abb. ISBN 3-906766-29-2 br